オリエンテーション民法

第3版

Guidance for Civil Law

松久三四彦×遠山純弘×林 誠司 著

有斐閣
yuhikaku

第３版　はしがき

本書の第２版が2022年４月に公刊されてから，２年半が経過しました。この間，2022年12月に親族法の重要な改正がありました。そこでは，嫡出推定制度を見直し，①婚姻の解消等の日から300日以内に子が生まれた場合であっても，母が前夫以外の男性と再婚した後に生まれた子は，再婚後の夫の子と推定することとし，②女性の再婚禁止期間を廃止し，③これまで夫のみに認められていた嫡出否認権を，子および母にも認め，④嫡出否認の訴えの出訴期間を３年に伸長しました。また，懲戒権に関する規定等も見直しました。

これらの改正は，2024年４月１日から（懲戒権に関する規定の見直しは2022年12月16日の公布日から）施行されました。また，父と母の双方が親権（共同親権）をもつこともできるという改正法が2024年５月に成立・公布され，公布から２年以内に施行される予定です。第３部第９章（法律からみた家族関係）では，これらの改正をふまえて加筆修正しました。

また，第２部第６章（しっかり債権回収）では，現在進められている担保物権法の改正作業をふまえて所有権留保の説明を追加しました。

ほかにも，新しい判例を補い，また，より読みやすくわかりやすいようにと表現を検討しました。

第３版に向けての，編集担当の一村大輔さんを交えての，札幌での対面，リモートの検討会は，とても楽しく勉強になりました。皆さんにとって，本書が民法を学ぶ良き伴走者となることを願っています。

2024年８月８日

執筆者一同

初版　はしがき

■この本の読者

この本は，大学の法学部で民法入門や法学入門の講義を受けようとしている人のために民法をわかりやすく，親切に道案内するために書かれたものです。もちろん，法学部だけでなく，法学部以外で民法を学ぼうとしている学生さんや，民法を学びたいと考えているものの，大学などで民法の講義を受ける予定のない一般市民のみなさん，さらには高校生の方でも手に取っていただけるよう，多くの漢字にフリガナをふったり，難しい言葉に解説を入れたりと，さまざまな工夫がなされていますので安心して読むことができます。

民法については，最近，債権関係の改正や（2020年4月1日施行。なお，「債権」という言葉の意味については，この本の28頁をご覧ください），相続関係の改正（内容によって，2019年1月13日，2019年7月1日，2020年4月1日に施行），成年年齢の18歳への引き下げ（2022年4月1日施行）という重要な改正が行われました。この本の内容は，これらの改正を前提にしています。そのため，民法をひと通り勉強した人も，改正法をふまえた民法の骨格（こっかく）を確認するために利用することができます。さらに，みなさんがこの本を読んで民法を学び終わったら，この本の役目もそこで終了となるのではなく，そのあとも，社会常識のために，みなさんの本棚にいつまでもおいてもらえるような本づくりを目指しました。

■この本の特色

民法は，私たちの生活に最も深くかかわっている法律です。したがって，私たちが生活していくうえで「読み書き」が必要とされるのと同じく，無用なトラブルに巻き込まれないためにも，また，自分の権利を知り，実現していくためにも，民法の基本を理解しておくことが大切です。しかし，民法は1000条を超える膨大な条文から成り立っており，知っておくべき最高裁判所の判決や学者の見解（考え方）もたくさんあります。もしかしたら，民法の学習をしている間に，大きな森に迷い込んでしまい，勉強し始めた人も途中であきらめてしまうかもしれません。この本は，そのようなことにならないように，多くの人が民法を無理なく学んでいける道案内の本になっています。

この本は，日常的な話題（ケース）から，私たちはどのような場合にだれに対してどのような権利を主張できるのか，あるいはだれからどのような権利を主張されるのかを，法律の教科書とは思えないくらいやさしい言葉で説明し，民法の全体像を効率的に理解できるようにしました。

■ここがオススメ！

私たちは，何度も原稿を持ち寄りました。また，メールでもやり取りしました。その間に，編集部で手配していただいた法学部以外の大学生の方などモニターからの様々なコメントを検討し，書き直しを重ねてようやくこの本ができました。難しそうな法律用語や言葉づかいについては，注でその意味を説明しています。フリガナは，中学生・高校生の視点からつけました。図表もたくさん用いて，権利関係がわかりやすくなるようにしました。ですから，まったく法律を知らない人でも読みすすめることができますし，この本を理解できれば，民法の大枠がわかったといってもよいでしょう。難しい分厚い教科書などを読む前に，この本からスタートすれば，よりその本の理解が深まるに違いありません。

■民法の勉強の方法

この本を手にしている人の多くは，はじめて法律や民法を勉強する方だと思います。そこで，民法の勉強の方法についてお話ししておきましょう。民法，より広くは法律の学び方については，おおむねつぎのようにいってよいかと思います。それは，勉強の目的に応じて，勉強の方法も違ってくる，あるいは違ってもよいのではないかということです。たとえば，資格試験を目指して勉強するのであれば，時間の制約もありますから，より効率的な学習ということも考えなければなりません。過去の試験問題の多くは，すぐれた教材でもあります。そのなかでも，教科書を読んだ後で正誤問題（いわゆる短答式問題）をやりますと，条文の意味や最高裁判所の判決を効率よく理解することができるでしょう。

もっとも，条文や最高裁判所の判決をよりよく理解するためには，なぜそのような条文や判決があるのかを理解する必要があります。そのためには，あらためて教科書や参考書で調べたり，勉強仲間と議論したりすることが役に立つでしょう。そして何よりも，もし，法律の授業科目があれば，「授業を受けることができるのはとても恵まれている」との思いをもって授業に出席することが一番の勉強方法だと思います。わからないことだけでなく，興味をもったところは積極的に先生に話しかけて，参考文献などを教えてもらってはどうでしょうか。

いずれにせよ，民法を学ぶ一応のゴール（到達点）は，民法全体の構造や各制度の基本を理解することです。それらのスタートとして，まずはこの本を読んでいただければうれしく思います。

■一般教養としても勉強できます

一般教養として民法を勉強する人も，法律関係の仕事につきたいと思っている人も，なぜこの条文があるのか，なぜ最高裁判所の判決はこのような結論に達したのかとの意識をもって勉強してください。そうすれば，たんに民法の知識が身につくだけでなく，ものごとをいろいろな側面から検討して合理的な結論を探し求めるための，柔軟な考え方が身につくでしょう。それこそが，民法を勉強したことの一生もの の価値としてみなさんが手にするものなのです。

この本の表題は，「オリエンテーション民法」ですが，「オリエンテーション」という言葉には，「方向や進路を定める」手助けをするものという意味があります。この本が，みなさんにとって，民法を学ぶオリエンテーションとなるならば，これにまさる喜びはありません。

最後に，この本は，毎回京都から参加してくださった有斐閣の一村大輔氏の熱意とご尽力の成果でもあります。また，濱口弘太郎准教授（名古屋経済大学），酒巻修也准教授（青山学院大学）には，原稿に貴重なコメントを頂戴しました。ここに，記して深く感謝申しあげます。

2018 年 10 月 15 日

執筆者一同

著者紹介

松久三四彦（まつひさ　みよひこ）　〔第1部，第3部第9章・第10章，第4部担当〕

1952年　生まれ

1976年　北海道大学法学部卒業

現在，北海道大学名誉教授・北海学園大学法務特任教授・弁護士

遠山　純弘（とおやま　じゅんこう）　〔第2部第1章・第4章〜第6章担当〕

1970年　生まれ

1994年　北海道大学法学部卒業

現在，法政大学大学院法務研究科教授

林　　誠司（はやし　せいじ）　〔第2部第2章・第3章・第7章・第8章担当〕

1972年　生まれ

1996年　北海道大学法学部卒業

現在，北海道大学大学院法学研究科教授

目　次

第1部　ようこそ民法の世界へ

第２部　財産法を学ぶ

第８章　事件・事故の後始末は　279

●不法行為とその周辺

第3部　家族法を学ぶ

第４部　まとめ

コラム　目次

第 1 部

ようこそ民法の世界へ

I　民法とはなにか

なぜ法が必要なのでしょうか――社会あるところ法あり

地図にものっていない無人島に，ある人が漂着（ひょうちゃく）し，そこで暮らしはじめました。その島でとれる果物や魚などを好きなだけ食べることができます。どこに家を建てようと文句をいう人もいません。しかし，そこへもう１人，漂着してきました。お互いが好き勝手な行動をすると，利害が衝突（しょうとつ）し，争いが生じかねません。人が増えるとなおさらです。そこで，人が集まり，社会が形成されてくると，生活のルールが作られてきます。「社会あるところ法あり」です。そして，この社会が，国という形になると，この社会生活のルールは，法律となります。

国により，時代によって，法は独自に，あるいは他国の影響を受けながら生まれ，さらに発展していきます。わが国もまた，明治維新（めいじいしん）（1868年）後，フランスやドイツなど，各国の法律や草案（そうあん）（法律の原案）などを参考にして法律を作り，近代国家の仲間入りをはたしました。その法律の一つが，民法（1898年施行（しこう）用語）です。この民法は，時代の進展に合うよう，2017年に約120年ぶりの大きな改正がなされ，2020年4月1日に施行されました。

→25頁

notes

用語　法律の効力が生じることを施行といいます。法律は国会で成立したあと，官報（国の機関紙）に掲載して公布（一般に知らせること）されます。公布日と施行日が同じものもありますが，私たちの生活に影響する法律は，施行日まで間隔をあけるのが通常です。

民法を学ぶ意味はどこにあるでしょう

民法は，私たちの生活に最も密接な法律関係（権利義務関係）を扱っています。ですから，民法の基礎を学ぶことは，大学の法学部で法律を勉強しようとする人だけでなく，ほかの学部で学ぶ人にとっても，さらには，中学や高校を卒業して社会に出ようとする人から，すでに社会人となっている人にとっても，つまり，社会生活を営（いとな）むすべての人にとって，とても意味のあることです。

民間の会社に勤めるにしても，公務員として働くにしても，あるいは自営業を営（いとな）むにしても，私たちの仕事の多くは，契約と深くかかわっています。この契約を扱うのが民法です。したがって，社会人として仕事をしていくうえでも，民法の基礎知識は欠かせません。

個人的な生活面においても，買った物がにせ物であったり，だまされて不良品を購入したときは，契約を取り消すことができます。交通事故などの不法行為（ふほうこうい）用語で損害を受けたときは，加害者に対して損害（そんがい）賠償（ばいしょう）を請求できます。夫婦や親子の間では，扶養（ふよう）用語や相続の問題などもでてきます。これらはすべて，民法が規定しています。

民法の基本的なことがらを学ぶことは，法律上の問題が起こったときの正しい対処法を知ることになり，また，トラブルに巻き込まれないための予防にもなります。さらには，合理的な思考力を養（やしな）うことにもなるでしょう。私たちが，自分の権利を知り，認められた権利を実現して，安心した生活を送るためにも，民法を勉強することは大いに役立つのです。

notes

用語　不法行為とは，故意（わざと）または過失（うっかり）により他人の権利や財産を侵害し損害を発生させる行為のことです。不法行為をした人（加害者）はその損害の賠償をしなければなりません。

用語　扶養とは，生活できるように世話をすることです。

CHART 1 法の分類——公法と私法

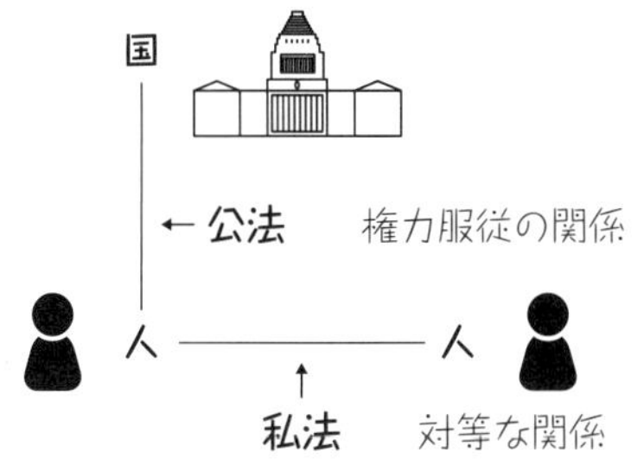

なお，公務員試験，司法試験，行政書士・司法書士・税理士・宅地建物取引士・土地家屋調査士試験などでも，民法は重要な科目です。

本書は，このように，私たちの仕事上も，私生活上も大きな意味をもっている民法を勉強していく道しるべとなるよう，できるだけわかりやすく，具体例をあげて書かれたものです。

法の世界は広大です——公法（こうほう）と私法（しほう）

まず，民法が，沢山の法律のなかで，どのような位置にあり，どのような特徴をもっているのかをみていきましょう。

私たちの生活を規律する法律には，大きくわけて，公法と私法があります（CHART 1 を参照）。

(1)　公法とは

公法は，国や自治体と人（法律の多くは外国人にも適用されるので国民とは書きにくいのです）の間を規律する法律ですが，税法や道路交通法，刑法のように，その多くは，国家機関が権力をもち人がそれに服従する関係として規律しています（もっとも，今日の公法関係では，介護保険法や生活保護法，児童手当法などのように，国や地方公共団体による国民への福祉を規律する面も増大しています)。所得に応じて課税する規定や，制限時速の規定は，だれに対しても同じように適用されますので，交渉して税金を安くしてもらうとか，制限時速を超えて運転することを認めてもらうことはできません。実は警察のパトカーも，所定の手続により公安委員会から緊急自動車の指定を受けなければ（道路交通法施行令13条1項1号の7)，スピード違反の自動車を取り締まる場合でも制限時速を超えて運転することはできないのです（道路交通法41条2項)。

公法の代表である憲法は，国民の基本的人権と国会や内閣などの統治機構について定めていますが，国の最高法規ですから，これに反する法律の規定は無効となります（憲法98条1項)。最近では，最高裁判所が，非嫡出子[用語]の相続分を嫡出子の2分の1とする民法の規定（旧900条4号ただし書前段）は，法のもとの平等を定めた憲法14条1項に反し違憲であるとの判断を示したため（最大決平成25・9・4民集67巻6号1320頁)，2013年にその規定は削除されました。

(2) 私法とは

これに対し，**私法**は，人と人の間を規律する法律です。ここで「人」というのは，私たち生身の人間（**自然人**といいます）だけでなく，会社などの**法人**も含みます。そして，人と人の間を，原則として，対等な関係として規律しています。民法はこの私法の代表的な法律です。民法というとき，普通は，民法典（六法全書で「民法」と名づけられた法律）をさしますが，より広く，民法典の内容を補充する不動産登記法や，民法典の特別法である借地借家法（「しゃくちしゃっかほう」と読む人も多くいます）なども含めて（実質的な意味での）民法ということもあ

notes

[用語] 法律上の夫婦の間に生まれた子を嫡出子，法律上の夫婦ではない男女の間に生まれた子を非嫡出子といいます。

ります。

なお，**不動産**というのは，土地とその定着物（用語）のことをいい（86条1項），不動産以外の物を**動産**といいます（同条2項）。**登記**というのは，国が管理する磁気ディスクによる土地・建物の帳簿である登記簿上の権利関係の記録のことです（これについては，**第2部**第7章→256頁を参照）。

Ⅱ　私法上の法律関係はどのようにして決まるか

私たちの私法上の法律関係（一方が権利をもち他方が義務を負う権利義務関係）は，法律と契約によって決まります。そこで，ある事実に適用可能な法律が複数ある場合や，法律と契約がある場合には，どれが適用されるかで結論が異なりますので，その調整が必要になります。

また，法律により法律関係が決まるときは，具体的な事案に法律の条文を適用するために，抽象的な条文の表現を具体化する作業（条文の解釈）が必要になります。以下では，これらについてみていくことにしましょう。

適用可能な法律が複数ある場合――特別法は一般法に優先します

2つの法律（あるいは規定）を比べたとき，その適用される対象の広いほうを**一般法**，狭いほうを**特別法**といいます。**民法は私法の一般法**ですから，ほかの法律は民法からすると特別法ということになります。

そして，一般法とは異なる規律をするために特別法が制定されたの

notes

用語　建物や樹木など土地に定着した物のことです。

で，**特別法は一般法に優先**して適用されます。もし，一般法が特別法に優先するならば，特別法を定めた意味がなくなってしまいます。

(1) 商法は民法に優先します

たとえば，民法では，消費貸借契約（しょうひたいしゃくけいやく）用語 においては，無利息が原則です（587条）。しかし，商法では，金銭の消費貸借契約では利息付きが原則です（商法513条1項）。そして，商法は「商人の営業，商行為その他商事について」適用される（商法1条1項）ので，民法よりも適用対象が限定されています。したがって，同じ消費貸借契約であっても，契約当事者の双方または一方が商人であるときは（商法3条1項は，一方が商人であるときも商法が適用されるとしています），商法の規定が適用され，利息付きが原則となります。

(2) 借地借家法は民法に優先します

また，民法は，「賃貸借（ちんたいしゃく）用語 の存続期間は，50年を超えることができない。契約でこれより長い期間を定めたときであっても，その期間は，50年とする。」としています（604条1項）。しかし，借地権（しゃくちけん）用語 については，借地借家法が，「借地権の存続期間は，30年とする。ただし，契約でこれより長い期間を定めたときは，その期間とする。」（借地借家法3条）としていますので，こちらの規定が優先します。

notes

用語 借りた物と同種同等同量の物を返還する約束で物を借りる契約です。したがって，借りた物を消費することができます。

用語 賃貸借とは，物を借りて賃料を支払う契約のことです（601条）。この借りた人の権利を賃借権といいます。

用語 借地権とは，「建物の所有を目的とする地上権及び土地の賃借権」のことです（借地借家法1条参照）。また，この条文にある地上権とは「他人の土地において工作物又は竹木を所有するため，その土地を使用する権利」（265条）のことです。賃借権は債権ですが，地上権は物権です。

適用可能な法律と契約がある場合——どちらが適用されるのか

では，適用可能な法律と契約があり，それらの内容が抵触（物事が衝突し，または，相互に矛盾することです）している場合はどうなるでしょう。

(1) 私的自治の原則，契約自由の原則があります

私たちは，原則として，自分の物をだれにいくらで売るとか貸すというように，自分の私法上の法律関係（権利義務関係）を自分の自由な意思に基づいて形成することができます（521条）。これを**私的自治の原則**といいます。自分と他人との私法上の法律関係を当事者の自由な意思に基づいて形成することができるというのは，契約を自由に結ぶことができるということですから，これを**契約自由の原則**ともいいます。

(2) 法律の条文には任意規定と強行規定があります

(a) 任意規定とは

CASE 1

札幌から東京に転勤になったＡが，それまで住んでいた自分の持ち家である甲建物についてＢと賃貸借契約を締結（契約などを結ぶこと）したとします。その際，修繕が必要になったときは，賃貸人（貸主）Ａのほうで修繕の手配をするのは大変なので，賃借人（借主）Ｂのほうで修繕し，その費用もＢが負担することとしました。そのかわり，家賃は相場よりも低く設定したとしましょう。この修繕に関する合意は有効でしょうか。

契約で定めた内容と，法律の規定とが異なる場合がでてきます。たとえば，CASE 1では，606条1項が，賃貸物の修繕義務は賃貸人（貸主，つまりA）にある旨を規定しています。そこで，この法律の規

定とAB間の修繕に関する合意（特約）のどちらが優先するかが問題になりますが，この場合は，特約が優先します。それは，606条1項は，契約当事者がその規律を採用するかどうか任意で決めることができる規定であると考えられているからです。このような規定を**任意規定**（任意法規）といいます。そして，任意規定と特約の関係について定める91条は，法律行為[用語]の当事者が「法令中の公の秩序に関しない規定」（任意規定のことです）と異なる意思を表示したとき（当事者が任意規定と異なる合意をしたとき，つまり特約が結ばれたときという意味です）は，その意思に従うとして，特約は任意規定に優先することを明言しています。

(b) 強行規定とは

CASE 2

Aは所有する建物をBに賃貸していましたが，BはAの承諾を得(え)てその建物をCに転貸(てんたい)（又貸し）しました（AB間の賃貸借契約は続いていますので，Bは賃借人であることに変わりありません）。AはBの転貸を承諾する際に，AC間で，AB間の賃貸借が賃貸借期間の満了（経過）または賃貸借契約を解約する申入れによって終了するときは，Cはただちに建物をAに明(あ)け渡(わた)す旨の合意をしました。AB間の賃貸借契約が終了したとき，Aはこの特約に基づいてCに対し，ただちに建物の明渡(あけわた)しを求めることができるでしょうか。

借地借家法34条は，「建物の転貸借(てんたいしゃく)がされている場合において，建物の賃貸借が期間の満了又は解約の申入れによって終了するときは，建物の賃貸人〔A〕は，建物の転借人(てんしゃくにん)〔C〕にその旨の通知をしなければ，その終了を建物の転借人〔C〕に対抗[用語(次頁)]することができ

notes

[用語] 法律行為とは，契約など，意思表示（売ります，買いますなど）によって法律関係を形成する行為のことです。

CHART 2 転借人に対する賃貸借終了の対抗

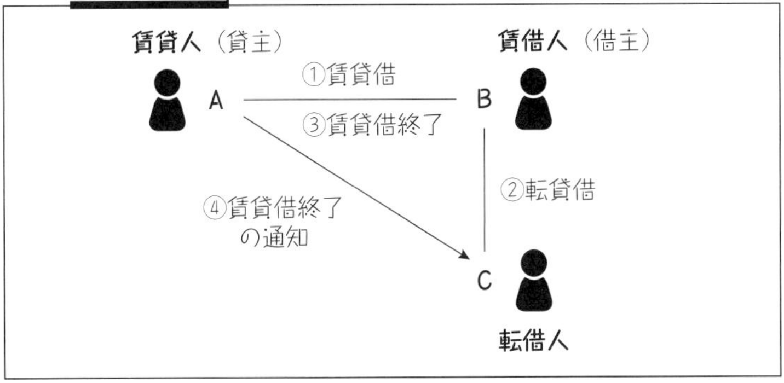

ない。」とし（同条1項），「建物の賃貸人〔A〕が前項の通知をしたときは，建物の転貸借は，その通知がされた日から6月を経過することによって終了する。」（同条2項）としています。

この規定は，契約当事者間の合意に優先して，強行的に適用される規定，すなわち，**強行規定**（強行法規）です。そして，CASE 2（CHART 2参照）のAC間の特約は，AB間の賃貸借が期間の満了または解約の申入れによって終了することをAがCに通知しなくてもAはAB間の賃貸借の終了をCに対抗することができ，さらに，AはCに対してただちに明渡し用語を求めることができるというものですから，借地借家法34条1項・2項に反しています。したがって，AはCに明渡しを求めることはできません。

(c) 任意規定か強行規定かの見分け方

ある規定が強行規定かどうかについては，法律が強行規定である旨（つまり，その規定と異なる合意は無効であること）を書いているときは，

notes

用語(前頁) 「対抗」できないというのは，主張できないという意味です。

用語 明渡しとは，広い意味での引渡しに含まれますが，土地や建物を住んでいる人が立ちのいて引き渡す場合には，通常，明渡しといいます。

その規定が強行規定であることは明らかです。なお，法律は，ある規定が任意規定であることをわざわざ書くことはありません。この借地借家法34条については，同法37条が，34条の「規定に反する特約で建物の賃借人又は転借人に不利なものは，無効とする。」として，強行規定であることを明記しています。なお，借地借家法37条が述べているように，同法34条よりも建物の賃借人または転借人に有利な特約は有効ですので，同法34条のような規定を**片面的強行規定**（へんめんてききょうこうきてい）といいます。

しかし，多くの場合，どの規定が強行規定なのかは条文に書かれていません。したがって，ある規定が強行規定か任意規定かは，規定の趣旨などから解釈することになります。

大まかにいうと，後述（Ⅲ）→28頁の財産権（これには，物権と債権があります。その意味については28頁参照）のうち債権の分野は，ある人とほかの人との間の権利と義務の関係を規定しており，契約自由の原則が妥当しますので，債権に関する規定は任意規定と考えられています。これに対し，物権の分野は取引の安全のために物権の内容が画一的に定まっている必要があり，家族法の分野（**第3部**）→317頁は社会の基本的な秩序を形成するものですから，これらの分野の規定はいずれも強行規定と考えられています。

(3)　慣習が任意規定に優先することがあります

CASE 3

AがBに賃貸した札幌の家で，冬に除雪作業や屋根の雪下（お）ろしが必要になったときに，賃貸人Aと賃借人Bのどちらがその作業を行うべきでしょうか（あるいは，業者に作業を頼んだのであればだれがその費用を負担すべきでしょうか）。

601条は，貸主が「ある物の使用及び収益を相手方にさせることを約し，相手方がこれに対してその賃料を支払うこと……を約することによって，その効力を生ずる。」と規定しています。ここから，貸主（A）は目的物を借主（B）が使用・収益するのに適した状態におくべき義務を負うと考えられています。そうすると民法上は，CASE 3 では，雪下ろしなどは貸主（A）がしなければならないことになりそうですが，601 条は任意規定ですから，雪下ろしは借主（B）が行うとの特約があれば，その特約が優先します。そして，そのような特約は契約書に明示的に書かれていなくても，当該（その）賃貸借契約の解釈によってそのような特約があったと認められることがあります。

さらに，契約の解釈によってもはっきりしない場合に備（そな）えて，92 条は，「法令中の公の秩序に関しない規定」（任意規定のことです）と異なる慣習がある場合において，契約の「当事者がその**慣習**による意思を有しているものと認められるときは，その慣習に従う。」としています。

もっとも，91 条により当事者の意思は任意規定に優先しますから，当事者が任意規定と異なる慣習によるという意思を有していると認められるときはその意思によることも 91 条から明らかです。そこで，92 条は，当事者が慣習による意思があることを積極的に示している場合についての規定ではなく，「当事者が**慣習**には従わないという意思を表示していないときは，慣習による」ことを定めたものであると考えられています。

したがって，「もしも」の話ですが，札幌では賃貸建物の雪下ろしは借主（B）が行うという慣習があり，かつ AB が慣習には従わないという意思を表示していなければ，つまり，AB が慣習と異なる契約（特約）をしていなければ，屋根の雪下ろしは借主（B）の義務ということになります。いずれにしても，のちのトラブルを予防するには，契約書のなかで，除雪はどちらの費用負担でどちらが行うかについてもきちんと書いておくことがおすすめだといえましょう。

(4) 法規範(きはん)の優先関係はどうなっているか

以上をまとめると，法律関係を決めるために適用される法律の条文や契約の条項など，法規範（規範とは，それに従うことが求められる決まりごとのことです）の優先関係は以下（POINT）のようになります。

POINT

①強行規定＞②契約（91条）＞③慣習（92条）＞④任意規定

条文の意味を知るには――法解釈の方法

(1) 事実に条文をあてはめるには条文の解釈が必要です

第1に，抽象的な条文の表現を具体化するために，**条文の解釈**が必要になります。民法などの法律の条文は，一定の事実（要件）があれば，一定の法的な効力（効果）が生ずるというように書かれています。たとえば，415条1項は，債務不履行(さいむふりこう)[用語]による→165頁損害賠償について，債務者がその「債務の本旨(ほんし)→126頁に従った履行をしないとき」（要件）は，債権者は「これによって生じた損害の賠償を請求することができる。」（効果）と規定しています。

このように，要件にあたる事実は，抽象的に表現されていることが少なくありませんが，実際に私たちの身の回りに起こる事実はつねに具体的です。そこで，事実に条文をあてはめるために，抽象的な条文

notes

[用語] 債務不履行とは，たとえば，買主が売主に代金を支払わないというように，法律上の義務（債務）を実行しないことをいいます。

の表現を具体化する作業，つまり，条文の解釈が必要となります。たとえば，上記の「債務の本旨に従った履行をしないとき」の典型例としては，履行遅滞（履行が可能であるのに履行期がきても履行しないこと）があると考えられています。

第2に，民法の解釈は，具体的な事実に民法をあてはめようとしても適当な条文が存在しない場合（これを**法の欠缺**〔欠けているということ〕といいます）にも必要となります。このような場合には，多くは，後述（**(2)** →18頁）の**目的解釈**（条文の目的を考慮した解釈）という解釈方法により，ある条文を類似の事案に適用する**類推解釈**（類推適用）といわれる解釈技術が用いられます（CASE 8 →22頁 参照）。

第3に，事実に条文をあてはめると不当な結論となる場合にも，その不当な結論を避けるために条文の解釈が必要になります。このような場合には，目的解釈により，条文の言葉の意味を狭く解釈する**縮小解釈**などがなされることがあります（CASE 7 →21頁 参照）。

(2) 解釈の方法にはどのようなものがあるか

CASE 4

Aは，自分が所有する甲土地をBに売り，代金も受け取りましたが，まだ登記→256頁をBに移転（登記簿上の所有者名義[用語]をAからBに移すこと）していませんでした。そこで，Aは，AがBに甲土地を売ったことを知っているCにも甲土地を売って，登記をCに移転してしまいました。Bは，Cに対して，不法行為責任→282頁（709条）を追及することができるでしょうか。

(a) 文理解釈とは

条文を解釈する方法の第1は，条文の言葉の意味に忠実な解釈をす

notes

[用語] 名義とは，書類などに所有者などとして記載される名前のことです。

る**文理解釈**です。言葉（文章）は法律の内容の伝達手段ですし，法律を作る側も，その内容が読み手にわかるようにと考えて条文を作りますから，文理解釈は法解釈の基本です。

(b) 体系解釈（たいけいかいしゃく）とは

第2は，民法の体系に適合するように解釈する**体系解釈**です。民法は全体として1つの体系をなしていますから，個々の条文の解釈に際しては，体系に適合するように解釈しなければなりません。

たとえば，CASE 4のAは，所有する**不動産**［用語］をBに売ってBが所有権を取得したあと，その事実を知っている（これを**悪意**［用語］といいます）Cにも売って登記をCに移転しています。このように，不動産が二重に譲渡（じょうと）された場合，BCのどちらが最終的な所有権者になるかについて考えてみましょう。177条は「不動産に関する物権の得喪（とくそう）［用語］及び変更は，不動産登記法……その他の登記に関する法律の定めるところに従いその登記をしなければ，第三者に対抗することができない。」としており，この第三者は悪意の第三者でもよいと考えられています。したがって，登記を先に取得したCが所有権を取得し，その結果，先に所有権を取得していたBは所有権を失います（これについては，**第2部**第7章Ⅲ→258頁を参照）。

他方，709条は，「故意又は過失によって他人の権利又は法律上保護される利益を侵害した者は，これによって生じた損害を賠償する責任を負う。」と規定しています。そうすると，一見すると，CはAB間の第1売買を知ったうえで第2売買と登記移転をしてBの所有権

notes

［用語］ 先にも（7頁）述べましたが，土地や建物を不動産といい，それ以外の物を**動産**といいます（86条参照）。

［用語］ 法律用語では，知らないことを「**善意**」，知っていることを「**悪意**」といいますが，道徳的・倫理的な意味合いはありません。

［用語］ 得喪とは，その権利を取得することと喪失する（失う）ことをさします。

を喪失させたわけですから，Cの行為は不法行為になるようにも思われます。しかし，709条の解釈に際しては177条とも体系的に調和のとれた解釈，すなわち体系的解釈が必要です。そこで，177条が悪意の第三者でも登記を取得したほうを優先させているということは，この第2売買におけるCの行為を不法行為とは評価しないことを意味しているとして，不法行為にはならないと考えられています。

もう1つ，つぎのケースで考えてみましょう。

CASE 5

Aの動産を**占有**[用語]するBから，Cが，その動産がBの所有物でないことを知らずに（＝善意）買い受け，引き渡してもらいました。Cが，善意であることについて**過失**[用語]がないときは（つまり，無過失であれば），Cはこの動産の所有権を取得しますが（192条），AがCに対してその動産の返還を求めて訴訟になった場合，Cの所有権取得が認められるためには，Cのほうで無過失を証明する必要があるでしょうか。それとも，AのほうでCには過失があるということを証明できなければ，Cは無過失と判断されCの所有権取得が認められるのでしょうか。

他人の動産を善意無過失で買い受けて**占有**をはじめると，即時に（ただちに）その動産の所有権を取得するという制度があり，これを**即時取得**といいます（192条。これについては，**第2部**第*7*章を参照）→265頁。そして，訴訟においては，原則として，自己の主張する法的効果（たとえば，所有権の取得）が発生するための要件にあたる事実については，その法的効果を主張する側で証明しなければなりません。したがって，

notes

[用語] 占有とは，自分のためにする意思をもってその物を所持している状態をさします。

[用語] 過失とは，日常用語としては不注意とか過ちの意味ですが，法律用語としては，ここでは，買主（C）は売主（B）に所有権がないことを注意すれば知ることができたのに知らなかったことをさします。即時取得における（無）過失については**第2部**第*7*章Ⅳ（267頁），不法行為における過失については，**第2部**第*8*章Ⅱ（285頁）参照。

CASE 5でCの無過失についてもCの側で証明しなければならないようにも思われます。しかし，188条は，「占有者が占有物について行使する権利は，適法に有するものと推定する。」としています。したがって，Bの占有は，適法な占有（つまり，所有権に基づく占有）と推定されるため，Bから買い受けたCも無過失と推定され，この動産を取り戻そうとするAの側でCの過失を証明できなければ，Cは無過失となり，即時取得が認められることになります。これも，体系解釈の一例といえるでしょう。

(c) 目的解釈とは

第3は，その事案に適用される条文の目的（趣旨）を考慮して解釈する**目的解釈**（目的論的解釈ともいいます）です。文理解釈や体系解釈で妥当な結論を見出すことができない場合には，その条文の目的（趣旨）を考慮して解釈します。

(3) 解釈の技術にもいろいろあります

上記の文理解釈・体系解釈・目的解釈という解釈の方法は，反対解釈，拡張解釈，縮小解釈，類推解釈という解釈の技術と結びつくことが少なくありません。

(a) 反対解釈とは

反対解釈とは，条文の趣旨は条文に書いてある事項以外の事項には及ばない（要件に該当しない場合は，効果は反対になる）と考える解釈です。

条文の要件にあたるところの文言は，通常はその条文が定める法的効果が認められる事案を限定する役割をはたしていますので，文理解釈は一般に**反対解釈**を要求します（反対解釈をすべきかどうかについては，条文の目的を考えないといけない場合があり，そこでは目的解釈とも結びつきます）。

たとえば，Aが所有する土地をBに売り，Bがその土地をCに売ったとします。ところが，このAB間の売買が，Bの詐欺(さぎ)や強迫(きょうはく)によりなされたものであった場合は，AはBとの売買契約(ばいばいけいやく)を取り消すことができます（96条1項）。取り消しますと，この売買契約は，はじめから無効であったものとみなされますので（121条），AはCに対して，自分に所有権があるといえることになるはずです。

しかし，96条3項は，CがAB間の売買が「詐欺」によるものであったことについて「善意でかつ過失[用語]がない」のであれば，Aはこの取消しをCに「**対抗**〔主張という意味です〕することができない。」としています（これについては，**第2部**第*3*章を参照）。
→106頁

この96条3項は，詐欺についてしか規定していませんので，AB間の売買がBの「強迫」による場合は，反対解釈により，Cが「善意でかつ無過失」であっても，AはCに対して，土地の返還などを請求することができると解されています。

(b) 拡張解釈とは

CASE 6

保安設備（遮断機(しゃだんき)や警報機）のない無人の踏切で，歩行者Aが電車にはねられました。Aは鉄道会社に損害賠償を求めることができるでしょうか。

解釈の基本は文理解釈ですが，文理解釈から導かれる法律関係では妥当な結論が得られない場合があります。そのような場合には，規定の趣旨に照らした目的解釈により，拡張解釈，縮小解釈，類推解釈が用いられます。

まず，**拡張解釈**とは，条文の言葉や文章に，それが本来もっている

notes

[用語] 過失とは，ここでは，AB間の売買が詐欺によるものであることを注意すれば知ることができたのに知らなかったことをさします。無過失とは，反対に，注意をしても知ることができなかったことです。

コラム① 判例と裁判例

判例という語は種々(しゅじゅ)の意味で用いられています。通常は，**最高裁判所**の判決にかぎって用いています。裁判所には**最高裁判所**と**下級裁判所**（これには，**高等裁判所**，**地方裁判所**，**家庭裁判所**および**簡易裁判所**があります〔裁判所法２条１項〕）がありますので（憲法76条１項），下級裁判所の判決も含めて用いることもあります。

また，通常は，同様の事案では同様の結論となるような一般的な判断部分をさして判例とよぶことが多いのですが，そのような一般的な判断を含んだ１つ１つの判決を判例ということもあります。

裁判は，第１審，第２審（控訴審），第３審（上告審）の３審制度になっており，もし，第１審判決に不服であれば，控訴することができます。また，第２審の高等裁判所の判決が最高裁判所の判例と異なる判断をしたときなどは，これを不服とする訴訟の当事者は最高裁判所に上告受理の申立てをすることができます（民事訴訟法318条１項）。

最高裁判所には，定員数５人の**小法廷**が３つと全裁判官で構成する**大法廷**があります（裁判所法９条，最高裁判所裁判事務処理規則１条・２条）。最高裁判所は，前に最高裁判所がした裁判に反する裁判をするときは（これを**判例変更**といいます），大法廷で裁判しなければなりません（裁判所法10条３号）。したがって，判例変更はたびたびなされるものではありませんので，最高裁判所の判例は，その後の下級裁判所の判断に大きな影響力をもち，事実上の拘束力をもっているといえます。

そこで，下級裁判所の判決については，最高裁判所の判決と区別して**裁判例**というのが一般的です。下級裁判所の判決は下級審裁判例といわれることが多いのですが，本来は，上級審判決・下級審判決というのは個々の事件についてその事件を扱った裁判所からみて上・下の審級（たとえば，第１審の地方裁判所からみて上級審は第２審の高等裁判所→第３審の最高裁判所，第３審の最高裁判所からみて下級審は第２審の高等裁判所→第１審の地方裁判所）の判決をいいます（裁判所法４条参照。なお，第１審が簡易裁判所の場合は，第２審は地方裁判所，第３審は高等裁判所になります）。

意味よりも広い意味を与える解釈です。

たとえば，717条1項は「土地の工作物（こうさくぶつ）の設置又は保存に瑕疵（かし）」があるときは，工作物の占有者または所有者に，そのために生じた損害の賠償責任（ばいしょうせきにん）を負わせています。踏切事故についていえば，本来は，警報機や遮断機のような保安設備に瑕疵［用語］があり，列車が近づいても作動しなかったために事故が発生した場合にこの規定が適用されます。しかし，判例（はんれい）（**コラム①**参照 →20頁）は，被害者保護のため，この規定を拡張解釈し，保安設備を設けるべき踏切にそれを設けていない場合にも，軌道（きどう）（電車などがその上を走るように設けた線路）施設（しせつ）の設置に瑕疵があるとして賠償責任を認めました（最判昭和46・4・23民集25巻3号351頁）。つまり，717条1項の文理からは，遮断機や警報機が故障していたというように，存在する工作物に瑕疵がある場合の規定を，CASE 6のように，遮断機や警報機という工作物が存在しない場合にも拡張したのです（717条については，**第2部**第*8*章V を参照 →311頁）。

（c） 縮小解釈とは

CASE 7

Aから不動産を買ったBがまだ登記を移転していない（登記簿上の所有者名義がAからBに移っていない）ことを知ったCは，それに乗じてBに高く売りつけようと考え，その不動産をAから買い登記も先に自分に移転しました。そして，Bに高値で買い取るよう求めましたが，Bには自分が所有者だとして拒否されたので，CはBに対して，所有権の確認を求めて訴えを提起しました。この請求は認められるでしょうか。

これに対し，**縮小解釈**は，条文の言葉や文章にそれが本来もっている意味よりも狭い意味を与える解釈です。

notes

［用語］ 瑕疵とは，要するに傷のことですが，法的には人の行為，権利または物になんらかの欠陥・欠点のある状態をさします。

たとえば，先に述べた（→16頁）ように，177条は，不動産に関する物権の得喪および変更（これを物権変動（→253頁）といいます）は，「登記をしなければ，第三者に対抗することができない。」としています。この「第三者」を文字通りに解釈すると，CASE 7でBはCに対して自分が所有者であると主張することはできず，Cの請求は認められることになりそうです。しかし，判例は，「実体上物権変動があつた事実を知る者において右物権変動についての登記の欠缺を主張することが信義に反するものと認められる事情がある場合には，かかる背信的悪意者（はいしんてきあくいしゃ）（→258頁）は，登記の欠缺を主張するについて正当な利益を有しないものであつて，民法177条にいう第三者に当らないものと解すべき」であるとして，「第三者」に背信的悪意者は含まれないという縮小解釈をしてCの請求を認めませんでした（最判昭和43・8・2民集22巻8号1571頁）。

(d) 類推解釈とは

CASE 8

Aの夫Bの妹Cは，重度の障害をかかえているため，長年にわたり，Aと同居し，Aの庇護（ひご）（弱い立場の者などをかばうように守ることをさします）のもとに生活し，将来もその継続を期待していました。ところが，AはD運転のオートバイに衝突され亡くなりました。CはDに対して，慰謝料（いしゃりょう）を請求することができるでしょうか。

最後に，**類推解釈**とは，ある条文の要件にあたる事実と若干異なる事案に，その条文が定めているのと同じ法的効果を認める解釈をいいます。要件にあたる事実と若干異なる事案にその条文をあてはめるので，これはその条文そのものの適用ではなく，**類推適用**という法的構成をとることになります。

たとえば，711条は「他人の生命を侵害した者は，被害者の父母，配偶者及び子に対しては，その財産権が侵害されなかった場合においても，損害の賠償をしなければならない。」と規定し，被害者の近親

者にも慰謝料請求権を認めています（これについては，**第2部**第*8*章を参照）。→299頁

CASE 8では，Cは被害者Aの義理の妹ですので，文言上は711条の定める近親者には該当しません。しかし，判例は，被害者との間に，711条に定める者と実質的に同視することができる関係があり，被害者の死亡により甚大（じんだい）な精神的苦痛を受けた者には，同条が類推適用されるとして，CASE 8と同様の事案で，慰謝料請求を認めました（最判昭和49・12・17民集28巻10号2040頁）。

権利の濫用（らんよう）は許されません

→7頁以下
これまで述べてきたように，私たちは法律または契約によって権利を取得し，あるいは義務を負います。では，権利があれば，つねにその行使が認められるかといえば，例外的に認められないことがあります。

民法は，1条において，①「私権は，公共の福祉に適合しなければならない。」（1項），②「権利の行使及び義務の履行は，信義（しんぎ）に従い誠実に行わなければならない。」（2項），③「権利の濫用は，これを許さない。」（3項）と定めています。このように，要件や効果が抽象的・一般的な表現となっている条文を**一般条項**といいます。

裁判において，相手方の権利行使を阻止するためにこの一般条項をもちだすのは，こちらが追い込まれていて，敗訴（裁判で負ける）寸前の状況であることのあらわれであることも少なくありません。しかし，一般条項は，最後のよりどころとして絶大な力を発揮することもありますので，いわば，民法が用意した最終的な安全網（セーフティーネット）といえるかもしれません。

権利の濫用については，宇奈月（うなづき）温泉事件といわれる有名な**大審（たいしん）**

院 用語 判決があります。宇奈月温泉は，富山県の黒部渓谷の入り口にあり，約8km上流の温泉から渓谷に敷設した木管で引湯していました。この引湯管の一部が約110坪の荒れ地の2坪ほどを無断で通過していることを知ったAが，その土地を所有者から約30円（昭和10年当時の大卒初任給で比べると現在の約15万円）で買い受け，隣接するA所有の広大な荒れ地（約3000坪）と合わせて総額約2万円（現在の約1億円）で買い取るよう，引湯管を所有するB会社に要求しました。これを拒絶されたAはBを訴えて，土地所有権に基づく妨害排除 →242頁 としてその引湯管の撤去を請求したという事案です。判決は，Aの請求は権利の濫用にあたるとして，Aの請求を認めませんでした（大判昭和10・10・5民集14巻1965頁）。

Ⅲ 財産法と家族法

民法は，財産法と家族法といわれる分野からなりますが，まず，民法典の構成を少しみておきましょう。

民法典は，全部で5編から構成されています（CHART 3参照）。

民法総則とは

第1編の総則は，権利の主体（人）や客体（物），時の経過による権利の得喪（時効）という，法律関係に共通して適用される制度をまとめたものです（**コラム②** →27頁 参照）。

notes

用語 大審院とは，1947（昭和22）年に廃止された，今の最高裁判所にあたるものです。

CHART 3 民法典の全体像

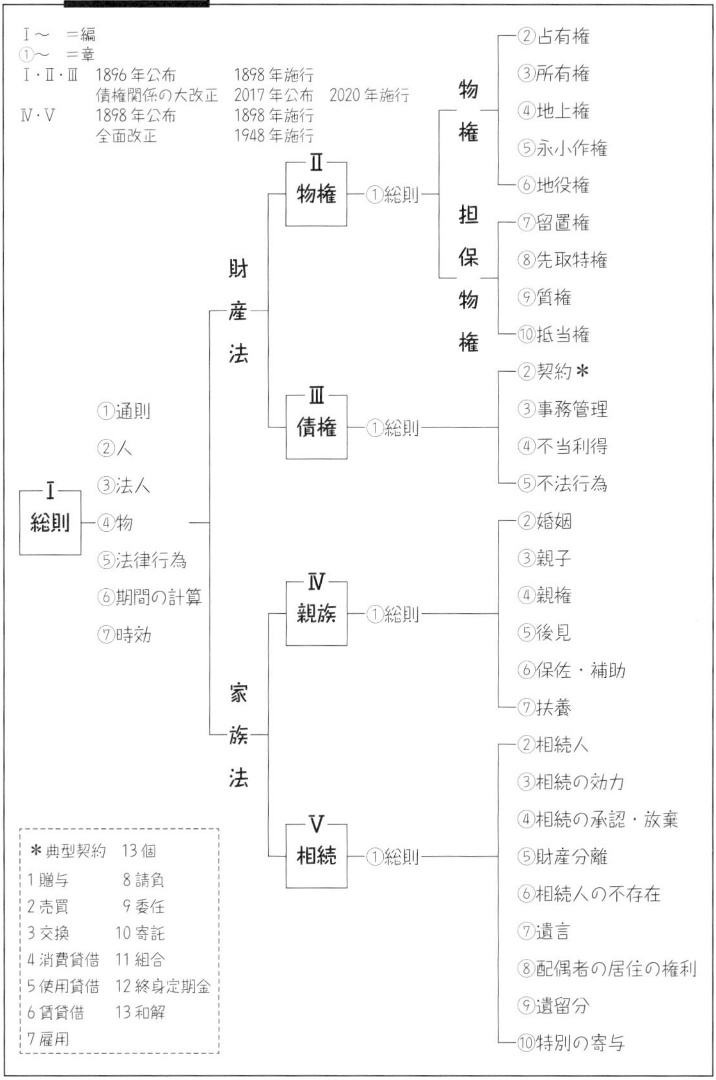
Ⅰ～　＝編
①～　＝章
Ⅰ・Ⅱ・Ⅲ　1896 年公布　1898 年施行
債権関係の大改正　2017 年公布　2020 年施行
Ⅳ・Ⅴ　1898 年公布　1898 年施行
全面改正　1948 年施行
Ⅰ 総則
①通則
②人
③法人
④物
⑤法律行為
⑥期間の計算
⑦時効
財産法
Ⅱ 物権
①総則
物権
②占有権
③所有権
④地上権
⑤永小作権
⑥地役権
担保物権
⑦留置権
⑧先取特権
⑨質権
⑩抵当権
Ⅲ 債権
①総則
②契約＊
③事務管理
④不当利得
⑤不法行為
家族法
Ⅳ 親族
①総則
②婚姻
③親子
④親権
⑤後見
⑥保佐・補助
⑦扶養
Ⅴ 相続
①総則
②相続人
③相続の効力
④相続の承認・放棄
⑤財産分離
⑥相続人の不存在
⑦遺言
⑧配偶者の居住の権利
⑨遺留分
⑩特別の寄与
＊典型契約　13 個
1 贈与
2 売買
3 交換
4 消費貸借
5 使用貸借
6 賃貸借
7 雇用
8 請負
9 委任
10 寄託
11 組合
12 終身定期金
13 和解

しかし，家族法（親族・相続）の分野では，たとえば，詐欺や強迫による婚姻の取消しは家庭裁判所に請求することになっており（747条1項。総則の96条1項は家庭裁判所に請求することは求めていません），15歳に達していれば遺言（いごん）［用語］をすることができるとする（961条。総則の5条2項は未成年者が法定代理人の同意を得ないでした法律行為は取り消すことができるとしています）など，総則の規定を修正する明文（めいぶん）の（はっきり書かれた）規定がおかれている場合が少なくありません。このような規定がない場合には，民法総則は，親族編・相続編にも原則として適用されますが，夫婦・親子という特別な人的な結びつきを扱う親族編や，そのような親族関係に生じる相続を中心とする相続編の特質から，家族法全般に画一的（自動的）に適用することはできず，問題となる法律関係ごとに個別に判断する必要があるといわれています。

CASE 9

40歳のAは，41歳のBを養子とする届出をしたところ，誤って受理されました。それから21年後，AはBとの養子縁組（ようしえんぐみ）を取り消すことができるでしょうか。

たとえば，民法は年長者（自分よりも1日でも早く生まれた者）を養子とすることを禁止しており（793条），誤ってその養子届けが受理された場合は，これを取り消すことができます（805条）。したがって，CASE 9のAはBとの養子縁組を取り消すことができます。他方で，民法は総則のところで，「取消権は，追認（ついにん）→70頁をすることができる時から5年間行使しないときは，時効によって消滅する。行為の時から20年を経過したときも，同様とする。」と定めています（126条）。

notes

［用語］遺言は，日常用語では「ゆいごん」と読まれていますが，法律用語では「いごん」と読むのが一般的です。

コラム② 民法学習とパンデクテン方式

わが国の民法典は，**パンデクテン方式**という編纂（へんさん）（＝編成）方式で作られています。パンデクテンとは，東ローマ帝国のユスティニアヌス皇帝が命じて編纂されたローマ法大全のなかの学説集のドイツ語名です。パンデクテン方式というのは，個別的な法律関係を規定する際に，権利の主体（人・法人）や客体（物），権利関係の発生や消滅についての主要な原因（法律行為・時効）というような，法律関係に一般的に共通する事項をひとくくりにして前に出して体系的に編纂するという方式です。この共通事項を集めた部分を総則といいます。民法総則は，民法全般に共通する事項を，債権総則は，債権全般に共通する事項を，契約総則は，契約全般に共通する事項を規定しています。

このように民法典がパンデクテン方式で編纂されていることから，民法の学習においては，つねに総則との関係を意識しながら学習するということが必要となります。たとえば，売買の規定は，売主が財産権を買主に移転することを約束し，買主がこれに対して代金を支払うことを約束すると売買契約が成立すると規定しています（555条）。しかし，契約当事者が錯誤（さくご）用語や詐欺あるいは強迫によって契約を結んだときは，この契約を取り消すことができ（95条1項・96条1項），実際に取り消されると売買契約は最初から無効となります（121条）。また，債権の消滅は，債権総則あるいは民法総則が規定している法律関係ですから，契約から発生した債権だけでなく債権一般にあてはまります。そのため，債権の消滅に関する法律関係（473条以下の条文の多く）は，事務管理（697条），不当利得（ふとうりとく）（703条）あるいは不法行為（709条）により発生した債権についてもあてはまります。

notes

用語 錯誤とは，一般的には間違いとか誤りの意味です。民法上は，意思表示をした人の内心の意思と実際に表示した行為とがくいちがっているのに，そのことに本人自身が気づいていない状態をさします。たとえば，100万円と書くつもりで1,000万円と書いてしまった場合です。錯誤については，**第2部第3章**（99頁）参照。

そうすると，年長者との養子縁組を追認することはできませんから，追認できる時から5年が経過することはありませんが，養子縁組から20年以上経過しているので，Aの取消権は行使できる期間を過ぎているようにみえます。しかし，どれだけ長期間が経過しても，年長者養子が正当化されるわけではありませんので，判例は年長者との養子縁組を取り消すことができるとしています（大連判大正12・7・7民集2巻438頁）。

財産法とは

(1) 財産権には物権と債権があります

財産法は財産権を規律しており，財産権には，物権と債権があります。

(a) 物権とは

物権は，物を直接に支配できる権利であり，その代表的なものは所有権です。所有権は，目的物を自由に使用・収益・処分することができる権利ですから（206条），所有者は所有物を自分で使うことはもちろん，他人に貸して賃料を得ることも，売却することもできます。

(b) 債権とは

これに対し，**債権**は，ある人がほかのある人に対して，一定の給付（金銭の支払や物の引渡（ひきわた）しなど）を請求できる権利です。したがって，A所有の建物の借主Bも，その建物を使用することはできますが，それは，あくまでAとの賃貸借契約に基づく賃借権（ちんしゃくけん）があるからです。この賃借権を介して，Bはその建物を使用できるにすぎません。ですから，Bは勝手にその建物をCに転貸したり，賃借権を譲渡することはできません。Bが貸主Aの承諾なく，そのようなことをしますと，AはBとの賃貸借契約を解除することができます（612条）。

(c) 担保物権とは

広い意味で物権というときは，担保物権も含まれます。担保物権とは，債権の回収を確実にするため，つまり，債権を担保するために，物権として構成された担保権です。「物権として構成された」というのは，その担保権は，だれに対しても主張できる権利とされているからです。たとえば，担保物権のなかでも社会においても最も重要な担保権として利用されている抵当権は，その設定された不動産を競売 用語 にかけて自分の債権を回収することができる権利です（369 条以下，民事執行法 180 条以下参照）。抵当権は，登記をしておくと（177 条参照），抵当権の設定された不動産が当初の所有者から転々と売買されても，債務者が返済しないときには，その抵当権を実行して不動産を強制的に競売にかけて売却し，その代金から債権を回収することができます（これについては，**第2部**第6章を参照）。→227頁したがって，みなさんが不動産を買おうとするときは，その不動産に抵当権が設定されていないか，不動産登記簿を調べておく必要があります。せっかく大金を出して買っても，あとで抵当権が実行されると，所有権を失ってしまいます。

私たちは，食品や日用品などは現金で購入しますが，土地や住宅など高額な買い物をするときは，たいてい，金融機関などから融資を受けて買主に代金を支払い，その金融機関のために抵当権を設定して，毎月のローンを返済していくことになります。ですから，みなさんも，売買など各種の契約や，担保のしくみを知っておくことは，とても意味のあることです。

notes

用語 競売とは，要するにセリのことです。この場合，裁判所がその不動産をセリにかけ，多くの人たちが競争で値づけをし，そのなかで最高の値段をつけた人に売却する方法で行うことになります。一般には「きょうばい」と読みますが，法律用語としては「けいばい」と読みます。

(2) 典型契約については規定があります

先に述べたように（Ⅱ）→9頁，契約自由の原則から，私たちは自由に契約内容を定めることができます。しかし，契約当事者が必要な取決めをしていない場合や，契約内容がはっきりしない場合には，のちに争いが生ずることにもなります。そこで，民法は，社会で実際に交わされる（結ばれる）ことが多いと考えられる13種類の契約について規定しています。これを，典型的な契約ということで**典型契約**（反対の概念は**非典型契約**），あるいは，契約に名前がついているので**有名契約**（反対の概念は**無名契約**）ともいいます（これについては，**第2部第*4*章**Ⅰ→127頁を参照）。典型契約の規定は，実際の契約で決められていない部分を補充する機能があります。

家族法とは

家族法は，夫婦・親子に関する親族法と，相続に関する相続法からなります。私たちが意識するとしないにかかわらず，夫婦となり，親子となれば，そして近親者が亡くなると，私たちの法律関係は家族法によって規律されます。したがって，すでに，私たちは家族法の世界にいるのです。

近年は，生殖医療の発達により，いわゆる代理母から生まれる子や，人工授精により生まれる子も少なくありません。また，婚姻届を出さない事実上の夫婦も増えてきました。さらには，同性のパートナーを配偶者と同様に扱うという自治体も出てきました。このように家族法は，民法を制定した当時には考えられなかった問題に直面しています。

これらの問題をよりよく理解するためにも，まず，本書で民法の基本的なしくみを勉強していきましょう。

第 2 部

財産法を学ぶ

第 1 章

広大な財産法の世界への旅

財産法の話を始めるにあたって

I　第2部の話の順序について
——財産法の地図を広げてみよう

財産法の旅を始める前に

財産法とは，財産の支配や取引に関するルールの総称です。その主要なものは，民法第2編物権・第3編債権→28頁です。もっとも，財産法は，それだけにとどまりません。たとえば，土地の所有者（所有権をもつ人のことです）は，登記をしなければ，自分がその土地の所有者であることを第三者に対抗する（主張することです）ことができないとされています（177条）→255頁。ただ，登記とは何かとか，その手続に関しては，不動産登記法→256頁に規定されています。また，賃料をとって土地や家を貸す契約（これを賃貸借契約といいます）については，民法の規定だけでなく，借地借家法も適用される場合があります。ですから，財産法を勉強する際には，これらの法律もいっしょに勉強しなければなりません。さらに，民法総則は，民法に共通する事項を定めていますが，その適用の中心は，物権や債権になります。そのため，物権や債権の勉強においては，民法総則の知識が前提となります。そうなると，民法総則もいっしょに勉強する必要があります。

このように，財産法の勉強は，民法が定める物権や債権にとどまらず，たいへん広い範囲に及びます。しかも，財産法は，いろいろな制度が複雑に絡み合ってジャングルのようになっています。むやみに足を踏み入れると，たちまち迷子になってしまいます。ですから，財産法の世界で迷子にならないために，勉強をどのように進めていくかは重要です。

民法の教科書では，通常，民法の編別に従い，民法総則から話を始め，物権（物権には担保物権→221頁も含みます），債権総論，契約総論，契約各論の順序で話を進め，しかも，それぞれの分野では，条文の順序で話を進めています。しかし，本書では，つぎの理由からこうした進め方をしていません。なぜなら，民法の編別や条文の順序に従った進め方では，先ほどお話しした民法総則，物権，債権の各制度の関係を意識しながら勉強することは難しいですし，実際の紛争を解決する能力をやしなうことも難しいからです。第2章→47頁以下の話の進め方をきちんと理解してもらうために，制度の説明に入る前に，これらの点について，もう少し詳しく説明しましょう。

条文の意味や制度の内容を理解するだけでは十分ではありません

民法の勉強において，条文に書かれていることの意味や各制度の内容を理解することは重要です。しかし，それだけでは十分ではありません。その理由を**第1部**の CASE 4→15頁を用いて考えてみましょう。

第1部の CASE 4 では，B が C に不法行為責任（709条）を追及できるかどうかが問題となっています。ですから，一見すると，不法行為責任について考えればよいように思われます。そして，C は，B が先に土地を買ったことを知りながら，土地の引渡しや登記の移転を受けていますから，C の行為は不法行為になると考えるかもしれません。しかし，C の行為は，不法行為にならないと解されています。なぜなら，物権に関する177条が登記を先にしたCが所有権をもつとしているのに，C が709条で不法行為責任を負うということになると，177条が，C が所有権をもつとしている意味が薄れてしまうからです。

このように，不法行為責任が問題となっているから，それだけを理解していればよいかというと，そうではありません。他の制度との関係からはじめて適切な結論を導き出すことができる場合もあります。

そこで，本書では，民法が定める各制度の関係を理解してもらうために，本章Ⅱで第２章以下の話の進め方について，どうして第２章以下でそういう話の進め方をしているかを説明し，さらに，**第２部**の各章のはじめでも，各章においてなぜそういう話をするか，また，前章との関係について説明をしています。

関係する制度はまとめて覚えましょう

(1) 債権・債務とは

物を売ったり買ったりとか，物を貸したり借りたりすることを，法律では，**契約**といいます（これについては，第*3*章Ⅰ参照 →86頁）。契約が成立すると，契約当事者の一方は，相手方に対して，ある行為を請求する権利をもちます。この権利のことを**債権**といいます。また，これに対応する相手方の義務のことを**債務**といいます。そして，債権の権利者を**債権者**，義務者を**債務者**といいます。

物を売ったり買ったりする契約を売買契約（ばいばいけいやく）といいますが，売買契約が成立すると，売主は，買主に対して，売買代金の支払（しはらい）を請求する権利（代金債権）をもち，他方，買主は，売主に対して，売買代金を支払う債務を負います（555条）。ですから，代金債権についてみると，売主が債権者，買主が債務者になります（CHART 1-1 参照）。これに対して，買主は，売主に対して，売買した目的物の引渡し（ひきわた）を請求する権利（引渡債権（ひきわたしさいけん））をもち，他方，売主は，買主に対して，売買目的物を引き渡す債務を負います（同条）。ですから，引渡債権についてみると，買主が債権者，売主が債務者になります（CHART 1-1 参照）。このように，だれが債権者，債務者になるかは，どの債権についてみるかで変わってきます。

CHART 1-1 売買契約における債権・債務の関係

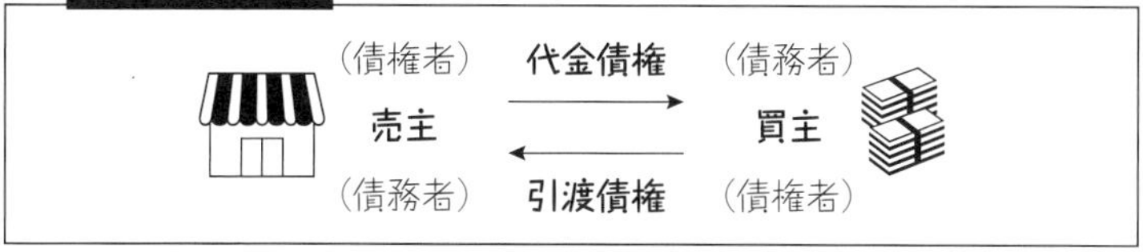

(2) 債務者が債務の履行をしなかったら

売買契約において，買主や売主がより有利な取引先を見つけたなどの理由から，買主が代金を支払う日（これを支払期日といいます）になっても代金を支払わないとか，売主が目的物を引き渡す日（これを引渡期日といいます）になっても，目的物を引き渡さないということができてきます。これを**債務不履行**といいます（債務不履行については，第5章参照）→160頁。それでは，買主が売買代金を支払ったのに売主が売買した家屋を引渡期日になっても引き渡してくれない場合に，買主にはどのような救済手段が与えられるでしょうか。詳しくは第5章でお話ししますが，まず，買主は，裁判所に訴えて売主に**債務の履行**用語を強制させることができます（強制履行。414条）。また，売主が引渡期日に家屋を引き渡してくれないため，買主がホテルに泊まらなければならなくなり，宿泊料金がかかったという場合のように，買主に損害（財産的なマイナスをいいます）が発生した場合には，買主は，売主に対して，損害の賠償を請求することができます（債務不履行による損害賠償。415条）。さらに，買主は，契約を解消することもできます（契約の解除。541条以下）。

(3) 制度の関係を意識して勉強しましょう

このように，売主が売買した家屋を引き渡してくれない場合には，買主は，履行の強制，債務不履行による損害賠償の請求，契約の解除

notes

用語　債務の履行とは，契約や債務の内容を実現することです。

をすることができます。もっとも，契約の解除については，民法では，強制履行や債務不履行による損害賠償請求権とは離れた場所に規定が置かれています。ですから，編別や条文の順序で民法を勉強していると，これらの救済手段は，まったくバラバラの制度として理解され，そのため，これらの制度がどのような関係にあるかが理解されないおそれがあります。

残念ながら，民法は，制度の全体像や各制度の関係を意識できるようには作られていません。そうすると，問題を考える際に自分で条文や制度を関係づけなければなりません。ですが，自分の力でそれを行うのはかなり難しいことです。

そこで，本書では，条文や制度の関係を把握できるように，関係する条文や制度をできるかぎりまとめて説明するようにしています。

II 財産法の話の順序 ——全体像を空からみてみよう

それでは，これからの全体的な話の流れを把握（はあく）してもらうために，第2章（→47頁）から第8章（→279頁）までの話の順序と各章の内容について簡単に説明しましょう。

だれが権利をもち，義務を負うことができるか

最初は，権利・義務の主体の話です。これからお話しする財産法の世界では，ある人がある人に対してどのような権利をもち，また，どのような義務を負うか，ということが問題となります。そのため，これからの話は，ある人が権利をもち，義務を負うというこ

とが前提となります。権利をもつことも義務を負うこともできない人は，そもそも法の世界という舞台にあがることはできません。それでは，だれがどのような場合に権利をもち，義務を負うことができるでしょうか。

また，日常生活では，しばしば物を売ったり買ったりとか，物を貸したり借りたりということが行われます。これらを契約といいますが，民法は，一定の類型の人については，1人では確定的に有効な契約を結ぶことはできないとしています。そのような人が1人で契約を結んだときは，その契約は取り消される可能性があります。それでは，どのような人が1人では確定的に有効な契約を結ぶことはできないのでしょうか。

そこで，第2章→47頁では，財産法の大前提である，だれがどのような場合に権利をもち，義務を負うことができるかについてお話しします。そして，どのような類型の人が1人では確定的に有効な契約を結ぶことができないか，そのような人が1人で契約を結んだらどうなるかについてお話しします。

財産法は契約と所有を基本モデルとして作られています

ところで，一口に財産法といっても，財産法の世界は，契約と所有を基本モデルとして作られています。私たちは，日常生活において，物を売ったり買ったりというように物と金銭とを交換したり，働いて給料をもらうというように労働力と金銭とを交換したりしています。そして，このような交換をめぐってさまざまな問題が発生します。こうした問題を扱うのが契約の世界です。

他方，私たちは，日常生活において，いろいろな物や金銭を自分のものとして使用したり処分したりしています。そして，この物や金銭の支配をめぐってさまざまな問題が発生します。こうした問題を扱うのが所有の世界です。

財産法は，この契約をめぐる問題と所有をめぐる問題を基本的な柱として作られています。

そこで，第3章（→85頁）以下では，この契約と所有の問題を中心にお話しします。

まずは契約の話から

第1部でお話ししましたが（→9頁），民法は，**私的自治の原則**（してきじち）を基礎においています。この原則により，私たちは，自分の意思に基づいて自由に法律関係を形成することができます。この重要な場面の１つが契約です。私たちは，契約によって相手方との間で法律関係を自由に形成することができます。そして，契約を結んだ人たちの間でトラブルが発生した場合には，そのトラブルは，契約で取り決められた内容に従って解決されます。ですから，契約を結んだ人たちの間でトラブルが発生した場合にそれをどのように解決するかを考えるに際しては，まず，契約でどのような取決め（合意）がなされたかを考えなければなりません。

また，財産法のもう１つの柱である所有の問題を考えるに際しても，契約が重要となることがあります。所有者は，通常，自分の所有物を自由に使用することができます（206条）。しかし，たとえば，マンションを借りている人のように，所有者から契約で物の利用を許されている人は，所有者ではないとしても物を利用することができます。反対に，マンションを貸している人は，所有者であるとしても，マンションを利用することができません。このように，契約が物の所有に影響を与えることがあります。

さらに，事務管理（じむかんり）用語（697条）や不当利得（ふとうりとく）用語（703条・704条）による請求は，争っている人たちの間に契約がない場合に認められます。不法行為責任→280頁（709条）は，争っている人たちの間に契約がある場合にも成立しますが，その場合にも，たとえば，医療契約（医師が患者を診療する契約のことです）における医師の手術など，契約が不法行為責任の成立に影響を与えることがあります。

契約が成立するには

あたりまえといえばあたりまえのことですが，契約を問題とする以上，争っている人たちの間にまず契約が成立していなければなりません。では，どのような場合に契約は成立するでしょうか。

また，かりに契約が成立したとしても，その契約が効力をもっていなければ（契約が効力をもつことを有効といい，効力をもたないことを無効といいます），債権者は，債務者に対して，債務の履行→37頁を請求することはできません。民法は，一定の理由から，成立した契約が効力をもたないものとしたり，取り消すことができるものとしています。契約が取り消されると，契約は，はじめから無効なものとなります（121条）。そうすると，どのような場合に成立した契約が効力をもたなかったり，取り消されたりするかが問題となります。

notes

用語 事務管理とは，たとえば，Aが，具合が悪く路上に座り込んでいたので，BがAをタクシーで病院まで連れて行ってあげた場合など，法律上の義務がないのに，他人の事務を管理することです。事務管理が成立すると，Aに代わってタクシー代を支払ったBは，タクシー代をAに請求することができます（702条1項）。事務管理については，第*8*章（292頁）で触れます。

用語 不当利得とは，たとえば，BがAの土地にはえているマツタケをAに無断で採って，そのマツタケを売って利益を得た場合など，法律上の原因がないのに，他人の財産または労務によって利益を受けることです。この場合，Aは，Bにマツタケの代金を請求することができます（703条・704条）。不当利得については，第*8*章（293頁）で触れます。

そこで，第3章→85頁では，どのような場合に契約が成立するか，そして，どのような場合に成立した契約が効力をもたなかったり，取り消されたりするかについてお話しします。

契約はどのように実現されるか

契約が成立し，その効力が発生すると，債権者は債務者に対して債権をもち，他方，債務者は債権者に対して債務を負います。たとえば，売買契約が有効に成立すると，買主は売主に対して売買した目的物の引渡しを請求する債権をもち，売主は買主に対して目的物を引き渡す債務を負います。他方，売主は買主に対して売買代金の支払を請求する債権をもち，買主は売主に対して売買代金を支払う債務を負います。しかし，ある場合には契約が有効に成立していても，債権者が債務者に対して債務の履行を請求できない場合があります。

また，債権は，その内容が実現されれば，その目的を達成し消滅しますが，民法は，さまざまな理由から，それ以外にも債権が消滅する場合を認めています。債権が消滅すると，債権者は，債務者に対して債務の履行を請求できません。

そこで，第4章→125頁では，契約はどのように実現されるか，また，どのような場合に実現できなくなるかについてお話しします。

債務が必ず履行されるとはかぎりません

契約が有効に成立すると，債務者は，債務の本旨に従って債務の履行をしなければなりません。しかし，売主が買主に土地を売ったところ，より有利な取引先をみつけたため，売主が土地を買主に引き渡さないなど，さまざまな理由から，債務者が債務の履行をしない場合が出てきます。また，売買した家屋がその引渡しの前に火災で燃えてしまったため，売主が家屋を引き渡すことができないという場合も出てきます。このように，債務者が契約（債権）の内容（債務の本旨）に従って債務の履行をしないとか，債務の履行ができないことを**債務不履行**といいます。さらに，購入した家屋に住んでみたところ雨漏りがしてきたなど，目的物の引渡しはあったものの，引き渡された目的物が契約の内容に適合したものでなかったという場合も出てきます。このように，引き渡された目的物が契約の内容に適合したものでないことを**契約不適合給付**といいます。それでは，債務不履行や契約不適合給付があった場合に，債権者にはどのような救済手段が与えられるでしょうか。

しかも，債務が履行されないのは，必ずしも債務者のせいだけではありません。売主が契約に従って買主に売買目的物を引き渡そうとしたのに，買主がそれを受け取ってくれないという場合もあります。これを**受領遅滞**といいます。このような場合に，売主は，どのような手段をとることができるでしょうか。

そこで，第*5*章（→159頁）では，債務の本旨に従って債務の履行がなされない場合に，契約当事者にどのような救済手段が与えられるかについてお話しします。

金銭債権を回収するには

売買代金の支払請求権（代金債権）や貸金の返還請求権（貸金債権）など，いろいろな状況において，金銭の支払を受けることを目的とする債権（これを金銭債権といいます）が発生します。金銭の支払債務を負う債務者がその支払をしないとき，金銭債権の債権者は，最終的に債務者の財産から債権を回収します。ですから，債務者に資力（債務を弁済する財力のことです）がないと，金銭債権の債権者は，債権を回収することはできません。金銭債権の債権者としては，債務者の資力がなくなる場合に備（そな）えて，なんらかの手段を講じて，できれば，債権全額を，それが無理だとしても，1円でも多く債権を回収したいと思うでしょう。

そこで，第6章（→201頁）では，金銭債権の債権者が自分の債権を他の債権者よりもできるだけ多く回収するために，どのような手段があるかについてお話しします。

所有権を守るには

契約の話のつぎは，財産法のもう1つの柱である所有についてお話しします。契約は，契約を結んだ人たちがもつ財産の交換にかかわる制度ですが，私たちは，日常生活において自分の所有する物を使用したり処分したりすることにより，自ら支配しています。では，物の所有者はいったいどのように決まるでしょうか。また，だれかが自分の所有する物を盗んだり，自分の土地の上に無断で自動車をとめたりしているというように，他人が自分の所有する物に対して不当な干渉（かんしょう）をしてきた場合に，所有者は，どのような救済を求めることができるでしょうか。

さらに，買主が，売主が売買目的物の所有者だと思ってそれを買ったところ，実は，売主はその物の所有者ではなかったという場合があります。所有者ではない人から物を買っても買主はその物の所有者にはなれません。しかし，これでは安心して取引をすることができません。そのため，民法は，一定の場合に所有者ではない人から物を取得した人を所有者とすることで保護しています。それでは，どのような場合に所有者ではない人から物を取得した人は保護されるでしょうか。

そこで，第7章（→239頁）では，物の所有者はどのように決められ，また，所有物に対する不当な干渉に対して，所有者は，どのような救済を求めることができるか，さらに，所有者ではない人から物を取得した人がどのような場合に保護されるかについてお話しします。

事件・事故の後始末は

財産法の柱は，契約と所有です。もっとも，財産権をめぐるすべてのトラブルが契約や所有に関するルールによって解決されるわけではありません。たとえば，ある人が赤信号を無視して交差点に進入してきた自動車にひかれてケガをした場合，交通事故の被害者と加害者との間には，通常，契約はありません。ですから，交通事故の被害者にどのような救済が与えられるかを契約によって判断することはできません。また，交通事故で被害者がケガをしたとか，精神的な苦痛を受けたという場合，そのような被害は，所有の問題ではありません。ですから，交通事故で被害者がケガをしたとか，精神的な苦痛を受けたという場合，所有に関するルールで被害者の救済を図ることもできません。それでは，このような場合に交通事故の被害者にはいったいどのような救済が与えられるでしょうか。

そこで，財産法の話の最後として，第8章（→279頁）では，財産権をめぐるトラブルのうち，契約や所有に関するルールで解決できない問題，そのなかでもとくに不法行為の問題を取り上げ，不法行為の被害者にどのような救済が与えられるかについてお話しします。

それでは，財産法の世界への旅に出発しましょう。

第2章

あなたが主人公です

権利・義務の主体

民法の扱う権利義務関係を語るには，まず，権利をもち，義務を負(お)うことができるのはだれなのかが問題となります。さらに，民法は，一定の類型にあてはまる人については，たとえその人が契約によって権利を取得し，または義務を負うことを望んでも，1人では確定的に有効な契約を結ぶことができないことを定めています。つまり，そのような人が1人で契約をしたときは，その契約が取り消されることもあります。

そこで，第2章では，だれがどのような場合に権利を取得し，または義務を負うことができるのか，さらに，どのような人が1人では確定的に有効な契約を結ぶことができないのか，そのような人が1人で契約をしたらどうなるのかをみていくことにしましょう。

I　権利能力
——いつから主人公になれるか

子どもの頃，お小遣(こづか)いで本を買った経験のある方は少なくないでしょう。ところで，この本の持ち主，いいかえると，本の所有権をもつ人はだれなのでしょうか。親の監督のもと保護されて暮らす（818条1項・820条参照）**未成年**［用語］の子が買った本の所有権は，親にあるのでしょうか。

notes

［用語］未成年とは，以前は20歳未満のことをいいましたが，2018年の改正で2022年4月1日より18歳未満が未成年となりました。

人は生まれたときから主人公です

結論からいえば，たとえ子どもでも，お小遣いで買った本の所有権をもつことができます。民法は，人はだれでも生まれながらにして，権利をもつことができ，また義務を負うことができるとしています。人が権利をもち，または義務を負うことのできる資格を**権利能力**といい，人はだれでも権利能力をもつという原則を**権利能力平等の原則**といいます。「私権[用語]の享有（きょうゆう）〔私権をもつこと〕は，出生（しゅっしょう）に始まる。」(3条1項) という条文は，このことをあらわしています。権利能力平等の原則は，現代の私たちの感覚からするとごく当たり前のことに感じられますが，古代の奴隷（どれい）制度のもとで，奴隷のもつことのできる権利が制限されていたことなどを考えると，それ自体意義のあるものといえます。

生まれる前に主人公となる場合もあります——胎児（たいじ）の権利能力

CASE 2-1

Dのお腹のなかに，Dと事実上夫婦関係にある男性Cとの間の子（胎児）Aがいたところ，CがBに殺害されました。この事件から数か月後に出生したAは，Bに対し，Cが殺されたことによる損害の賠償（ばいしょう）を請求できるでしょうか。

出生すれば権利をもつことができるということは，反対に，出生しなければ権利をもつことができないことも意味します。つまり，胎児

notes

[用語] 私権とは，私法（6頁）の関係において認められる権利のことをいいます。これに対して公権とは，たとえば参政権のように，公法（5頁）の関係で認められる権利をいいます。

CHART 2-1 不法行為による胎児の損害賠償請求

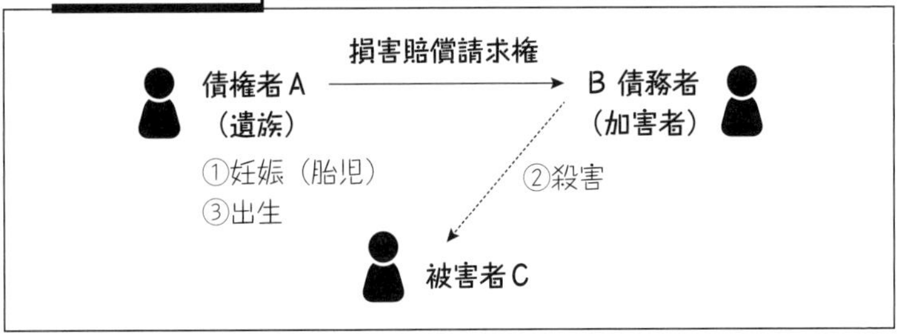

は，権利をもつことができません。ただし，民法は，それでは不都合が感じられるいくつかの場合について，例外的に胎児に権利能力を認めています。

CASE 2-1 で，Bは，一定の要件のもと，Cの遺族（Dのほか，CDの間の子も含みます）に，Cの死亡によって生じた損害を償わなければなりません。いいかえると，Cの遺族は，Bの加害行為により生じた損害について損害賠償請求権を取得します。このBの行為のように，一定の要件のもとで他人の権利や法律上保護される利益を侵害する行為を**不法行為**といいます（これについては，第 *8* 章→279頁参照）。しかし，胎児は権利をもつことができないとすれば，CASE 2-1 で，Cの死亡時に胎児であったAは，損害賠償請求権を取得できません（CHART 2-1 参照）。そこで，721条は，このような場合，AはCの死亡時にすでに生まれていたものとみなすことにより，Aが損害賠償請求権を取得できるものとしています。同様に，胎児に例外的に権利能力を認める規定として，相続に関する886条1項，遺贈[用語]に関する965条などがあります（相続および遺贈については，第 *10* 章→352頁参照）。

notes

[用語] 遺贈については，第 *10* 章（354頁）の用語を参照。

コラム③　胎児のための権利行使

CHART 2-2　胎児の権利能力の発生時

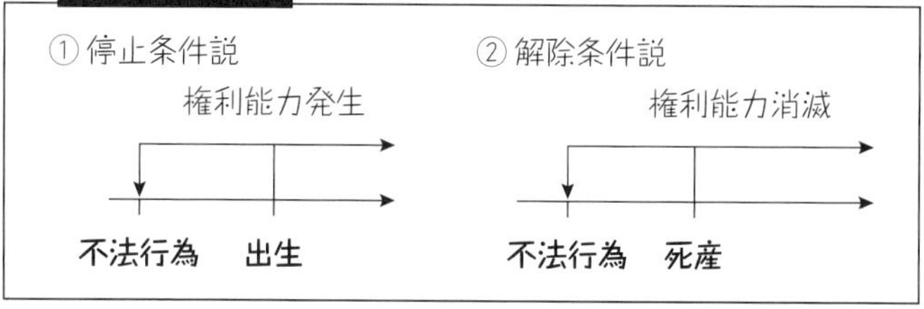

胎児自身が権利行使することは考えられません。実際には，たとえば，CASE 2-1 における親 D が胎児 A にかわって，A の損害について，B に対して損害賠償請求訴訟（そんがいばいしょうせいきゅうそしょう）を提起したり，あるいは B と和解[用語]することなどが問題になります。しかし，判例（はんれい）（大判昭和 7・10・6 民集 11 巻 2023 頁）は，CASE 2-1 と同様の事案で，胎児は，生きて出生した場合は，不法行為時にさかのぼって権利能力を取得し，出生するまでの間は権利能力をもたないとします。そして，このことから，A の出生前に，C の親族が A にかわって B と和解し，損害賠償請求権を放棄したとしても，これを有効な行為と認めることはできないとします（①停止条件説。CHART 2-2 左図参照）。これに対して，学説（判決文以外の文献などの中で大学の教員などが主張する考えや理論のことです）では，胎児も出生するまでの間すでに権利能力をもち，死産の場合に不法行為時にさかのぼって権利能力を失うとし，A の出生前に，C の親族が A にかわって損害賠償請求や和解をすることも可能だとする考え方もあります（②解除条件説。CHART 2-2 右図参照）。

②説は，出生前に権利行使を認める必要性を，胎児の権利保護に求めます（不法行為から A の出生までの間に B にお金が無くなるような場合を考えてみてください。A が出生後に損害賠償請求をしても，B から払ってもらえませ

notes

[用語]　和解とは，互いに一歩譲って争いをやめることです。

ん)。他方，①説は，胎児の段階での権利行使の問題点として，親族などがかわりに権利行使することを認める制度が現行民法上存在しないこと（前掲大判昭和7・10・6はこの点も理由としています）や，胎児に不利な和解が行われる危険があることなどを指摘します。

しかし，出生によりさかのぼって権利能力を取得するのか，死産によりさかのぼって権利能力を失うのかは，胎児の出生前にその権利行使ができるかどうかについての結論を直接に左右する問題ではありません。なぜなら，胎児が出生により不法行為時にさかのぼって権利能力を取得するとしても，その胎児にかわって出生前に行われた権利行使もさかのぼって有効になると考えることは可能だからです。ここで本来正面から問われるべき問題は，胎児のかわりにだれがどのようにして権利行使することができるのかという問題とともに，胎児の権利保護の観点から出生前に権利行使を認めるべきかどうかにあるといえるでしょう。このように考えるとき，たとえば，721条は，権利を取得し保存する（たとえば，損害賠償請求権のための担保を取得する）ために胎児に権利能力を認めるにとどまり，権利行使を可能とする権利能力までは認めていないとの理解も，説得力のある考えといえます。

II 意思能力
——主人公として活躍するための判断能力とは

権利・義務が生じるかぎり，人はだれでも（胎児でも一部の）権利を取得でき，また義務を負うことができます。権利・義務は，契約によって生じる場合と法律の規定により生じる場合がありますが，ここでは，契約によって生じる場合を取り上げて説明しましょう。

3条の2
法律行為の当事者が意思表示（いしひょうじ）をした時に意思能力を有しなかったときは，その法律行為は，無効とする。

すでにみた契約自由の原則→9頁に従えば，人は自由意思に基づいて自らの契約関係を形成することができます。このことを反対から考えてみると，人は自由意思に基づかなければ契約に拘束されないことも意味します。たとえば，重度の精神病のため自分の行為の法的な結果を認識・判断する能力がない人が契約を結んでも，その契約は，自由意思によるものとはいえません。そのため，その契約は無効です（3条の2。同条にいう「法律行為」は，契約を含みます。**第1部**の用語→10頁参照)。自分の行為の法的な結果を認識・判断する能力を**意思能力**といい，この能力がない者を**意思無能力者**といいます。意思能力の有無は，問題となっているその具体的な人の能力に着目し，個別具体的に判断されます。ただし，一般には7歳頃には意思能力が備わるとされています。

このように意思無能力者の行った法律行為を無効とする制度は，従来，私的自治の原則や契約自由の原則から当然に導かれると考えられてきました。これに対し，最近では，意思無能力者の契約が無効なのは，意思無能力者保護という政策的目的によるものだとして，私的自治の原則と異なる観点から説明する立場も有力です。

III 行為能力
――判断能力が不十分な主人公を定型的に保護します

契約を結んだ者が意思無能力者であるとき契約が無効になるとしても，取引に適する能力をもたない者を十分に保護することはできません。

定型的保護はなぜ必要か

CASE 2–2

某アイドルに夢中のＡ（16 歳）は，コンサート・チケットやグッズを買い，貯めていたお小遣いを使いはたしました。それでも熱の冷めないＡは，両親Ｃらに内緒（ないしょ）で，そのアイドルのフィギュアを 20 万円で買う契約をＢと結びました。Ａは，代金を支払わなければならないのでしょうか。

CASE 2–3

症状があったりなかったりする，いわゆる「まだら認知症」のＡは，同居する娘Ｃの外出中に症状があらわれたところ，ふとんの販売業者Ｂの訪問を受けました。当時，認知症の症状により，意思無能力（いしむのうりょく）であったＡは，Ｂにいわれるがまま，Ｂとの間で高額なふとんの売買契約を締結し，２週間後Ｃがこの事実を知りました。Ａは，ふとんの代金を支払わなければならないのでしょうか。

CASE 2–2 のＡは，自分が結んだ売買契約（ばいばいけいやく）の法的な結果を認識して判断することが可能です。したがって，Ａは，意思無能力による売買契約の無効を主張できません。しかし，通常社会経験に乏（とぼ）しく十分な取引経験をもたない未成年者を，軽率な契約から保護する必要があります。また，未成年者以外の者についても，意思能力があっても判断能力が十分ではないとき，同じことがいえます。

さらに，CASE 2–3 で，代金支払を求めるＢと訴訟になったＡが，契約締結時に意思無能力であったとして契約の無効を主張するとき，Ａは，契約を結んだ当時意思無能力であったことを証明しなければなりません。しかし，この証明は困難です。契約締結時のＡの状況を明らかにする資料（証拠）を，Ａがもっているとはかぎりません。かりに，たとえば第三者の証言などが得られるとしても，それらの資料は，人の内面の問題であるＡの意思能力の有無を直接明らかにするものではありません。そのため，Ａが意思無能力者であったとしても，裁判でそれが認められないおそれがあります。

他方，ある者の判断能力などが十分でないことは，その者の外見からすぐにわかるとはかぎりません。一方のＢが「相手方Ａには判断能力がある」と思って契約をしても，Ａの判断能力などが不十分であることによって契約の効力が否定されるとすると，Ｂが予想外の（不測の）不利益を受けることも考えられます。したがって，一方の判断能力などの不十分さから契約の効力が否定される可能性がある場合，そのことを事前に契約の相手方に示しておく必要があります。

判断能力が不十分な者を定型的に保護します

そこで，民法は，一定の要件をみたす者に定型的に，判断能力や取引経験が不十分であるためにした取引からの保護を与えることを目的として，**行為能力**という制度を定めています。１人で確定的に有効な契約などを行う能力である行為能力を制限して，取引に適する能力をもたない者の保護を図るものです。保護を必要とする者を**制限行為能力者**（20条参照）といい，未成年者・成年被後見人・被保佐人・被補助人という４つの類型からなります。そして，これらのうち成年被後見人・被保佐人・被補助人にかかわる制度を**法定後見**といいます。

法定後見では，家庭裁判所により選任された者が保護者となりますが，Ａ自らが，将来の判断能力低下に備え，保護者となるべき者Ｃをあらかじめ選んでおき，Ａの判断能力が実際に低下したとき，Ａの保護のための権限がＣに生じるという制度もあります。これが，**任意後見**です。任意後見と法定後見（成年被後見人・被保佐人・被補助人）をあわせて**成年後見**といいます（CHART 2-3 参照）。

CHART 2-3 行為能力制度・法定後見・成年後見などの関係

			成年後見			
			法定後見			任意後見
被保護者	制限行為能力者					本人
	未成年者	未成年者（未成年被後見人）	成年被後見人	被保佐人	被補助人	
保護者	親権者	未成年後見人（親権者がいないときなど）	成年後見人	保佐人	補助人	任意後見人

制度の理念は本人の保護と意思決定の尊重の調和です

現在の成年後見制度が施行される前には，禁治産・準禁治産という制度が民法に置かれていました。この制度は，現在の制度に比べ行為能力を制限する度合いが強く，被保護者の取引の自由への過剰な介入となるおそれがありました。また，禁治産者・準禁治産者という言葉自体の差別的色彩が意識されてきたこと，さらに禁治産者・準禁治産者となるとその旨が戸籍に記載されたためプライバシー侵害のおそれがあったことなどから，2000 年に現在の制度が施行されました。

現在の制度は，高齢者の判断能力が次第に減少していくという現実により適したものとして，ノーマライゼーション 用語 の重視という高齢者施策も取り込みつつ，本人の保護と本人の意思決定の尊重が調和した，より柔軟な制度を目指したものです。

現行制度のもとでは，判断能力や取引経験が不十分な被保護者 A

notes

用語　ノーマライゼーションとは，障害のある人や高齢者にかかわらず，あらゆる人がともに住み，ともに生活できるような社会を築くことをさします。

CHART 2-4 行為能力制度の基本構造

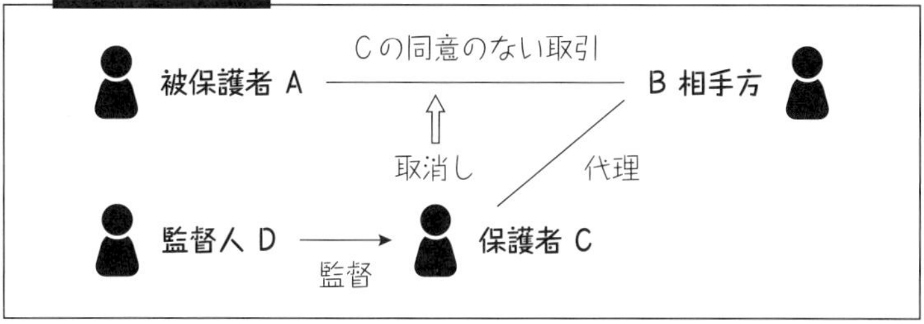

に保護者Cがつき，Cがつぎの2つの権限の行使によりAの保護を図ります（CHART 2-4 参照）。

第1に，Cは，AがCの事前の同意を得ずに（Aが成年被後見人の場合には同意を得ていても）相手方Bと契約を結んだ場合，AB間の契約を取り消すことのできる権限である**取消権**をもつことがあります。取り消された契約関係は，はじめからさかのぼって無効となります（121条参照）。第2に，Cは，たとえば，CがAのためにAにかわってBと契約を結ぶ権限である**代理権**（→117頁）をもつことがあります。

Cが実際に取消権や代理権をもつかどうかは，Aがどの類型の被保護者であるかに応じて異なります。なお，Cの活動を監督する監督人Dが選任されることもあります。制限行為能力者とその保護者の類型については，CHART 2-3 を確認してください。以下，制限行為能力者の類型ごとに，少し詳（くわ）しくみてみましょう。被保護者をA，Aの取引相手をB，保護者をCとして説明を進めます。

未成年者は親の保護を受けます

5条（未成年者の法律行為）
1　未成年者が法律行為をするには，その法定代理人の同意を得（え）なければならない。ただし，単に権利を得，又は義務を免（まぬが）れる法律行為については，この限りでない。
2　前項の規定に反する法律行為は，取り消すことができる。
3　第1項の規定にかかわらず，法定代理人が目的を定めて処分を許した財産は，その目的の範囲内において，未成年者が自由に処分することができる。目的を定めないで処分を許した財産を処分するときも，同様とする。

(1)　親が子のためにできることは

未成年者（18歳未満の者）は，父母の親権→346頁に服し（818条1項），父母はその子の代理権をもちます（824条）。親権をもつ父母を，**親権者**といいます。親権者のように，法律の定めにより他人（子）の代理権をもつ者を**法定代理人**といいます。法定代理人である父母Cらは，子Aにかわって，たとえばBと契約内容について交渉をし，また契約を結ぶことができます。ただし，Cらは，取引経験に乏しいAが自分に不利な契約をしないよう，Aにかわって契約の交渉や締結をするにすぎず，契約によって権利を得たり義務を負ったりする者はあくまでAです。つまり，Cらが代理人として結んだ契約の効果はAB間に生じます。たとえば，CらがAを代理して結んだ売買契約では，売主Bに対する代金の支払義務は代理人のCらではなく買主であるAにあります（代理については第3章Ⅵ→117頁参照）。

A自身がBと契約を結ぶ場合，法定代理人Cらの同意が必要です（5条1項本文）。Cらの同意を得ずにAが契約した場合，たとえば，契約がAに不利なとき，Cらは，この契約を取り消すことができます（5条2項・120条1項〔A自身も取り消すことができます〕）。CASE 2–2→54頁では，AがCらの同意を得ずに契約しているため，Cら（またはA）はAB間の契約を取り消せます。取り消された契約ははじめから無効であったものとして扱われ（121条），Aは，代金支払義務を免れるとともに，フィギュアの引渡しを求める権利も取得できません。子どもでも権利をもつことができること（Ⅰ→49頁参照）と，単独で権利を取得し，行使できるかどうかは別問題です。

(2) 取り消せない取引は

親権者の同意を得ずに未成年者がした取引でも，例外的に取り消せない場合が3つあります。

(a) 単に権利を得る場合，または義務を免れる場合

第1に，未成年者が単に権利を得るだけの場合，または未成年者の義務がなくなるだけの場合です（5条1項ただし書（がき））。たとえば，Aが祖父Bから万年筆をもらう約束をした場合や，父の債務を相続により引き継いだAが，母Cの知らないうちに，債権者Bから債務（借金など）を払わなくてよいとしてもらった場合です。これらの場合，たとえば，Aは，Bから万年筆をもらうという契約上の権利を取得するだけで，代金をBに支払う義務は負いません。つまり，Aは，Bとの取引により利益を得るだけなので，Aのために取引を取り消す必要がありません。

(b) 目的を定めて処分を許した財産をその目的の範囲内で処分した場合・目的を定めずに処分を許した財産を処分した場合

第2に，未成年者が，①親権者が目的を定めて処分を許した財産をその目的の範囲内で処分した場合，または②目的を定めずに処分を許した財産を処分した場合です（5条3項）。①の例は，近視になった16歳の子が，メガネを買うために親から渡されたお金でメガネを購入した場合です。②の例は，子が，親から与えられたお小遣いで買物をした場合です。CASE 2-2で，かりにAが，与えられたお小遣いでフィギュアを買っていた場合，CらはAB間の売買契約を取り消せません。

(c) 営業を許された未成年者が，その営業に関してした取引

第3に，親権者から営業（たとえば，ラーメン店の経営）を許された

未成年者が，その営業に関してした取引です（6条1項）。この場合，未成年者に独立して営業させるため，1つ1つの取引に親権者の同意を得る必要はありません。

親のいない未成年者には未成年後見人がつきます

親権者がいない未成年者については，親権者の遺言により指定された者（838条1号・839条1項），または未成年者自身やその親族などの請求によって家庭裁判所の選任した者（840条1項・2項）が，**未成年後見人**となります。このとき，制限行為能力者である未成年者を，**未成年被後見人**といいます。未成年後見人も，親権者同様，未成年者の代理権をもつ法定代理人です（859条1項）。未成年後見人は，自分の同意を得ずに未成年者が締結した契約を取り消すこともできます（5条1項本文・2項・120条1項）。

家庭裁判所は，**未成年後見監督人**を選任して未成年後見人の事務の監督などにあたらせることがあります（849条〜851条）。

判断能力がつねに欠ける者は成年被後見人となります

> 7条（後見開始の審判）
> 　精神上の障害により事理を弁識する能力を欠く常況にある者については，家庭裁判所は，本人，配偶者，4親等内の親族，未成年後見人……の請求により，後見開始の審判をすることができる。
> 8条（成年被後見人及び成年後見人）
> 　後見開始の審判を受けた者は，成年被後見人とし，これに成年後見人を付する。
> 9条（成年被後見人の法律行為）
> 　成年被後見人の法律行為は，取り消すことができる。ただし，日用品の購

入その他日常生活に関する行為については，この限りでない。

(1) 成年後見人ができることは

(a) 後見開始の審判

「精神上の障害により事理を弁識する能力を欠く常況にある者」について，本人や配偶者などの求めがあるとき，家庭裁判所は，**後見開始の審判**[用語]をしなければなりません（7条）。「事理を弁識する能力」，つまり判断能力をつねに欠く状態にある者とは，具体的には，重度の精神病者などをさします。後見開始の審判を受けた者は，**成年被後見人**[発展]となり，保護者として**成年後見人**がつけられます（8条）。

(b) 成年後見人の権限

成年後見人Cは，成年被後見人Aの代理権をもつ（859条1項）ほか，AがBと締結した契約を，たとえば，それがAに不利な場合，取り消すことができます（9条本文・120条1項。Aからも取り消せます）。ただし，Cは（そしてA自身も），Aのした「日用品の購入その他日常生活に関する行為」は取り消せません（9条ただし書）。たとえば，Aがコンビニで夕食のおかずとしてサンマの塩焼き1パックを購入した場合，Cが，スーパーのほうが安いといってこれを取り消すことはできません。Aのする取引への過剰（かじょう）な介入（かいにゅう）を避け，Aの意思決定を尊重しようという，現行制度の理念の1つのあらわれです。

そのほかに，家庭裁判所は，必要があるとき，**成年後見監督人**（せいねんこうけんかんとくにん）を選

notes

[用語] 審判とは，家庭裁判所が行う手続の一種です（**第3部**〔318頁〕参照）。この手続は，非公開で行われ，裁判官の判断の自由の余地が大きい点で，通常の訴訟手続と異なります。

[発展] 未成年者も重度の精神病となった場合などには，「成年」被後見人となる（そして，未成年被後見人であったときよりも厚い保護を受ける）ことができます。このことは，後見開始の審判を請求できる者のなかに，「未成年後見人」がいることからもわかります（7条参照）。

任して成年後見人の事務の監督などにあたらせることができます(849条・851条)。

(2) 成年被後見人であることは相手に示す必要があります

(a) 取引の安全のための公示

契約が取り消されることにより，相手方に不測の損害が生じるおそれがあります。たとえば，CASE 2-2（→54頁）で，Bが，Aから支払われる代金をあてにし，すでにあらたなフィギュアの購入予約をし，キャンセルするとキャンセル料を支払わなければならない場合です。取引が有効であることを信頼したBが，取引の効力が否定されることにより不測の不利益を受けないことを，**取引の安全**といいます。Bの取引の安全を図るため，Aが制限行為能力者であり，Aとの契約が取り消される可能性があることを，相手方となりうるBが知ることのできるようにしておくこと（**公示**）が必要になります。

(b) 後見登記等ファイルによる公示

未成年者の場合，公示は，現在も，生年月日が戸籍に記載されることで行われます。未成年者の契約相手となりうる者は，戸籍をみることで，その者が未成年者かどうかを知ることができます。かつての禁治産制度のもとでも，禁治産者の戸籍に禁治産宣告を受けた旨が記載されました（→56頁）。しかし，戸籍が他人の目に触れることもありうるものであることから，禁治産者のプライバシーの保護が問題とされました。現行制度では，Aが後見開始の審判を受けた旨は，戸籍ではなく，「後見登記等ファイル」という電子ファイルに登録されます（後見登記等に関する法律4条，家事事件手続法116条）。

後見登記等ファイルについて法律は，Aが後見開始の審判を受けたことなどの登記事項の証明書を，A自身やその成年後見人Cなどごくかぎられた者しか取得できないとすることにより（後見登記等に関する法律10条），証明書が他人の目に触れることを極力避け，Aのプライバシーの保護を図っています。Bが，のちにAとの契約を取り消されないために，Aの後見開始の審判の有無を事前に調べようとする場合には，たとえば，Aが成年被後見人ではない旨の証明書を取得し，Bがそれを Aからみせてもらうことになります。Aが成年被後見人であればそのような証明書を取得できないので，Bは，Aが成年被後見人であることを知ることができます。CがAを代理してBと取引する場合も，Bは，Cの代理権の有無を同様の方法で調べることができます。

(3) 成年後見はいつ終了するか

Aが，精神病の症状が軽くなるなどして「事理を弁識する能力を欠く常況」でなくなった場合，家庭裁判所は，本人などの求めに応じ，後見開始の審判を取り消さなくてはなりません（10条）。後見開始の審判が取り消されると，Aは再び1人で，取り消されることのない有効な取引ができ，成年後見人の代理権も消滅します。

判断能力が著しく不十分な人が被保佐人です

11条（保佐開始の審判）
　精神上の障害により事理を弁識する能力が著しく不十分である者については，家庭裁判所は，本人，配偶者，4親等内の親族……の請求により，保佐開始の審判をすることができる。〔以下略〕
12条（被保佐人及び保佐人）
　保佐開始の審判を受けた者は，被保佐人とし，これに保佐人を付する。
13条（保佐人の同意を要する行為等）
1　被保佐人が次に掲げる行為をするには，その保佐人の同意を得なければならない。ただし，第9条ただし書に規定する行為については，この限りでない。
一　元本を領収し，又は利用すること。
二　借財又は保証をすること。
三　不動産その他重要な財産に関する権利の得喪を目的とする行為をすること。
四～十　略
2　家庭裁判所は，第11条本文に規定する者……の請求により，被保佐人が前項各号に掲げる行為以外の行為をする場合であってもその保佐人の同意を得なければならない旨の審判をすることができる。ただし，第9条ただし書に規定する行為については，この限りでない。
3　略
4　保佐人の同意を得なければならない行為であって，その同意……を得ないでしたものは，取り消すことができる。

(1)　保佐人の権限は部分的アラカルト方式によります

(a)　本人の意思決定の尊重

「精神上の障害により事理を弁識する能力が著しく不十分である者」については，本人や配偶者などの請求により家庭裁判所が**保佐開始の審判**をすると（11条），審判を受けた者は，**被保佐人**となり，**保佐人**がつけられます（12条）。被保佐人Aは，成年被後見人に比べ，比較的認識・判断能力をもっています。そのため，Aの意思決定も尊重する必要があります。そこで，保佐では，以下の（b）（c）で述べるように，保佐人が介入できる場面を，一定の限度において，Aら制度の利用者が個別に選択できる（アラカルト）という意味で，いわば部分的なアラカルト方式がとられ，Aのする取引への過剰な介入を避けるという制度設計がなされています。

(b)　保佐人の同意を必要とする行為の限定

まず，被保佐人A自身が相手方Bと契約を締結する場合ですが，不動産の処分など，13条1項各号に定められたAの重要な財産にかかわる行為をするときにかぎり，保佐人Cの同意が必要です（13条1項）。その他の契約については，必要がある場合には，Aなどの求めに応じて，Cの同意を必要とする家庭裁判所の審判（同意権付与の審判）が行われます（13条2項）。これらCの同意を必要とする契約を，Cの同意を得ずにAがした場合は，Cはこの契約を取り消すことができます（13条4項・120条1項〔A自身も取り消すことができます〕）。ただし，Aが日用品の購入その他日常生活に関する行為をしたときは，取り消すことができません（13条1項柱書ただし書・2項ただし書）。

(C)　特定の法律行為についての代理権付与の審判

さらに，保佐人Cには原則として被保佐人Aの代理権がありませんが，Aなどの求めに応じて，家庭裁判所は「特定の法律行為」について代理権付与の審判を行い，CにAの代理権を与えることができます（876条の4第1項）。このように，(b)の同意権付与の審判と同様に，Cが介入することのできる場面を個別に選択できる方式がとられています。なお，本人の意思決定の尊重という観点から，A以外の者の請求に基づいて代理権付与の審判を行うときは，Aの同意が必要です（876条の4第2項）。

(2)　監督・公示・保佐の終了は

必要があるときには家庭裁判所が**保佐監督人**（ほさかんとくにん）を選任して保佐人の事務の監督などにあたらせることができる点（876条の3），保佐開始の審判を受けるとその旨が後見登記等ファイルに登録される点（後見登記等に関する法律4条，家事事件手続法116条），認識・判断能力を回復した場合に，本人などの求めに応じ，家庭裁判所が保佐開始の審判を取り消さなくてはならない点（14条）は，成年被後見人のときと同様です。

判断能力が不十分な人が被補助人です

(1) 補助人の権限は完全なアラカルト方式によります

(a) より一層の意思決定の尊重

「精神上の障害により事理を弁識する能力が不十分である」者（たとえば軽度の認知症の方などが考えられます）については，本人や配偶者などの請求により家庭裁判所が**補助開始の審判**をすると（15条1項），審判を受けた者は，**被補助人**となり，**補助人**がつけられます（16条）。被補助人は，被保佐人に比べて，ある程度の認識・判断能力をもっていることから，本人の意思決定の尊重がいっそう強く求められます。そこで，補助では，つぎに述べるような完全なアラカルト方式がとられるほか，補助開始の審判が本人A以外の者の求めによるときは，補助開始の審判がなされること自体についてAの同意が必要とされます（15条2項）。

(b) 審判による補助人の権限の個別決定

補助では，完全なアラカルト方式が採用されています。家庭裁判所は，補助開始の審判を行う場合，被補助人Aの「特定の法律行為」につき，補助人Cの同意権付与の審判（17条1項）や，代理権付与の審判（876条の9第1項）とともに行わなければなりません（15条3項）。Cの権限はすべてこれらの審判で決定されます。このことは他方で，これらの審判の対象とならなかった行為はAの判断にゆだねられることを意味します。さらに，同じく本人の意思決定の尊重という観点から，いずれの審判も，A以外の者の請求に応じて行われるときはAの同意が必要とされます（17条2項・876条の9第2項・876条の4第2項の準用）。

(c) 同意・代理の対象となる行為の限定

Cの同意を必要とする旨の審判では，同意を必要とするとされる行為は「特定の法律行為」であり，かつ，被保佐人に関する13条1項各号に定められた行為の一部にかぎられます（17条1項ただし書）。このことは，Aの重要な財産にかかわる特定の行為だけにCの同意を必要とすることができ，それ以外の行為はAの判断にゆだねられることを意味します。

審判で特定された，Cの同意を必要とする契約を，その同意を得ずにAが結んだ場合，Cは契約を取り消すことができます（17条4項・120条1項〔A自身も取り消すことができます〕）。代理権付与の審判でも，被保佐人のときと同様，家庭裁判所は「特定の法律行為」についてしか審判を行えません（876条の9第1項）。

(2) 監督・公示・補助の終了は

必要があれば家庭裁判所が**補助監督人**を選任して補助人の事務の監督などにあたらせることができる点（876条の8），補助開始の審判を受けるとその旨が後見登記等ファイルに登録される点（後見登記等に関する法律4条，家事事件手続法116条），認識・判断能力を回復した場合に，本人などの求めに応じ，家庭裁判所が補助開始の審判を取り消さなくてはならない点（18条1項）は，成年被後見人・被保佐人のときと同様です。

コラム④　親族後見人から市民後見人へ

現行の成年後見制度がスタートした2000年の時点では，成年後見人・保佐人・補助人の9割以上を成年被後見人・被保佐人・被補助人の親族が占めていました。その後，弁護士や司法書士（しほうしょし）などが成年後見人などに選任される割合が増加し，2022年には，あらたに選任された成年後見人などのうち親族の占める割合が約19.1％なのに対して，弁護士など専門職にある者（専門職後見人）の割合は（法人が後見人となったケースも含め）80％超と，親族以外の者が後見人となるケースが大半を占めています。この背景には，単身世帯の増加や専門職による対応を必要とする事件の増加などが指摘されています。

さらに，近時，少子高齢化にともなう後見人の人材不足などを背景として，いわゆる**市民後見人**の活用が唱えられています。市民後見人とは，成年被後見人などの親族以外の者で弁護士や司法書士などの専門資格をもたない一般市民のなかから選任される成年後見人などのことです。被後見人などと同じ地域に住む市民から選任される市民後見人には，専門性を要しない事案において，地域ネットワークのなかできめ細かな対応を行うことが期待されており，各自治体も市民後見人の育成・活用に必要な措置を講ずるようにつとめることが法律で定められています（老人福祉法32条の2，知的障害者福祉法28条の2，精神保健及び精神障害者福祉に関する法律51条の11の3参照）。

コラム⑤　後見制度支援信託

成年被後見人の財産管理にかかわる成年後見人が，その財産を着服（ちゃくふく）するといった事件は，残念ながら後を絶（た）ちません。成年後見人などの権限濫用（らんよう）の防止は，非常に大切な課題です。このような状況を背景として，2012年，最高裁判所（さいこうさいばんしょ）の主導のもと，後見制度支援信託の運用が開始されました。

これは，被後見人の財産のうち，日常的な支払に必要なお金を後見人が管理するほか，その他のお金を信託銀行に信託するものです。この制度の利用にあたっては，原則として弁護士などの専門職後見人が信託財産の額などを決定するほか，信託銀行との信託契約（しんたくけいやく）締結について家庭裁判所の指示書が必要となります。また，信託契約締結後，後見人が管理するお金では不足するとき，後見人はその理由を記載した報告書および裏づけ資料を家庭裁判所に提出し，家庭裁判所から発行を受けた指示書を信託銀行に提示して，必要なお金の払戻しを受けることになります。

契約が取り消されると後始末が必要です

CASE 2–4

→54頁
CASE 2–2 で，A は，両親 C らに内緒で家からお金を持ち出し，B に代金を払ってフィギュアを受け取りました。その 1 年後 AB 間の売買契約を知った C らがこの契約を取り消すと，B はフィギュアを返すよう求めてきましたが，フィギュアの塗装の一部が時間の経過に伴う劣化（経年劣化）によってはげていました。A は，フィギュアとともに，塗装がはげたことによって減少したフィギュアの価値をお金で支払わなければならないでしょうか。

成年被後見人のした契約，またはその他の制限行為能力者が同意を得ずにした契約が，保護者によって取り消されたとき，場合によってはその後始末が必要です。CASE 2–2 において，AB 間の契約が取り消された時点で，AB が互いにフィギュアの引渡しも代金の支払もまだしていない場合，互いにフィギュアの引渡しや代金の支払を拒むことですみます。これに対して，AB がすでにフィギュアの引渡しや代金の支払をしていた場合，後始末が必要となります。少し詳しくみていきましょう。

取り消された AB 間の契約は，はじめから無効であったものとして扱われます（これを**遡及効**といいます。121 条）。この場合，AB は互いに，フィギュアや代金を返還しなければなりません（121 条の 2 第 1 項）。これを，**原状回復義務**といいます（CHART 2–5 参照）。

このとき，たとえば，A が，フィギュアの塗装の一部が経年劣化によってはげていたため，元の完全な形で返還できず，このことによって減少した価値をお金で返還しなければならないとすれば，十分な財産のない C（または A）は容易に AB 間の契約を取り消せません。そこで，民法は，A が制限行為能力者であることを理由として契約

CHART 2-5 取消し後の原状回復義務

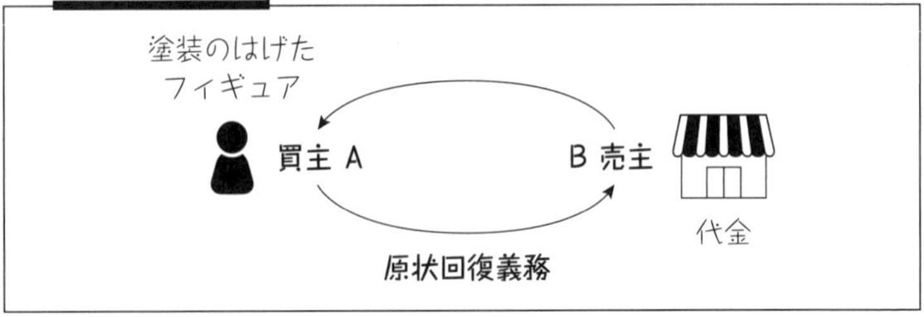

が取り消された場合，Aは，「現に利益を受けている限度において」返還すればよいとします（121条の2第3項。**現受利益**の返還）。CASE 2-4 では，Aは，塗装がはげた状態のフィギュアを返還すれば，それで原状回復義務をはたしたことになります。

契約が取り消されず確定することもあります――追認

AB間の契約の後始末としては，反対に，この契約を確定的に有効なものとして扱うことも考えられます。たとえば，Cの同意を得ずにAがした契約が，Aに有利な契約である場合です。この場合，Cは，AB間の契約を取り消さない旨の意思表示（**追認**（ついにん））をすることにより，契約の効果を確定できます。追認により，AB間の契約は以後，CもAも取り消せなくなります（122条）。

追認は，一定の要件のもとで，本人がすることもできます（122条・120条1項）。もっとも，CASE 2-2 で，Aが，契約の1年後に追認しても，追認時に17歳であるAには，1年前と同様，十分な取引経験は通常ありません。そのようなAが，Bとの契約は自分にとって役に立つかどうかを判断して追認することにより，A側から取消権が奪われると，Aの保護が図られません。そこで，本人が追認をするには，原則として成人後，または認識・判断能力の回復により成年後見開始の審判などが取り消され，かつ取消権をもつことを本人が知ったあとでなければなりません（124条1項）。

相手方保護の必要もあります――催告・詐術

(1)　催告権――相手方からの問い合わせに返事がない場合は

制限行為能力の規定は，制限行為能力者Aの意思決定を尊重しつつ，Aの保護を図ることを目的とする制度ですが，相手方Bの保護も考える必要があります。以下，2つの制度を紹介します。

第1に，制限行為能力者Aと契約したBは，さしあたり契約が有効であることを前提とすることができるものの，契約をいつ取り消されるかわからない不安定な立場にたちます。そこで，民法は，Bに，この不安定な立場を解消する手段を与えています。すなわち，Bは，Aもしくは保護者C（CHART 2–3→54頁参照）に，1か月以上の期間を定めて（たとえば「2か月以内に返答せよ」として），AB間の取引を追認するかどうか返答してほしいという通知，またはAが被保佐人・被補助人であるときは保佐人・補助人の追認を得るべき旨の通知（**催告**）をすることができます（20条1項前段・2項・4項）。

この催告に対して，保護者CやAが定められた期間内に取消しまたは追認するなどの返答をすれば，それらの効果が生じます。ただし，前述のように，A本人が追認できるのは法律行為を有効に行えるようになってから，つまり成人後などにかぎります。AやCが返答しない場合にも，取消しまたは追認の効果が生じ，Bの不安定な地位が解消されます。

AやCが返答しない場合の効果について具体的にいうと，1人で法律行為を有効に行える者，つまり成人し，もしくは成年後見開始の審判などを取り消された本人（20条1項後段），または有効な法律行為となるように法定代理権もしくは同意権をもつ保護者，つまり法定代理人・保佐人・補助人 →58頁·117頁（20条2項）が催告に対してはっきりと答えない場合は，追認したものと扱われます。これに対し，1人では法律行為を有効に行えない者，つまり被保佐人・被補助人が保佐人・補助人の追認を得たとはっきりと答えない場合，取り消したものと扱われます（20条4項）。未成年者・成年被後見人への催告は，法的な意味をもちません。

(2) 詐術――だました制限行為能力者も取り消せるか

CASE 2–5

CASE 2–2 →54頁において，Bが，「未成年者お断り」と明示していたにもかかわらず，フィギュアがほしくてたまらなかったAは，未成年であることを告げずにBと契約をしました。CらはAB間の契約を取り消せるでしょうか。

相手方Bの保護が図られるのは，第2に，制限行為能力者Aが，たとえば，未成年者が戸籍を偽造して成人だとうそをつくように，自分は制限行為能力者ではないとBをだますこと（**詐術**）によって，契約したような場合です。この場合，Bの取引の安全を図る必要があります。Aが，保護者Cの同意を得たとうそをつく場合も同様です（大判大正12・8・2民集2巻577頁）。このような場合，AやCらはAB間の契約を取り消せません（21条）。

判例は，改正前の準禁治産者に関してですが，Aが制限行為能力者（改正前の用語では「無能力者」）であることを単に黙っているだけでは「詐術」にあたらないとしつつ，一般論として，ほかの言動と相まって相手方を誤信させ，または誤信を強めた場合は「詐術」にあたるとします（最判昭和44・2・13民集23巻2号291頁）。

たとえば，被補助人Aが，補助人Cの同意を必要とする契約をC

の同意を得ずに行うにあたり，単に被補助人であることを黙っていただけでなく，「自分には資産があるから安心して取引してください」という発言をしていた場合が考えられます。

CASE 2–5 の場合，実際の場面でAがBに対してどのような言動や態度をとっていたかによって，Cが取り消せるかどうかが変わります。

Ⅳ 法　人
――人・物の集合体も一人前の「人」です

法人とは集合体です

民法は，権利をもち義務を負うことのできる者として，生身（なまみ）の人間（自然人）のほかに，人または財産の集合体を想定しています。これが，**法人**です。法人には，人の集合体（団体）を1人の人とみなす**社団法人**と，財産の集合体を1人の人とみなす**財団法人**があります。法人が1人の人とみなされるということは，法人がその構成員などとは別個の人格をもつことを意味します。したがって，たとえば法人の権利については，とくに社団法人の場合，その各構成員が，1つの権利を分割したものをもつのではなく，法人自体が1つの権利をもちます。

CASE 2–6

Bを含む100名は，北海道のよさこいソーラン祭りに出場するために必要な和太鼓を，Aから100万円で購入しようと考えました（なお，Bらメンバー間の組合契約 用語(次頁) は考えないことにします）。

① Aは，和太鼓の売買契約を，Bを含む100名のメンバー全員との間で締結しなければならないのでしょうか。

CHART 2-6 法人設立による法律関係の単純化

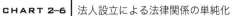

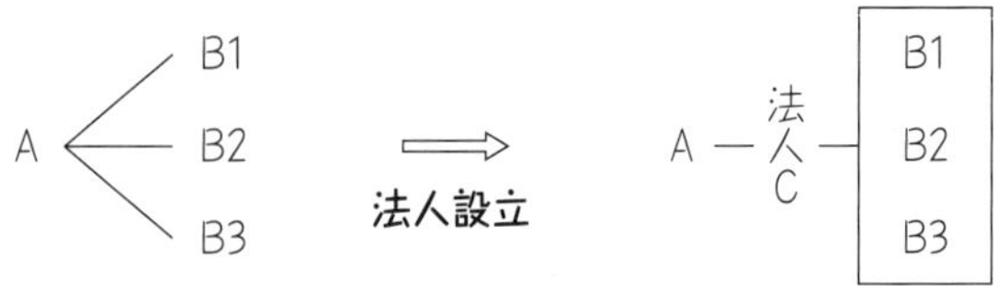

② AがBらに和太鼓を引き渡したあと，Bがメンバーから集めたお金では代金額に不足することが明らかになりました。Aは，代金の支払を求め，各メンバー個人の財産から取り立てることができるでしょうか。

(1) 法人は法律関係をより単純なものにします

法人は，第1に，法律関係をより単純なものにする機能をもちます。CASE 2-6 ①で，Bらが法人を設立していない場合，Aは，原則として，Bらメンバー全員と契約を締結しなければならず，さらに，B側の代金債務は，頭割りで各メンバーに分割され，Aは各メンバーに1万円ずつしか請求できません（427条参照）。これに対し，Bらが法人Cを設立している場合，売買契約によって権利を得たり義務を負ったりするのはCのみとなり，代金債務もCのみが負います（CHART 2-6 参照）。

(2) 法人は個人財産と団体財産を分離します

法人は，第2に，個人財産と団体財産を分離する機能をもちます。CASE 2-6 ②で，法人を設立していないBらは，前述のように各人が代金債務を負い，払わない場合，Aは，Bら各人の財産から国の力

notes

用語(前頁) 組合契約とは，各当事者が出資をして共同の事業（CASE 2-6 のように祭りに出場することでもよい）を営むことを約束することによって成立する契約です（667条）。

CHART 2-7 法人設立による個人財産と団体財産の分離

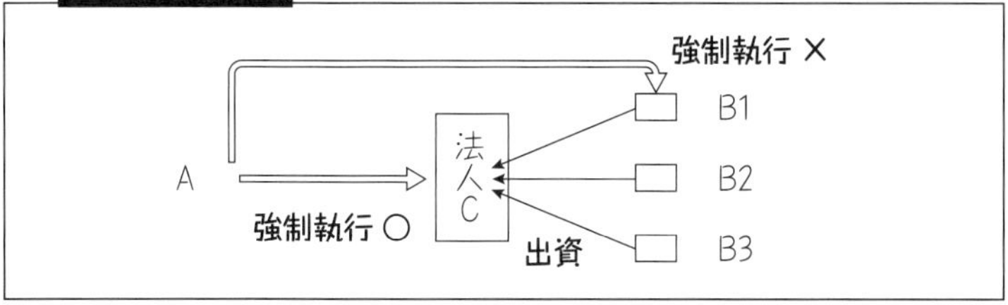

を借りて代金回収を図ること（強制執行(きょうせいしっこう)→160頁·202頁）ができます。しかし，Bらが法人Cを設立し，Cの財産となる出資をしていた場合，代金債務を負うのはCであり，Cが払わないとき，Aは，Cの団体財産に強制執行できますが，Bらの個人財産にはできません。つまり，Bらは，Cに出資した限度でしかCの債務について責任を負いません（CHART 2-7参照）。これにより，出資額以上の財産を失うことのないBらは，有益な活動をする法人へ安心して参加することができます 発展。

法人は法律の規定に従い設立されます

人や財産の集合体が1人の人として扱われるために，民法は，法律の規定によって法人を設立しなければならないとします（33条1項。**法人法定主義**(ほうじんほうていしゅぎ)）。法の関与なしに勝手に法人を作ることは，許されません。

法人には，営利，つまり法人が得た利益を構成員に分配することを（も）目的とする営利法人(えいりほうじん)と，営利を目的としない非営利法人があります。営利法人に関する規定は，会社法という法律におかれています。本書では，2008年に施行された，非営利法人に関するいわゆる**一般**

notes

発展 ただし，この機能をもたない法人もあります（会社法580条参照）。

法人法（正式名称を，「一般社団法人及び一般財団法人に関する法律」といいます）を中心に説明します。それでは，一般法人法（以下，単に「法」といいます）に従った法人の設立手続を簡単にみていきましょう。

法人設立に官庁の許可は不要です──一般法人の設立手続

一般法人法は，法人は設立登記によって成立するとしています（法22条・163条）。これは，一般法人法が，法定の要件をみたして登記するかぎり（登記事項については，社団法人に関しては法301条2項，財団法人に関しては法302条2項参照），官庁の許可などを必要とせず法人を設立することができるという立場（**準則主義**）をとっていることを意味します。なお，設立登記の際に登記官による審査がありますが，登記官は書類の不備などの形式的審査しか行いません。

(1) 社団法人はどのように設立するか

社団法人の設立では，2人以上の者が団体の根本規則を定めた書面である**定款**を作成し（法10条1項），公証人 用語 の認証（確認）を受ける必要があります（法13条）。定款を作成して社団法人を設立する者を，設立時社員といいます。日常用語としての「社員」は，団体に雇われた従業員をさしますが，法律用語としての**社員**はこれと異なり，団体の構成員をさします。したがって，人の集合体である社団法人には社員がいますが，財産の集合体である財団法人には，従業員はいても，社員はいません。なお，設立時社員は，法人成立前，法人の活動の基礎となる基金の拠出者を社員その他の者から募集することもでき

notes

用語 公証人とは，当事者などの依頼により契約などに関する事実についての証書を作成したりする公務員です（公証人法1条参照）。

ます（法131条。基金の募集は法人成立後も行うことができます）。

(2) 財団法人はどのように設立するか

財団法人では，設立者などが定款を作成して公証人の認証を受けます（法152条・155条）。財産の集合体が1人の人として扱われる財団法人では，設立者などによる出資が必要です（法157条1項）。出資は300万円を下回ってはなりません（法153条2項参照）。

(3) 公益法人はどのように設立するか

以上の手続を経て成立した一般法人が，税制上の優遇などを受ける公益法人となるには，**公益法人法**（正式名称を，「公益社団法人(こうえきしゃだんほうじん)及び公益(こうえき)財団法人(ざいだんほうじん)の認定等に関する法律」といいます）に従い，内閣総理大臣または都道府県知事による公益法人の認定を受ける必要があります（同法2条1号および2号・3条・4条参照。公益目的事業については，同法2条4号参照）。

法人には活動の担い手が必要です

(1) 一般社団法人の機関

一般法人法77条（一般社団法人の代表）
1　理事は，一般社団法人を代表する。ただし，他に代表理事……を定めた場合は，この限りでない。
2・3　略
4　代表理事は，一般社団法人の業務に関する一切の裁判上又は裁判外の行為をする権限を有する。
5　前項の権限に加えた制限は，善意の第三者に対抗することができない。

生身(なまみ)の人ではない法人が活動するには，実際に意思決定や具体的な

CHART 2-8 一般社団法人の機関

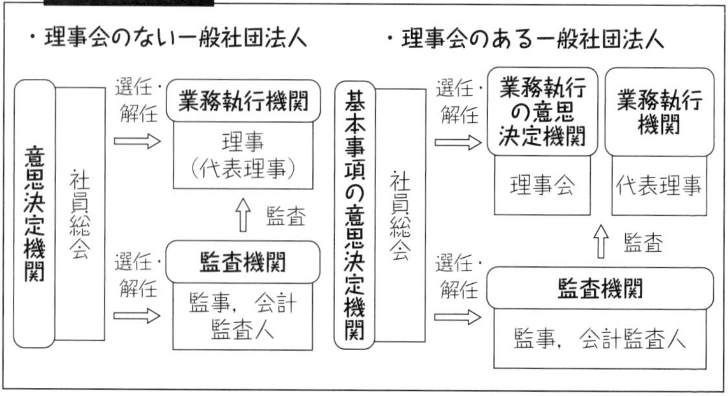

活動を行う**機関**が必要です。一般社団法人の意思決定を行うのは，構成員の合議体である**社員総会**です（法35条1項）が，3人以上の理事の合議体（法16条1項参照）である**理事会**がおかれている場合は，理事会が業務執行の決定を行います（法35条2項・90条2項1号参照。この場合でも，定款の変更や法人の解散など法人の根幹にかかわる決定は社員総会が行います。法146条・148条3号参照）。他方，業務執行は**理事**が担（にな）い（法76条1項），法人を代表（代理）して対外的取引も行います（法77条1項本文・2項）。ただし，理事会がおかれている場合，原則として，業務執行および法人の代表は**代表理事**が行います（法77条1項ただし書・4項・91条1項1号。理事会がなくとも代表理事を定めることは可能です。法77条3項参照）。社員総会および理事は，社団法人に必ずおかれなければならない機関（必置（ひっち）機関）です（法36条1項・60条1項参照）。

理事会がおかれているために意思決定が原則として理事会にゆだねられている場合も含め，社員総会は，理事の選任・解任を行うことより，そのコントロールを理事に及ぼすことができます（法63条1項・70条1項参照）。理事の職務執行の監査（法99条1項）などを行う**監事**

CHART 2-9 一般財団法人の機関

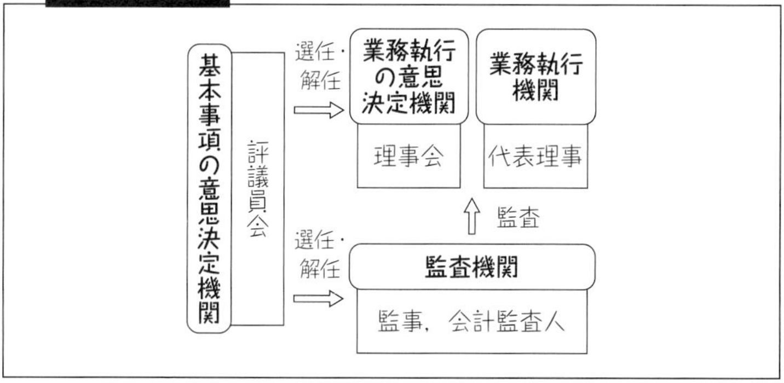

や，法人の計算書類等の監査（法107条1項参照）などを行う**会計監査人**は，理事会の設置など一定要件をみたす一般社団法人では，必置機関です（法61条・62条参照。社員総会は監事や会計監査人の選任・解任も行います。法63条・70条。各機関の関係につき CHART 2-8 参照）。

(2) 一般財団法人の機関

一般財団法人では社員が存在せず，社員総会での意思決定ができません。そこで，理事会を必置機関とし（法170条1項），業務執行の決定は理事会が行います（法197条による90条2項1号の準用）。そして，理事会のある一般社団法人と同様，実際の業務執行や代表（代理）は代表理事が行います（法197条による77条4項・91条1項1号の準用）。監事や会計監査人が理事の職務執行や計算書類の監査などを行う点は一般社団法人の場合と同様ですが（法197条による99条1項・107条1項の準用），一般財団法人では社員（総会）による理事のコントロールを期待できないため，監事は必置機関です（法170条1項）。さらに，理事の選任・解任の権限（法176条・177条による63条1項の準用）などをもつ**評議員会**を必置機関とし（法170条1項），評議員会によるコントロールが理事（会）に及ぶしくみも設けられています（CHART 2–

9参照)。評議員会は，定款の変更（法200条）や合併の承認を行う権限などももっており（法247条・251条1項・257条），法人の基本的な意思決定を担う機関だといえます。

第三者との取引は理事が行います――法人の対外的取引

CASE 2-7

信用組合Aの代表理事Cが，Bとの間で，Bにお金の貸付けを行う契約をしました。以下の場合に，BはAに，貸付金を渡すよう請求することができるでしょうか。

① Cが，組合員Bに1,000万円の貸付けを行う旨の契約をした場合。

② Cが，株式会社Dの株を購入する資金がほしいとして貸付けを求めてきた知人Bに，Bが非組合員であることを知りながら，Aを代表して，Bの預金などを担保とすることなく3,000万円の貸付けを行う旨の契約をした場合。

③ 2億円を超える貸付けについては理事総数の3分の2の決議を必要とすることを定款で定めるAにおいて，Cが，この決議を経ずにAを代表して，組合員Bに3億円の貸付けを行う旨の契約をした場合。

CASE 2-8

一般社団法人Aの代表理事Cが，理事会の承認などを経ずに，Aを代表して，A所有地を自分が買う契約をしました。CはAに，代金と引き換えに土地の引渡しを請求できるでしょうか。

一般法人では，理事または代表理事が法人を代表（代理）して，第三者との間で，法人のために対外的取引を行います（78頁参照。とくに一般社団法人の代表理事につき，法77条4項。一般財団法人の代表理事については法197条による77条4項の準用)。CASE 2-7の信用組合も法人ですが，信用組合の成立や活動の根拠となる法律である中小企業等

CHART 2-10 法人の代表

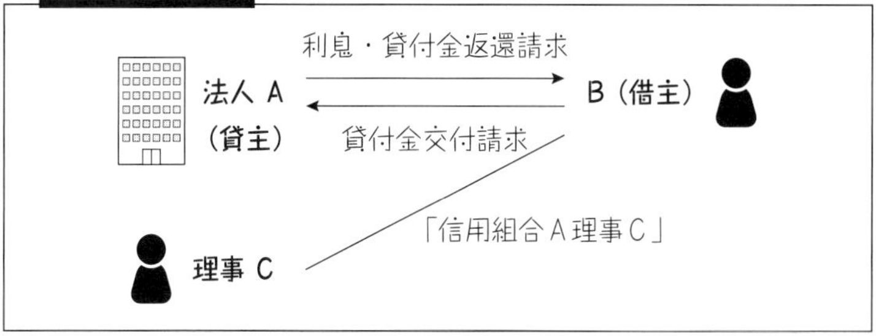

協同組合法（以下，中協法（ちゅうきょうほう）といいます）に一般法人法と同様の代表理事の規定があります（中協法 36 条の 8)。また，中協法に規定のない部分については民法が適用されます。ここでは，信用組合も例としつつ，理事のした第三者との取引について説明します。

(1) (代表) 理事と第三者の取引の効果は法人に生じます

CASE 2-7 ①でＣが，たとえば「信用組合Ａ代表理事Ｃ」という肩書を使い，Ａを代表（代理）して第三者Ｂと取引をする場合，Ｃは自分のためではなく，Ａのために取引をするにすぎません。貸付けから生じる利息はＡが取得し，貸付金もＡの資産から与えられます。つまり，ＢＣ間でした契約の効果は，ＢＣ間ではなくＡＢ間に生じます。したがって，法人の機能（→74頁）のところでも触れたように，Ｂとの取引から生じる貸付金を与える債務はＡのみが負い，Ｂに対して利息の支払や貸付金返還を求める権利は，Ａが取得します（CHART 2-10 参照。代理については，第 3 章Ⅵ（→117頁）参照)。

(2) 取引の効果が法人に生じない場合もあります

理事Ｃがもつ法人Ａの代理権は，あらゆる行為をする権限を含みます（法 77 条 4 項と同内容の中協法 36 条の 8 第 2 項参照。包括的代理権（ほうかつてきだいりけん）)。しかし，Ｃが「一般社団法人Ａ代表理事Ｃ」や「信用組合Ａ代表理事C」などの肩書を用いてした取引の効果が，つねにAに生じるとはかぎりません。ここでは，3つの場合について説明します。

(a) 目的範囲外の取引

> 34条（法人の能力）
> 法人は，法令の規定に従い，定款その他の基本約款で定められた目的の範囲内において，権利を有し，義務を負う。

民法によれば，法人は，定款などで定められた「目的の範囲内」でしか，権利をもちませんし，義務も負いません（34条）。したがって，理事Cが法人Aの**目的の範囲**外の取引をした場合，Aはその取引から生じる権利を取得せず，義務を負いません。信用組合は，通常，定款でその目的として，たとえば，「組合員のために必要な金融事業」を行うことを定めています。この目的からすると，組合員以外の者への貸付けであるいわゆる員外貸付けは，とくにCASE 2-7②のような事情のもとで行われるとき，信用組合の目的の範囲外の取引となる可能性があります。もし，そうだとすると，その取引から生じる義務を信用組合Aは負わず，BはAに，貸付金を渡すよう請求することができません（農協に関するものですが，最判昭和41・4・26民集20巻4号849頁参照）。

なお，法人の「目的」は，設立登記事項です（法301条2項1号）。

(b) 内部的制限に反する取引

定款で，代表理事の包括的代理権が制限されることもあります。CASE 2-7③では，定款に反するBとCの契約の効果は，原則としてAに生じず，BはAに3億円を請求できません。ただし，Bが，その制限を知らずにCと契約した場合，Bの取引の安全を図る必要があります。そこで，法77条5項と同じ内容をもつ中協法36条の8第3項は，代表理事の権限の制限は，善意の第三者に対抗できないとします。これは，ＡはＣの権限の制限を知らなかった第三者Ｂにその制限を主張できず，Ｂからみれば制限がないことになるため，定款に反する取引の効果もＡに生じることを意味します。その結果，善意のＢはＡに３億円の交付を請求することができます。

（c） 利益相反取引（りえきそうはんとりひき）

CASE 2-8 では，Ｃが，自分の利益を図り，Ａの所有地を不当に安く売ることにより，Ａの利益が害されるおそれがあります。そこで，法人と理事などの利益が相反する取引（**利益相反取引**）を理事が行う場合，理事会などの承認が必要です（法84条１項２号・92条１項）。一般には，承認を経ずに行われた取引の効果は，Ａに生じません（108条２項）。したがって，ＣはＡに，土地の引渡しを求めることができません。

(3) 理事の不法行為について法人が責任を負うこともあります

一般法人法 78 条（代表者の行為についての損害賠償責任）
　一般社団法人は，代表理事その他の代表者がその職務を行うについて第三者に加えた損害を賠償する責任を負う。

CASE 2-9

　一般社団法人Ａの理事Ｃは，Ａの所有する自動車に乗り，Ａの預金を下ろしに銀行へ行く途中，信号無視をして通行人Ｂをはねました。負傷したＢは，だれに対して治療費を支払うよう請求することができるでしょうか。

（a） 法人の不法行為責任

CASE 2-9 では，第１にＣ自身が，一定の要件のもと，Ｂに対して不法行為による損害賠償責任を負わねばなりません（不法行為については，第 *8* 章参照（→279頁））。Ｃに十分な財産があれば，ＢはＣから賠償金を得ることができます。しかし，Cに財産がなければ，Bは賠償金を得ることができません。そこで，一般法人法は，法人の理事などの代表者が第三者に加えた損害については，法人も責任を負うとします（法78条）。なぜなら，法人は十分な財産をもつことも多く，損害の賠償ができるからです。この場合，たとえば，100万円の損害が生じたBは，ACいずれにも100万円を請求できます。ただし，一方から賠償金を得ると，その分は他方に請求できません。たとえば，Aから90万円を得たBは，Cに10万円しか請求できません。

(b) 職務執行性（しょくむしっこうせい）

理事などの代表者Cが，私生活で法人Aと無関係に他人Bに損害を加えた場合，そのような損害についてまでAが責任を負ういわれはありません。そこで，法78条は，Cの行為についてAが責任を負う要件として，CがAの理事としての「**職務を行うについて**」Bに損害を加えたことを要求します。ただし，どのような場合にCが「職務を行うについて」Bに損害を加えたといえるかの判断は，簡単ではありません。この点は，法人Aの被用者Cが，Aの「事業の執行について」第三者Bに加えた損害について，法78条と同様の規定をおく民法715条でも同様に問題となります。この点は第*8*章V→308頁で詳しく説明します。

第 3 章

契約が有効に成立するには

客観的・主観的有効要件，代理

契約を結んだ者が１人で確定的に有効な契約を結ぶことができる者であったり，未成年者（→58頁）や被保佐人（→64頁）などが親権者や保佐人などの同意を得たりしたときでも，それだけでつねに契約が有効に成立するとはかぎりません。そこで，この第３章では，どのような場合に契約が成立し，そして成立した契約が効力を生じるかをみていき，つぎの第４章（→125頁）とあわせて，契約が有効に成立してから，契約により生じた債権が消滅するまで，契約の流れ全体をみていくことにしましょう。

I 契約の成立
――口約束でも守らないと……

契約は日々の生活のなかで結ばれています

みなさんは，「契約」という言葉からどのようなイメージを抱くでしょうか。大企業のトップ同士が，カメラのフラッシュを浴びながら契約書にサインをして握手を交（か）わす……。そんな華やかな，あるいは大げさなイメージを抱くかもしれません。しかし，契約は私たちの日々の生活のなかでも絶えず交わされています。スーパーで買い物をし，歯医者で治療を受けるのも，法的にみれば，それぞれ売買「契約」，準委任（用語）「契約」に基づくものです。

notes

（用語）準委任契約とは，契約当事者の一方が，契約相手に，法律行為以外の事務を委託する契約のことをいいます。

CHART 3–1 申込みと承諾

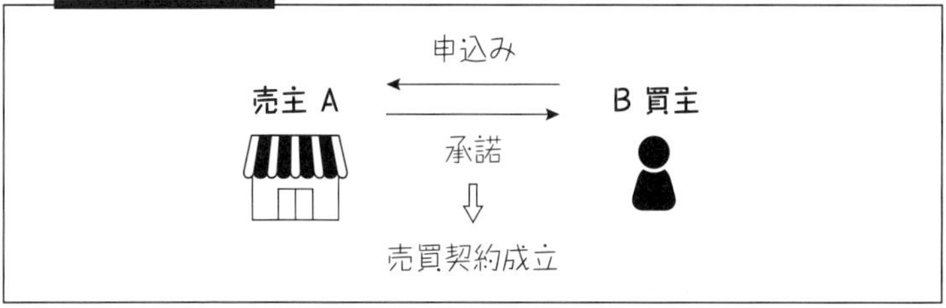

契約は口頭でも成立します──契約の成立要件

スーパーや歯医者では契約書を交わさないから，正式な契約ではないのではないかと考えるかもしれません。しかし，法的には，原則として，契約の成立に契約書その他文書の作成は不要です（522条2項）。たとえば，売買契約では，売主と買主が，目的物の譲渡と代金支払を互いに合意すれば，それが口頭の合意でも売買契約が成立します。

合意とは申込みと承諾の合致です

契約は，契約を結ぼうとする者双方の合意，つまり**申込み**と**承諾**の合致により成立します（522条1項）。たとえば，売買契約では，買主の「○○を××円で売ってください」という申込みに対して，売主が「いいですよ」と承諾すること（または売主が申し込み，買主が承諾すること）により，契約が成立します（CHART 3–1 参照）。申込み・承諾という**意思表示**の合致だけで成立する契約を，**諾成契約**といいます。一方（貸主）が物を貸すことを約束し相手方（借主）がこれに対して賃料を支払うことなどを約束する賃貸借契約（601条）や，一方（請負人）が住宅の建築のようなある仕事を完成させることを約束し相手方（注文者）がその仕事の結果（完成した住宅）に対して報酬を支払うことを約束する請負契約（632条）なども，諾成契約です。

書面の作成や物の引渡しが必要な場合もあります

契約のなかには，債務者が債権者に対して債務を履行［用語］しないときに債務者にかわって履行することを約束する保証契約（446条2項）のように，書面を作成してはじめて成立する契約があります。また，契約相手に債務不履行がなくても契約関係を解消すること（解除）を可能とする手付契約（557条）のように，お金や物のやりとり（授受）をしてはじめて成立する契約もあります。このように，契約成立に一定の方式に従うことを必要とする契約を**要式契約**といい，お金や物の授受を必要とする契約を**要物契約**といいます。

II 契約が有効であるには
――2種類の有効要件があります

契約が有効に成立するには，その契約が客観的有効要件と主観的有効要件をみたしていなければなりません。

内容が有効とするのにふさわしくない契約は無効です

CASE 3–1

Cさんに恋心を抱くAは，CがDと交際していることを知り，空手部に所属するマッチョな友人Bに，「5万円払うからDを殴ってくれ」と

notes

［用語］履行とは，債務者が債務の内容を実現することです（第4章〔126頁〕参照）。

頼みました。Bは，「うん」と答え，もらった５万円で飲み食いしたものの，他人の色恋沙汰（いろこいざた）に巻き込まれるのが馬鹿らしくなり，Dを殴るのはやめました。AはBに，Dを殴ることを請求できるでしょうか。

CASE 3−1 ではAB間で合意し，形式的に（請負（うけおい））契約が成立しても，このような内容の契約を法的に有効とすべきではありません。有効となれば，Aは，BにDを殴るよう裁判所に訴えることができることになります。成立した契約が有効であるためには，まず，その内容が確定できること，公序良俗に反しないこと，そして適法であることが必要です。これを，契約の**客観的有効要件**といいます。この要件をみたさない契約は，無効です。

真意に基づかない契約は無効または取消し可能です

形式的に合意が成立しても，契約を結んだ者のうちの一方（または双方（そうほう））の申込みや承諾が，たとえば，勘違（かんちが）いやだまされたことからなされた場合などにも，成立した契約を確定的に有効なものとすべきではありません。成立した契約が有効であり，かつ取り消されないためには，契約を結んだ者の申込みや承諾に対応する意思が存在することや，申込みや承諾が行われた過程（意思形成過程）において詐欺（さぎ）や強迫（きょうはく）[用語]などがなかったことが必要です。これを，**主観的有効要件**といいます。以下，客観的有効要件，主観的有効要件についてみていきましょう。

なお，契約の成立と意思表示の関係については学説で議論がありま

notes

[用語] 刑法では，「脅迫」という漢字を使いますが，民法では，「強迫」という字を使います。民法の「強迫」について，詳しくはⅣ（102頁）で学びます。

すが，本書は入門書なので，詳しく説明できません。以下，1つの有力な考え方をもとに説明を進めます。この点に関しては，**コラム⑥**も参照してください。

Ⅲ 客観的有効要件 ——内容が有効とするのにふさわしくない契約とは

内容を確定できない契約は無効です——内容の確定性

CASE 3–2

B教授から，資料の収集を依頼され，報酬として「『カンロ』の焼肉」をご馳走してもらう約束をした大学院生Aは，以前から憧れていた大学正門前の高級焼肉店「甘露」のことだと思い，楽しみにしていました。作業を終えたAが，Bに，「約束どおり『カンロ』に連れて行ってください！」と要求すると，Bは，裏門前の大衆焼肉店「寒露」にAを連れて行こうとしました。Aは，「甘露」に連れて行くようにBに請求できるでしょうか。

CASE 3–2では，AB間に（請負）契約が成立しているとすると，その内容である焼肉店「カンロ」がいずれの店かが契約の解釈で明らかにならないかぎり，AはBに契約内容の実現（履行）を請求できません。内容を確定することのできない契約は，無効です[発展]。

notes

[発展] ただし，AはBに対して，不当利得（第8章**コラム⑯**〔292頁〕参照）に基づいて，作業の報酬に相当する金銭を請求することができます。

コラム⑥　契約の成立と解釈

本文では，CASE 3–2 においてAB間の契約が成立することを前提として説明しました。これは，契約の成否の判断にあたり，客観的表示(「『カンロ』の焼肉」）に着目することによります。この立場を**表示主義**(ひょうじしゅぎ)といいます。本書の説明はこの立場を前提としています（なお，契約を結んだ者が表示をどう理解したかに着目しつつ，CASE 3–2 のような場合に合意の成立を認めない有力な立場もあります)。契約が成立すると，つぎに，成立した契約の内容を明らかにする作業が必要です。これを**契約の解釈**といいます。契約締結時の状況，たとえば，AB間で話題となった「特選カルビ」は「甘露」にしかないといった事情などから，「『甘露』の焼肉」として契約内容の確定が可能な場合，契約は有効となります。Bの意図と確定された契約内容の食い違いは，錯誤(さくご)の問題→99頁として扱われます。

これに対し，契約の成否の判断にあたり意思表示の主観的意味（本人の内心の真意）に着目する立場もあります。これを**意思主義**といいます。これに従うと，Aは「甘露」を考えていたのに対し，Bは「寒露」を考えていたため，意思表示の合致がなく，契約は不成立となります。

「公序良俗(こうじょりょうぞく)」は時代を映(うつ)します――内容の社会的妥当性

履行請求が可能でも，内容からそれが妥当でない契約もあります。第1に，「公の秩序又は善良の風俗[用語]」（これを縮めて**公序良俗**といいます）に反する契約です。90条は，この公序良俗に反する契約を無効としています。CASE 3–1→88頁 の契約は，その例です。したがって，有効な契約は公序良俗に反しないこと（内容の社会的妥当性）が必要です。もっとも，なにが「公序良俗」かは，時代に応じた社会の道徳観念の

notes

[用語] 風俗とは，ここでは，社会の習わしやしきたりのことをいいます。

変化などによるので，ただちには明らかになりません。

判例では，従来，愛人契約（大判昭和9・10・23新聞3784号8頁）や，他人の弱みに付け込んで過大な利益を得ようとする暴利行為（大判昭和9・5・1民集13巻875頁），賭け事による借金を返済するためのお金の貸し借り（大判昭和13・3・30民集17巻578頁。借主の賭け事を助長する）などを公序良俗違反とするものがみられました。近時では，たとえば，（1991年に当時の証券取引法により，証券会社による顧客への損失保証が刑事罰をもって禁じられる前に）証券会社が顧客との間でした損失保証契約を，証券市場での価格形成機能をゆがめるなどとして90条違反とした判例（最判平成9・9・4民集51巻8号3619頁）があります。かつては公序良俗違反とは意識されなかった行為を90条により無効としたものといえます。

強行規定に反する契約は無効です――内容の適法性

履行請求が可能でも，内容からみてそれが妥当でない契約として，第2に，第1部でみた強行規定（強行法規→10頁），すなわち，社会的弱者保護や基本的社会秩序の維持などを目的とする規定に反する契約があります。強行規定は，社会的弱者保護などを目的とするため，契約を結ぶ者の意思によってそれと異なる取決めをすることは許されません。したがって，そのような取決めは，無効です。たとえば，建物の貸主に対して通常は弱い立場にある転借人を保護するため，賃貸人Aと転借人Cの間で，Aと賃借人Bの間の賃貸借が期間満了または解約申入れによって終了することをAがCに通知しなくてもAはAB間の賃貸借の終了をCに対抗することができる（したがって，直ちにCに建物の明渡しを求めることができる）という特約を結んでも，その特約は，借地借家法34条に反し，同37条により無効となり→10頁ます。このように，契約が有効となるには，強行規定に反しないこと（内容の適法性）が必要です。

もっとも，借地借家法37条のように，ある規定が強行規定であるということが，常に明文で定められているわけではありません。その場合，規定の趣旨のほか，違反行為に対する倫理的非難の程度や当事者間の公平などを総合的に判断して，その規定が強行規定かどうかが判断されます。この判断は，その規定に反する行為が公序良俗に反するかどうかの判断と同じだともいえます。そのため，従来，強行規定違反の契約が無効であることは91条の反対解釈から導き出されていましたが，現在では，強行規定違反を公序良俗違反の問題の一つとして位置づける考え方も有力です。判例でもしばしば，法令に反する法律行為を公序良俗違反として無効とするものがみられます（食品衛生法に反して有害物質を含むアラレの売買契約を無効とした最判昭和39・1・23民集18巻1号37頁など）。

Ⅳ 主観的有効要件——真意に基づかない契約とは

申込みや承諾に対応する意思が契約を結んだ者にない場合には，契約は無効です。効果意思（こうかいし）が形成される過程において錯誤や詐欺・強迫があった場合などにおいても，契約をただちに確定的に有効とすべきではありません。そこで，買主Ｂが売主Ａに対してワインの売買の申込みをする場合を例に，意思表示についてもう少しみてみましょう。

申込みや承諾はどのようにして行われるか――「意思表示」とは

Bはまず，自分で飲む，友人に贈(おく)るなどのさまざまな**動機**(どうき)に基づいて，売主Aの所有するワインを買おうとします。この「ワインを買う」というBの意思は，「代金債務を負(お)い，ワインの所有権と引渡債権(ひきわたしさいけん)を取得する」という意思であり，法的効果を生じさせることを目的とするものです。この意思を，**効果意思**といいます。そして，Bは，効果意思に基づいて，これを外部にあらわそうとし（表示意思），**表示行為**（口頭でAに買う旨を伝える，メールをするなど）をします。つまり，申込みなどの意思表示は，動機→効果意思→表示意思→表示行為という過程を経ます。

説明の順序

以下，契約の主観的有効要件のうち，意思表示に対応する効果意思が欠けている場面について説明したのち，意思表示をする者（これを**表意者**といいます）の意思形成過程が他の者によってゆがめられた場面を取り扱います。また，契約を結んだ者同士の関係を説明したあとで，第三者が登場する場面をまとめて取り扱います。

その気がないのにした意思表示――心裡留保(しんりりゅうほ)（93条）

93条（心裡留保）

1　意思表示は，表意者がその真意ではないことを知ってしたときであっても，そのためにその効力を妨(さまた)げられない。ただし，相手方がその意思表示が表意者の真意ではないことを知り，又は知ることができたときは，その意思表示は，無効とする。

2　前項ただし書の規定による意思表示の無効は，善意の第三者に対抗することができない。

(1)　心裡留保とは

CASE 3-3

安月給の会社員Aは，D女と婚約しながら，B女とも交際していました。Bは，日頃ADの婚約を認めていましたが，ADの結婚式当日，式場へ向かおうとしたAに，「行くなら手切れ金を払ってよ！」と突然詰め寄りました。Aは，手切れ金を払うつもりはありませんでしたが，式の時間が迫っていたため，1億円をBに贈与(ぞうよ)するという書面を作成し，式場へ向かいました。BはAに，1億円の支払を請求できるでしょうか。

CASE 3-3では，書面上AB間に合意があり，贈与[用語]契約が成立しています。しかし，単にその場を逃れるための手段として贈与の表示行為をしたAには，これに対応する効果意思→94頁はなく，Aの効果意思と表示行為は一致しません。そして，この不一致をA自身知っています。このような，表意者が真意と異なる意思表示をし，その不一致を表意者が知る場合の意思表示を，**心裡留保**といいます。真意を心の裡（うら）にとどめつつ真意と異なる表示をする，という意味です。

(2)　相手方の保護を図る必要があります

CASE 3-4

鉄道グッズのコレクターAは，同じタイプの鉄道時計（懐中時計(かいちゅうどけい)。時価(じか)12万円）を2つもっていたため，1つを売ろうと考えていたところ，これを知った知人のコレクターBから問い合わせを受けました。時計を大

notes

[用語]　贈与とは，契約当事者の一方（CASE 3-3ではA）が，相手方（B）から対価を受けることなく，相手方に財産的利益を与える無償契約の1つです。無償契約については，第4章I（129頁）参照。

CHART 3–2 心裡留保

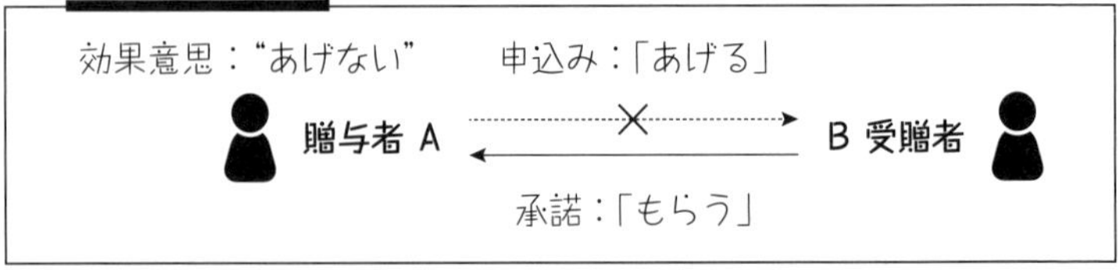

事にしてくれる人に売りたいと考えていたAは，日頃コレクションを粗末に扱うBに売る気はありませんでしたが，時価より高い値段を付ければ買わないだろうと思い，「18万円でなら売る」と答えました。すると，Bは「買った！」と返事をしました。BはAに時計の引渡しを請求できるでしょうか。

表意者の効果意思と表示行為が一致しない場合，その意思表示は無効となり，無効な意思表示に基づく契約もまた無効となりそうです（CHART 3–2 参照）。しかし，CASE 3–4 のように，相手方Bが，Aから時計を買えると信じ，加えてAの真意を知ることができない場合もあります。Bは，時計を買うために，よそから利息付きでお金を借りてしまったかもしれません。取引が有効であることを信頼した相手方Bが，取引の効力が否定されることにより予想外の不利益を受けることがないように保護（取引の安全）を図る必要があります。

(3) 相手が真意に気づくことができたかどうかが分かれ目です

そこで，93条1項は本文で，「表意者がその真意ではないことを知ってした」意思表示も有効であるとし，相手方の保護を図ります。つまり，Aの心裡留保による申込みは有効であり，Bが承諾すれば有効な契約が成立します。他方，ただし書で，相手方（B）に保護に値する信頼が存在しない場合，すなわち「相手方がその意思表示が表意者の真意ではないことを知り，又は知ることができたときは」，その意思表示，ひいては契約を無効とし，相手方と表意者（A）の利益の調整を図ります。

CASE 3-3 では，安月給の会社員が1億円もの大金を支払うことは極めて困難であることから，Aの真意を知り，または知ることができたBは，Aに，AB間の贈与契約が有効であるとして1億円の支払を請求することができません（東京高判昭和53・7・19判時904号70頁参照）。これに対し，CASE 3-4 では，Aは，BがAの真意を知ることができなかったとき，Bに対して，売買契約が無効であるとして時計の引渡しを拒むことができません。

示し合わせてした意思表示――虚偽表示（94条）

94条（虚偽表示）
1 相手方と通じてした虚偽の意思表示は，無効とする。
2 前項の規定による意思表示の無効は，善意の第三者に対抗することができない。

CASE 3-5

Dに債務を負うAは，Dによる差押えを免れるため，友人Bと示し合わせ，自分の所有地をBに売却したように装い，売買契約書を作成して土地を引き渡し，土地の所有権登記［用語］をB名義にしました。その後Aは，Dに借金を完済し，Bに，土地を返すよう頼みましたが，Bは応じません。AはBに，土地所有者として，登記簿上の所有者の名義を自分の名義とすること（所有権移転登記）などを請求できるでしょうか。

notes

［用語］ 不動産登記とは，7頁ですでにみたように，国が管理する登記簿上の，不動産に関する権利関係の記録のことです。法務局というところでだれでもみることができるので，登記により，不動産に関する権利関係が広く第三者に示されることになります。不動産登記について詳しくは，第7章Ⅲ（256頁）参照。

(1) 虚偽表示とは

債務を自発的に履行しない債務者Aに対して債権を回収する方法である強制執行（きょうせいしっこう）（これについては，→162頁·202頁 第6章Ⅰ参照）において，債権者DがAの財産を差し押さえて競売（けいばい）にかけようとする場合，目的物が不動産であれば，登記名義人がAになっている必要があります。そのため，CASE 3-5 では，Aは，Dによる強制執行を免れるため，Bとの間で土地の売買契約を締結したとして登記名義人をBにしています。しかし，この場合，形式的にはAB間の合意により契約が成立しているとしても，Aの「売る」という表示行為は虚偽（うそ）であり，「売るつもりはない」という効果意思と一致しません。なお，この場合，心裡留保と異なり，相手方BもAの土地を買うつもりはなく，表示行為と効果意思が一致していません。このような，表意者が相手方と通じてした真意と異なる意思表示を，（通謀）**虚偽表示**といいます。

(2) 虚偽表示では相手方の保護を図る必要はありません

虚偽表示では，表意者A（加えて相手方B）の効果意思と表示行為が一致せず，意思表示は無効であり（94条1項），契約も無効です。CASE 3-5 では，Bは土地所有権を得ておらず（Bが所有権の登記名義人でも，そのことと土地所有権を実際にもっているかどうかは別問題です），所有者はAなので，AはBに，土地の所有権移転登記を請求することができます。心裡留保と異なり，虚偽表示では相手方Bの保護を考える必要はありません。

うっかりやってしまった意思表示――錯誤（95条）

95条（錯誤）

1　意思表示は，次に掲げる錯誤に基づくものであって，その錯誤が法律行為の目的及び取引上の社会通念に照らして重要なものであるときは，取り消すことができる。

一　意思表示に対応する意思を欠く錯誤

二　表意者が法律行為の基礎とした事情についてのその認識が真実に反する錯誤

2　前項第2号の規定による意思表示の取消しは，その事情が法律行為の基礎とされていることが表示されていたときに限り，することができる。

3　錯誤が表意者の重大な過失によるものであった場合には，次に掲げる場合を除き，第1項の規定による意思表示の取消しをすることができない。

一　相手方が表意者に錯誤があることを知り，又は重大な過失によって知らなかったとき。

二　略

4　第1項の規定による意思表示の取消しは，善意でかつ過失がない第三者に対抗することができない。

CASE 3-6

コイン収集家Bは，以前から探していた希少コイン（時価90万円相当）をコイン商Aが販売しているのをAのホームページで見つけました。「価格は応相談」となっていたため，Bは，これを100万円で購入しようとしました。しかし，Bは，Aに購入を申し込む手紙を書く際，長年探していたコインを見つけた喜びで興奮して手が震え，代金額を誤って「1,000万円」と書き，そのまま気づかずに郵送してしまいました。Aの承諾を受けたBは，1,000万円を支払わなければならないのでしょうか。

(1)　錯誤とは

心裡留保も虚偽表示も，表意者が効果意思と表示行為の不一致を知ってする意思表示ですが，効果意思と表示行為が一致しない意思表示には，表意者がそれと知らず行うものもあります。CASE 3-6 では，Bの効果意思（「100 万円で買う」）と表示行為（「1,000 万円で買う」）が一致していませんが，この不一致に表意者Bは気づいていません。このように効果意思と表示行為の不一致を表意者が知らずに行う意思表示を**意思不存在の錯誤**（95 条 1 項 1 号）といいます。錯誤にはさらに，効果意思と表示行為は一致しているものの，当事者が法律行為の基礎とした事情について勘違いをしていたために意思表示を行う場合もあります。これを，基礎行為の錯誤（95 条 1 項 2 号）といいます。

(2)　錯誤による意思表示は取り消すことができます

民法は，錯誤に基づく意思表示を取り消すことができるものとし（95 条 1 項柱書），取り消されると，その意思表示，ひいては契約はさかのぼってはじめから無効であったことになります（**遡及効**。121 条）。取消権は，錯誤が解消された後 5 年以内に，または，遅くとも契約時から 20 年以内に行使する必要があります（126 条）。

(3)　相手方の保護を図る必要もあります

95 条は，意思表示を取り消す要件として，さらに，その錯誤が契約などの目的および取引上の社会通念に照らして重要なものであること（95 条 1 項柱書），つぎの **(4)** で述べるような一定の場合を除き，表意者に重大な過失（重過失），つまり著しい不注意のないこと（95 条 3 項柱書）を要求します。重要でない錯誤や表意者の重過失による錯誤を理由とする取消しにより，相手方の利益（取引の安全）が不当に害されることを防ぐためです。

(4) 相手方の保護を図る必要がない場合もあります

CASE 3–6 では，Bからの申込みが，Bの重過失による誤記という錯誤によるとしても，コインの時価とBの申し出た価格の差が大きいことから，相手方Aは，Bの錯誤を知っていたか，少なくともBの錯誤を知らなかったことにつき重過失があるといえます。この場合，Aの保護を図る必要はないため，民法は，Bからの錯誤取消しを認めます（95条3項1号）。

(5) 基礎事情（きそじじょう）の錯誤の取消しには特別な要件があります

CASE 3–7

乗馬クラブ経営者Bは，Aがその所有する馬ウマノコウを売りたがっており，ウマノコウは血統もよいとのうわさを聞きつけました。そこで，Bが実際にウマノコウを見に行くと，ウマノコウのお腹が大きく膨れていたので，Bは，「血統のよい馬が買えるうえに，子馬が生まれれば１頭分の代金で２頭手に入る」と考え，Aとウマノコウの売買契約を締結しました。しかし，その後，ウマノコウは単に太り過ぎていただけであり，血統もよくないことが判明しました。Bは，Aとの売買契約を取り消して代金の返還を請求することができるでしょうか。

CASE 3–7 でBは，「ウマノコウを買う」と考えてその旨の意思表示をしており，効果意思と表示行為は一致しています。しかし，太りすぎの駄馬を買ったBには，「お腹（なか）に子馬のいる良馬だから」買うという，Bが売買契約の基礎とした事情（動機（どうき））に勘違（かんちが）いがあります。これは，**基礎事情の錯誤**です（2017年改正前には「動機の錯誤」とよばれていました）。この場合に，表意者Bの内心の問題であり相手方の知ることができない事情（お腹に子馬のいる良馬であるという勘違い）を理由に意思表示が取り消されるとすれば，相手方の利益を害するおそれがあります。そこで，民法は，相手方の保護の観点から，表意者が錯誤に陥っていた事情がその表意者にとって契約などの「基礎とされていることが表示されていたとき」にかぎり，基礎事情の錯誤に基づく意思表示を取り消すことができるとします（95条1項2号・2項)。

したがって，CASE 3–7のBは，たとえば，「ウマノコウは血統がよく，近く子馬を生むようなので買います」というように，契約の基礎となっていた事情を表示していたときにかぎり，売買契約を取り消すことができます。

だまされたり脅されてした意思表示——詐欺・強迫（96条）

96条（詐欺又は強迫）
1　詐欺又は強迫による意思表示は，取り消すことができる。
2　略
3　前2項の規定による詐欺による意思表示の取消しは，善意でかつ過失がない第三者に対抗することができない。

CASE 3–8

所有地（時価3,000万円相当）の売却を考えていたAが，土地取引に詳しい知人Bに相談したところ，Bから「その近くに火葬場を作ることが決まっているから，1,500万円程度でしか売れない」という説明を受けました。Aは，そのような事情であれば値下がりも仕方がないと考え，土地を1,500万円でBに売りました。しかし，後日，そのような計画は存在せず，BがAから安値で土地を買い取るためうそをついていたことが判明しました。AはBに，土地の返還を請求できるでしょうか。

効果意思の形成過程をゆがめられた結果なされた申込みや承諾については，96条が規定しています。CASE 3–8で，Aは，「土地を1,500万円で売る」という効果意思に基づいてBと売買契約をしており，Aの効果意思と表示行為は一致しています。しかし，そもそも

Aが1,500万円で売ろうと考えるにいたったのはBの詐欺のためです。Bが A を強迫して土地を売却させたときも，同様です。96条1項は,「**詐欺**又は**強迫**による意思表示は，取り消すことができる。」としているので，だまされ，または強迫された表意者Aは，「土地を1,500万円で売る」という意思表示を取り消すことができます。

詐欺または強迫を理由に意思表示が取り消されると，錯誤取消し→99頁と同様に，契約は遡及的に（さかのぼって）無効となります（121条)。

無効と第三者の保護――93条2項・94条2項

ここまで，契約を結んだ者の意思表示が真意によらないか，またはその意思形成過程がゆがめられた場合における，契約を結んだ者同士の関係について説明しました。以下，利害関係をもつ第三者との関係についてみていきます。

(1) 虚偽表示について善意の第三者は保護を受けます

CASE 3-9

CASE 3-5→101頁で，Aが，Bに土地を返すよう頼んだところ，Bはすでに土地をCに売却して引き渡していました。AはCに，所有者として土地の返還を請求できるでしょうか。

94条1項によれば，CASE 3-9で，土地所有者はAなので，Bは他人の所有物をCに売却したことになります。したがって，虚偽表示を行った者ではない第三者Cも，土地所有権を当然には取得できません。しかし，Cが，AB間の売買契約が虚偽表示であることを知らず，Bが正当な土地所有者だと考えていた場合は，自らも所有権を正当に取得したと考えるCの保護（取引の安全）を図る必要がありま

CHART 3-3 虚偽表示の第三者

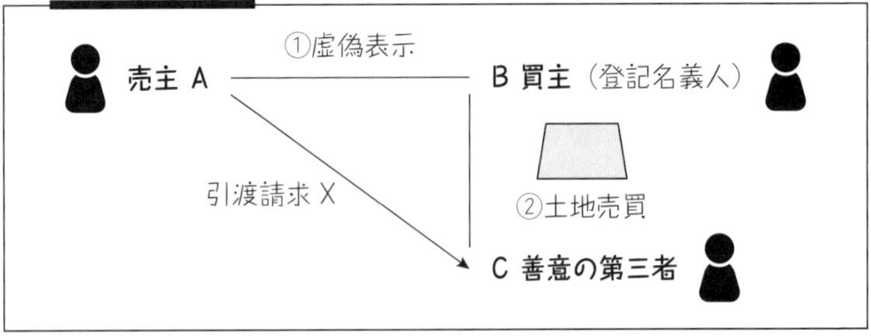

す。そこで，94条2項は，虚偽表示による「意思表示の無効は，**善意の第三者**に対抗することができない。」としています。→16頁 これは，CASE 3-9 では，虚偽表示をしたAは，AB間の契約が無効であり土地所有権が自分にあることを，AB間の売買契約が虚偽表示であることを知らない第三者Cに主張できないことを意味します（CHART 3-3 参照）。つまり，AはCに対して，所有者として土地の返還を請求することができなくなります。したがって，Cは無権利者であるBからAの土地を買い受けたにもかかわらず，その土地の所有権を取得することになります。

また，判例によれば，94条2項の適用により保護を受ける第三者Cは，AB間の売買契約が虚偽表示であることを注意すれば知ることのできた（過失ある）者でもかまいません（大判昭和12・8・10判決全集4輯16号9頁）。虚偽表示により虚偽の外観を作り出したのは表意者A自身であり，その虚偽の外観が存在することは主に真の権利者Aのせいであること（これを，Aの**帰責性**が大きいという言い方をします）から，過失のあるCも94条2項の適用による保護を受けます。

(2) 善意の第三者の保護は心裡留保でも図られています

同様の第三者保護規定は，93条2項（心裡留保）にもみられます。CASE 3-3 →95頁 で，AがBに1億円を贈与する旨の書面を与えたのでは

コラム⑦　権利外観法理と94条2項の類推適用

93条2項や94条2項は，**権利外観法理**に基づく規定であるといわれています。権利外観法理とは，虚偽の外観が存在し，その外観が存在することが真の権利者のせいであり（これを，本文で述べたように，真の権利者に帰責性がある，という言い方をします），その外観に対する第三者の正当な信頼がある場合，その信頼を保護すべきであるという考えです。CASE 3-9 →103頁では，土地所有者ではないBが，登記名義人であるため，所有者であるかのような虚偽の外観が存在し，その外観の存在についてAに帰責性があります。そして，AB間の虚偽表示につき善意の第三者Cには，Bが所有者であるという外観に対する正当な信頼があるといえるので，Cの信頼は保護され，Cが土地所有権を取得します。

また，判例は，94条2項の規定する状況と類似の状況が存在する場合，同項を直接適用できないときでも，類推適用という手法で第三者の保護を図りますが，その背景には，この権利外観法理があります。たとえば，知らないうちに土地の登記名義がBに移されていたことに気づいた土地所有者Aが，諸事情からこれを放置していたところ，BがCに土地を売ったとき，土地所有権をAからBに移転する旨の虚偽の意思表示はAB間にありません。しかし，判例は，Cが，AからBに所有権が移転していないことについて善意であれば，94条2項が類推適用されるとしています（最判昭和45・9・22民集24巻10号1424頁）。なお，2017年改正によって93条2項が付け加えられた現行法のもとでは，93条2項を類推適用することも考えられるでしょう。

なく，先祖伝来の土地建物の所有権登記を移していた場合，AB間の贈与契約が心裡留保により無効であるとしても，それを知らずにBから土地建物を譲り受けた善意の第三者Cに，Aは，所有者として土地建物の返還を求めることができません。心裡留保により虚偽の外観を作り出した表意者Aの帰責性の大きさを考慮して，AB間の契約が心裡留保によるものであることを知らなかったことにつき過失あるＣも保護を受ける点は，94条2項と同様です。

取消しと第三者の保護――95条4項・96条3項

CASE 3-10

→102頁
CASE 3-8で，ＡがＢとの契約を取り消したところ，Ｂはすでに土地をＣに売却して引き渡していました。ＡはＣに，所有者として土地の返還を請求できるでしょうか。

(1) 取消しによる契約の遡及的無効と第三者

96条3項は，詐欺による契約に基づく法律関係に第三者があらたに利害関係をもつにいたった場合について規定しています。CASE 3-10のような場合です。このとき，Ａの取消しと，その効果としてのＡＢ間の契約の遡及(そきゅう)的無効（121条）により，Ｂは土地所有権を取得しなかったことになります。したがって，Ｂからの買主Ｃも，土地所有権を当然には取得できません。そうすると，ＡはＣに，所有者として土地の返還を請求できそうです。

(2) 第三者の保護はここでも図られています

→103頁
しかし，94条2項について述べたのと同様に，ＡＢ間の契約が詐欺によるものであることを知らない第三者Ｃの保護（取引の安全）を図る必要があります。そこで，96条3項は，表意者は詐欺による意思表示の取消しを，「善意でかつ過失がない第三者に対抗することができない。」としています。CASE 3-10では，第三者ＣがＡＢ間の売買が詐欺によるものであることを知らず（善意），かつ注意しても知ることができなかった場合（無過失），Ａは，ＡＢ間の売買が遡及的に消滅したことをＣに対抗できません（CHART 3-4参照）。Ｃから

CHART 3-4 詐欺取消しの第三者

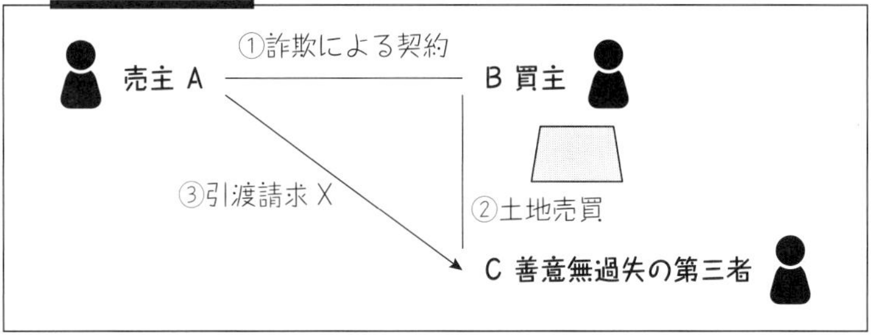

みるとAB間の売買は存在することになるため，Cは正当な所有者Bから譲り受けた土地の所有権を取得します。したがって，AはCに，所有者として土地の返還を請求することができません。

なお，第三者Cが保護を受ける要件として，93条2項や94条2項と異なり，Cの無過失も要求されるのは，心裡留保や虚偽表示の場合に比べて表意者の帰責性が小さいためです。CASE 3-10で，AB間の契約が詐欺によるものであることを注意すれば知ることのできた（過失ある）第三者Cは，96条3項の適用による保護を受けることができません。表意者AはCに，AB間契約の遡及的無効を主張して土地の返還を請求することができます。

(3) 第三者の取引の安全は錯誤でも図られています

96条3項と同趣旨の規定は，95条4項にもみられます。たとえば，Aが錯誤によりBに土地を売却し，Aがその売買契約を取り消す前にその土地がBからCに転売されていたような場合にも，錯誤による意思表示の取消しは，善意無過失の第三者Cに対抗できません。ここでも，詐欺取消しに関する96条3項について述べたのと同様の理由から，Cの無過失が要求されます。

(4)　取消し後の第三者は 96 条 3 項の保護を受けません

判例は，96 条 3 項の趣旨を，表意者 A の取消し前に AB 間の法律関係について利害関係をもつにいたった第三者 C（このような第三者を**取消し前の第三者**といいます）を，取消しの効果が AB 間の取引時にさかのぼることにより権利を失うことから保護するところにあるとしています（大判昭和 17・9・30 民集 21 巻 911 頁）。つまり，96 条 3 項は，いったん権利を取得した C を取消しの遡及効から保護する規定であるとしています。したがって，96 条 3 項は，A による取消し後 B から土地を買った者のように，最初から権利を取得しない第三者には適用されません。このような，表意者 A による取消しの後に利害関係をもつにいたった第三者を**取消し後の第三者**といいます。もっとも，判例では，A と取消し後の第三者の優劣を判断するにあたって，取消し後の第三者が権利を取得しないとの考え方は徹底されていません（これについては第 7 章Ⅲ→259頁を参照）。

95 条 4 項の「第三者」も，「取消し前の第三者」を意味するといえます。

(5)　強迫取消しでは取消し前の第三者も保護を受けません

さらに 96 条 3 項は，強迫の場合を規定していません。強迫を理由に取り消した表意者 A には，96 条 3 項は適用されず，取消し前の第三者 C が善意無過失でも，C に取消しを対抗することができるからです。CASE 3–10（ただし，A は B から強迫を受けたとする）で A が B による強迫を理由に取り消した場合，AB 間の強迫につき善意無過失の C に対しても，A は土地の返還を請求できます。うっかりだまされた詐欺の被害者に比べ落ち度がないとみられる強迫の被害者 A を，強く保護しようという考えによります。

V 消費者契約法(しょうひしゃ)
――消費者は事業者からとくに保護されます

消費者契約法の制定の背景

ここまでみてきた契約の主観的有効要件は，いずれも民法典に定められたものです。民法は，契約を結ぶ者として，情報を収集し分析する能力や相手方と契約内容などについて交渉する能力に格差のない自由で対等な当事者を想定しています。しかし，現実には，契約を結ぶ者同士の間に情報力や交渉力の格差が存在します。その典型的場面が，消費者・事業者間の取引です。ここでは，消費者にとって，事業者により契約交渉でその意思形成過程がゆがめられ，あるいは不当な契約条項を押しつけられる危険があります。これまで述べた民法上の制度では，この危険に対して消費者を十分に保護することはできません。

消費者契約法の内容――4条・8条・9条

消費者契約法（以下，単に「法」とします）は，消費者・事業者間の取引について，契約締結過程の問題や不当な内容の条項（不当条項）の規制に関する定めなどをおいています。以下，主な規定をみていきましょう。

(1)　錯誤・詐欺・強迫の要件が緩和されています

CASE 3-11

日曜の午後，自宅でくつろぐBのもとにふとんの訪問販売業者Aがやって来ました。Bは，Aのセールスを断りましたが，Aは帰ろうとしません。2時間経ち，困り果てたBは，「契約書にサインすれば帰るだろう」と考え，売買契約書にサインしました。翌日から2週間の出張に出たBは契約のことを忘れていましたが，自宅に帰って来てこれを思い出しました。Bは，ふとんの代金を支払わなければならないのでしょうか。

法4条は，事業者が，重要事項について事実と異なることを告げ（同条1項1号），または，消費者の住居などから退去するよう消費者が意思表示したにもかかわらず退去しないこと（同条3項1号）などにより，消費者が誤認，または困惑して契約が締結された場合，消費者に取消権を与えます。これらの規定の趣旨は，詐欺・強迫などを理由とする取消しが認められないときにも消費者に取消権を与える点にあります。たとえば，CASE 3–11で，Aをおそれて契約したのではないBは，強迫取消し（96条1項）をできませんが，Aが退去しないことに困惑して契約したので，Aとの契約を取り消すことができます 発展 。

(2) 事業者の責任を全部免除する条項は無効です

事業者が，契約違反といった債務不履行があったとしても自分たちは責任を負わないとする契約条項を提示し，情報力・交渉力に劣（おと）る消費者がその条項を受け入れて事業者と契約を結んだ場合，実際に事業者の債務不履行が生じたときに消費者が事業者の責任を追及できないとすると，消費者の利益が不当に害されます。そこで，法8条は，たとえば，事業者の契約違反といった債務不履行による損害賠償責任（そんがいばいしょうせきにん）

notes

発展 Bは，契約内容を明らかにする書面を受け取った日から8日以内であれば，取消原因などがなくてもAとの契約を解消できます。特定商取引に関する法律9条参照。いわゆるクーリング・オフです。

などを全部免除する条項を無効としています（同条1項1号・3号)。さらに，法8条は，たとえば，事業者の債務不履行があったとしても事業者は1万円までしか責任を負わないとするような，事業者の債務不履行による損害賠償責任の一部を免除する条項でも，その条項が事業者の故意または重過失（じゅうかしつ）による責任を免除するものであるときは，無効としています（同条1項2号・4号。債務不履行による損害賠償請求権については，第5章Ⅲ→165頁参照)。事業者が故意に債務不履行をしたことにより消費者に10万円の損害が生じたような場合に，事業者の損害賠償責任を1万円までしか認めない（9万円は免除する）ことは，事業者の責任を全部免除する条項と同じように，消費者の利益を不当に害するからです。

(3)　過大な違約金条項は無効です

法9条1号は，契約が解消（解除）されたとき，これにともない事業者に生ずべき平均的損害額を超える違約金や損害賠償を消費者が支払うことなどを定める条項のうち，その平均的損害額を超えて違約金などを支払うことを定める部分を無効としています（解除については，第5章Ⅳ→176頁参照)。たとえば，消費者Bが，貸衣装（かしいしょう）業者Aとの間で，Bが契約を解除したときは違約金として30万円支払うという条項のもと，半年後にドレスをレンタルする契約を締結したものの，翌日契約を解除した場合について考えてみましょう。このような事情のもとで顧客（こきゃく）（消費者）から解除されたことにより，一般的な貸衣装業者に生じる損害としては，契約締結のための事務手数料といったものだけが考えられます（かりに1,000円としておきます)。この場合，Bによる違約金30万円の支払を定める条項のうち，一般的な貸衣装業者に生じる平均的損害（1,000円）を超えて違約金を支払うことになっている部分（29万9,000円の違約金支払の部分）は無効となります。

判例において法9条が適用されたケースとして，いわゆる学納金(がくのうきん)返還訴訟があります。学納金返還訴訟では，判例は，入試合格者による入学辞退を大学・学生間の在学契約の解除としたうえで，在学契約における，一般入試合格者が授業料納付後入学辞退をしても授業料を返還しないとする条項を，入学辞退（在学契約の解除）にともなう違約金の支払などを定めたものとしました。そして，法9条1号により，一定の時期以前に入学辞退したときは大学に損害は生じない（したがって，納付済み授業料全額が「平均的損害」を超える部分となる）としてこの条項を無効とし，大学に授業料の返還を命じるなどしています（最判平成18・11・27民集60巻9号3437頁，同民集60巻9号3597頁など。ただし，入学金については，大学に入学しうる地位を取得するための対価であるとして，入学辞退の時期を問わずに返還請求を退けています）。

信義(しんぎ)に反し消費者を害する条項は無効です——消費者契約法10条

以上の規定が適用されない場合でも，さらに法10条が消費者の保護を図っています。

> 消費者契約法10条（消費者の利益を一方的に害する条項の無効）
> ……法令中の公の秩序に関しない規定の適用による場合に比して消費者の権利を制限し又は消費者の義務を加重する消費者契約の条項であって，民法第1条第2項に規定する基本原則〔権利の行使及び義務の履行は，信義に従い誠実に行わなければならないとの原則〕に反して消費者の利益を一方的に害するものは，無効とする。

「権利の行使及び義務の履行は，信義に従い誠実に行わなければならない。」という原則（1条2項参照）を，信義誠実(しんぎせいじつ)の原則といいます。もっとも，どのような条項が「信義誠実の原則に反して消費者の利益を一方的に害する」のかは，「信義誠実」という概念が抽象的なものであることから，一義的に答えることができません。ここでは，とくに借主が消費者である建物賃貸借契約との関係で法10条の適用が問題となるケースをいくつか紹介するにとどめます。なお，「信義誠実の原則」のことを，縮めて**信義則**といいます。

(1) 借りた物は元に戻して返します

621条（賃借人の原状回復義務）

賃借人は，賃借物を受け取った後にこれに生じた損傷（通常の使用及び収益によって生じた賃借物の損耗（そんもう）並びに賃借物の経年変化を除く。以下この条において同じ。）がある場合において，賃貸借が終了したときは，その損傷を原状に復する義務を負う。ただし，その損傷が賃借人の責めに帰することができない事由によるものであるときは，この限りでない。

CASE 3-12

Aは，借りていたアパートの部屋から引っ越すことになり，家主Bに連絡しました。すると，Bが部屋の状態を確認するためAのもとを訪れ，以下の①～③の費用を，Aから預かっていた敷金（しききん）から差し引くことを告げて帰って行きました。Aは，これらの費用を敷金から差し引かれなければならないのでしょうか。

① Aが誤って倒したアイロンによる焦（こ）げ跡（あと）を理由とするカーペットの貼替費用。

② Aの日常生活にともなう壁や床の汚れを理由とする壁紙などの貼替費用。

③ 敷引条項（しきびきじょうこう）→115頁により定められていた，敷金の半額。

(a) 借主による原状回復費用の原則的負担

賃貸借契約→8頁では，賃貸借期間の経過などにより契約が終了する場合，借主は借りた物（建物など）を借りたときの状態（原状）に戻して貸主に返還しなければなりません（621条）。建物賃貸借では現実には，借主が借りた建物を自ら原状に戻して貸主に返すのではなく，原状回復のための費用（原状回復費用）を借主が負担する形で行われます。そして，通常，借主が貸主に交付していた**敷金**から控除する（差し引く）ことにより清算されます（622条の2参照）。

(b) 敷金とは

敷金とは，通常，建物賃貸借契約締結の際に結ばれる敷金契約に基づき，支払われずに溜まっている賃料（延滞賃料）や原状回復費用などの担保（支払を確実にするもの）として，借主から貸主に与えられる金銭です。たとえば，月5万円の賃料での賃貸借契約にともない借主から貸主に10万円の敷金が渡された場合を考えてみましょう。賃貸借終了時に5万円の延滞賃料債務が存在するとともに3万円の原状回復費用を必要とするとき，貸主は合計8万円を敷金から差し引き，残額2万円を借主に返還します。なお，借主は，賃貸借期間が経過した時などの賃貸借終了時ではなく，物件明渡（あけわた）し後に，はじめて残額を返還請求できます（622条の2第1項1号）。

(c) 通常損耗（つうじょうそんもう）の原状回復費用の負担者

借主の日常生活や経年にともない自然に生じる損耗である**通常損耗**の原状回復費用をだれが負担すべきかについて，判例（最判平成17・12・16判時1921号61頁，最判平成23・3・24民集65巻2号903頁）は，賃借物件の損耗は賃貸借契約の本質上当然に予定されているから，建物賃貸借では通常損耗にかかる費用は，通常，賃料に含まれていると述べています。そして，このことから，賃貸借終了時に通常損耗の原状回復費用を借主に負担させることは，借主の「予期しない特別の負担」だとします。つまり，通常損耗の原状回復費用は，原則として貸主の負担です。このことは，2017年改正によって現在では，621条において，「通常の使用及び収益によって生じた賃借物の損耗並びに賃借物の経年変化」について賃借人は，原状回復義務を負わないという形で明文化されています。

(2) 原状回復義務を借主に負わせる条項は有効か

(a) 敷引条項の効力

敷金契約では，賃貸借終了時に敷金の一定額（敷引額）または一定割合を返還しない旨の条項がおかれることがあります。これを**敷引条項**といいます。その趣旨は，一般に，通常損耗の原状回復費用を補償することにあるとされますが，この条項によると，現実に必要とされる原状回復費用の額が敷引額を下回る場合にも，敷引額が敷金から差し引かれるものとされています。このことは，現行法のもとでは，通常損耗の原状回復費用を貸主の負担とする 621 条と比べて消費者である借主の義務を加重するものといえます。そのため，敷引条項が法 10 条に反しないかが問題となります。

この点について，判例は，①敷金から差し引かれる金銭を通常損耗の補修費用にあてる合意が成立している場合には，賃料額も補修費用を含まないものとして合意されているとみるのが相当であり，また，②貸主が得る金額を一定額とすることは，補修の要否やその費用の額をめぐる紛争を防止するといった観点からあながち不合理ではなく，法 10 条違反とはただちにいえないとします。しかし，敷引額が敷引条項の趣旨からみて高額すぎるときは借主が一方的に不利益な負担を課されているとして，特段の事情のないかぎり法 10 条に反するとしています（前掲最判平成 23・3・24）。この判例では，賃料が月 96,000 円，入居後 1 年 8 か月で退去したケースで，敷金 40 万円から 21 万円を差し引く特約がありましたが，有効とされました。

(b) 通常損耗の原状回復費用を借主負担とするその他の条項の効力

以上の判例に照らすと，建物賃貸借契約において，敷引条項とは異なる形で通常損耗の原状回復費用を借主負担とする特約に借主が明確に合意していた場合にも，その代わりに毎月の賃料が低く抑えられているなどの事情があれば，法10条違反とはただちにいえないでしょう。しかし，そのような事情もなく単に原状回復費用の負担が借主に押し付けられているといえるときは，その特約は，法10条により無効となるでしょう。

（c） Case 3-12の結論

①のアイロンによる焦げ跡は，Aの落ち度によるものであり，通常損耗とはいえません。Aは原状回復義務を負い，その費用を敷金から差し引かれます。

②の壁や床の汚れは通常損耗です。そのため，賃貸借契約のなかで通常損耗を借主Aの負担とする明確な定めがあり，かつ支払うべき家賃が毎月低額に抑えられていたなどの事情があれば，Aは貼替費用を負担しなければならないでしょう。それらの事情が認められない場合には，Aがその費用を負担する必要はないでしょう。

③については，敷金から差し引かれる敷金の額が，通常損耗の補修費用として通常考えられる額や賃料額などに照らして高すぎる場合には，差し引くことは認められないでしょう。

(3) 契約更新（こうしん）の際にお金を払う必要があることもあります

期間の定めのある建物賃貸借契約において，期間が経過した後の契約更新の際に借主から貸主に一定額のお金を支払う旨の**更新料条項**がおかれることがあります。判例は，この条項の趣旨を，毎月の賃料額を低額に抑えるのと引き換えに行われる賃料の補充ないし前払，貸主が賃貸借契約を継続するための対価などとしたうえで，契約書に一義的かつ具体的に記載された更新料条項は，更新料額が賃料額，更新期間などに照らして高額すぎるなどの特段の事情のないかぎり，法10条に違反しないとします（最判平成23・7・15民集65巻5号2269頁）。

この判例の事案の契約では，賃料が月 38,000 円，更新料は 1 年ごとに賃料 2 か月分とされていましたが，更新料条項は有効とされました。

Ⅵ 代　理 ——契約は他人に結んでもらうこともできます

> 99 条（代理行為の要件及び効果）
> 1　代理人がその権限内において本人のためにすることを示してした意思表示は，本人に対して直接にその効力を生ずる。
> 2　略

Ｖまでの話は，いずれも契約を結ぶ人自身が契約を締結する場面を想定したものです。しかし，締結するかどうかの判断を含め契約の交渉・締結を他人（**代理人**）にしてもらうこともできます。**代理**という制度です。以下，代理人を通して契約を結ぶ人（これを「本人」といいます）を A，契約の相手方を B，代理人を C として説明します。

代理による契約の効果は本人・相手方間に生じます

CHART 3-5　代理の基本構造

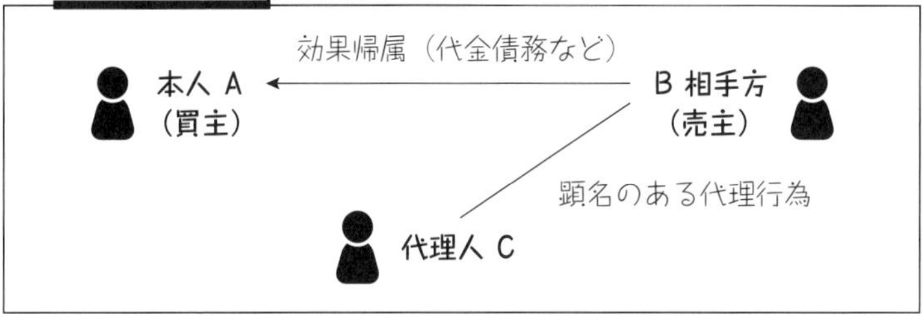

代理人に**代理権**が生じる場合として，第2章→61頁でみた成年後見人（8条・859条）のように，法律の規定によって代理権が与えられる場合（**法定代理**）と，A自身が，たとえば，自分のかわりにCに相手方Bとの契約交渉や契約締結にかかわることがらを処理してもらうために，Cに代理権を与える場合（**任意代理**）があります。Cは，たとえば，「A代理人C」という肩書を用いて，本人（A）のためにすることを示すこと（**顕名**。99条1項）により，代理行為としてBと契約を締結できます。もっとも，C自身は，契約によって権利を得たり義務を負ったりしません。BC間で結ばれた契約の効果は，AB間に生じます（**効果帰属**。99条1項）。たとえば，Aが必要とする土地を，CがAを代理してBから購入した場合，Bに対する代金債務はAが負います（CHART 3-5参照）。

無権代理――代理権のない者のした代理行為

Cが「A代理人C」の肩書でBと取引をしても，CにAの代理権がないときは，有効な代理行為ではありません。これを，**無権代理**といいます。無権代理も，Aがのちに有効な代理行為として自分に効果帰属することを認める意思表示（**追認**）をすると，原則としてCが無権代理をした時点にさかのぼって有効な代理行為となります（113条1項・116条本文）。Aは，反対に追認を拒むこと（**追認拒絶**）もできます。この場合，無権代理人Cの行為の効果はAに帰属しないことが確定します（113条1項参照）。

(1) 本人の追認がなければ無権代理人が責任を負います

無権代理後，Aの追認を得られない場合，Cは無権代理人として責任を負います。このときCは，Bと締結した契約を自ら履行するか，履行にかわる損害賠償をする義務を負い，いずれの義務を負うかはBの選択にゆだねられます（117条1項）。BがCに，履行を求めた場合，AB間で成立するはずであった契約から生じるはずの一切の権利義務が，BC間に存在するものとして取り扱われます（大判昭和8・1・28民集12巻10頁）。ただし，無権代理行為時にCが無権代理人であることをBが知っていた場合（117条2項1号）や，Cが制限行為能力者であった場合（117条2項3号）などには，Cは責任を負いません。

(2) 本人が契約上の義務を負うこともあります——表見代理（ひょうけんだいり）

Aの追認がないかぎり，無権代理人Cの行為の効果はAB間に帰属しませんが，例外的に効果帰属する場合があります。**表見代理**という制度です。表見代理は，**コラム⑦**→105頁でも述べた**権利外観法理**などに基づくものとされています。権利外観法理とは，ここでは，一定の事情が存在するためCがあたかもAの正当な代理人であるかのような外観が存在し，Bがその外観に対して正当な信頼をもつときにこの信頼を保護しようという考え方です。以下，表見代理が成立する基本的な3つの場合をみていきましょう。

(a) 代理権授与表示による表見代理

第1に，Aが，Cに代理権を与えていないのに，Cに代理権を与えた旨をBに表示した場合，Cに代理権が与えられていないことをBが知っていたか，または過失によって知らなかったときを除き，Cのした行為の効果がAB間に帰属します（109条1項）。たとえば，会社Aが，代理権のないCに，代理権の存在を客観的に推測させる肩書（「営業部長」など）の使用を許していた場合，CがBに対してするその肩書の表示によって，AがBに，Cに代理権を与えた旨の表示をしたものとみられます。その結果，たとえばCのしたBからの商品購入の効果はAB間に帰属します。この場合，BはAに，代金支払を求めることができます（東京高判昭和42・6・30判時491号67頁参照）。

（b） 権限踰越の表見代理

第2に，代理権を現に与えられているCが，その代理権の範囲を越えて代理行為を行う場合です（越えることを，踰越といいます）。たとえば，Aが，Cのする賃貸借契約の保証人となることを承諾してその保証契約を締結する代理権をCに与えたとしましょう。ところが，Cが勝手にBと，延滞賃料などの賃貸借契約上の債務とは別のCの多額の債務について，Aを保証人とする保証契約を，Aの代理人として締結した場合がこれにあたります（最判昭和51・6・25民集30巻6号665頁参照）。この場合，BがCに権限があると信じることについて正当な理由があるとき，無権代理人Cの行為（Cの多額の債務についての保証契約）の効果がAB間に帰属し，BはAに保証債務の履行を請求することができます（110条）発展。

（c） 代理権消滅後の表見代理

第3に，Cに与えられていた代理権がすでに消滅したにもかかわらず，CがAの代理人としてBと取引をした場合です。たとえば，A会社の代理権をもつ従業員CがA会社を辞めてその代理権が消滅したのち，なおA会社の代理権をもっているかのように装い，A会社の代理人として第三者（請負人用語）Bと工事の請負契約を締結した場合などがこれにあたります（最判昭和44・7・25判時574号26頁）。この場合，Cの代理権が消滅した事実をBが知っていたか，または過失によって知らなかったときを除き，無権代理人Cの行為，すなわ

notes

発展 Aとしては，主債務者であるCに対して，保証人として求償権（459条・460条）を行使することなどが考えられます。

用語 請負人とは，たとえば建物の建築請負契約のように，契約当事者の一方が仕事の完成（建物の建築）を約束し，相手方が仕事の結果について報酬を支払うことを約束する契約である請負契約（632条）において，仕事の完成を約束する者をいいます。

ち請負契約の効果がAB間に帰属し，BはAに請負代金を請求できます（112条1項）。

Ⅶ 条件・期限
――契約が成立してもすぐに履行を請求できるとはかぎりません

契約が成立しても，成立した契約が効力をもたなければ相手方に履行を求めることはできません。そして，契約の効力が発生するかどうかが，一定の事実が発生したかどうかに左右されることがあります。契約に，条件や期限がある場合です。

条件とはその成否が不確実な取決めです

(1) 条件は成就（じょうじゅ）しないこともあります

契約の効力の発生や消滅が将来の不確実な事実に左右されるものとする取決めが**条件**です。たとえば，画家Bが貸主Aから，「自分（B）の描いた絵が10万円で売れたら返す」という約束のもと，お金を借りた場合，Bの絵が10万円で売れるかどうかは確実ではないため，この取決めは条件です。この場合，Bの絵が10万円で売れるという事実が発生して，つまり条件が成就してはじめて，Aは貸金を返せとBに請求できます。反対に，成就しなければ請求できません。

(2) 条件には停止条件と解除条件があります

(1) の例のように，成就してはじめて契約の効力が生じる条件を**停止条件**といいます（127条1項参照）。これは，条件成就まで契約の効力が停止していることを意味します。反対に，たとえば，叔父（おじ）B

と，おいＡの間での「落第したら仕送りを打ち切る」という取決めのように，条件（Ａの落第）が成就すると（贈与）契約の効力が消滅する条件を**解除条件**といいます（127条2項参照）。条件成就により契約の効力が解消されるということです。

期限とはその成否が確実な取決めです

(1) 期限は必ず到来します

契約の履行を相手方に求めることができるかどうかが，将来の確実な事実に左右されるものとする取決めが**期限**です。借主Ｂが貸主Ａから「半年後に返します」といってお金を借りた場合，6か月の時がやがて経過することは確実ですから，この取決めは期限です。この場合，6か月経過という事実が発生して，つまり期限が到来してはじめて，Ａは貸金を返せとＢに請求できます。条件と異なり，期限が到来せずＢに請求できないということは起きません。

(2) いつ到来するか確かでない期限もあります

「6か月後」というように，到来時期が確定している期限を**確定期限**といいますが，到来時期が確定していない期限もあります。たとえば，父親の遺産をあてにしている借主Ｂが貸主Ａから，「父親が死んだら返します」といってお金を借りた場合，いつかはその事実が発生するので，この取決めは期限です。ただし，その事実が発生する時期は確定していません。このような期限を，**不確定期限**といいます。

(3) 期限には始期と終期があります

以上の例は，いずれも，到来により請求が可能となるタイプの期限でした。これを**始期**といいます（135条1項）。これに対し，叔父Ｂと大学生であるおいAの間での「4年間仕送りをする」との取決めのように，到来すると契約の効力が消滅する期限もあります。これを**終期**といいます（135条2項）。

第 4 章

契約はどのように実現されるか

契約の効力，債権の消滅

契約が有効に成立すると，債権者は，債務者に対して，債務の履行（りこう）用語を請求することができます。他方，債務者は，債権者に対して，**債務の本旨**（ほんし）用語に従って債務の履行をしなければなりません。もっとも，債権者が債務者に対して債権をもっていても，一定の場合には，債務者は，債務の履行を拒（こば）むことができます。また，債権は，その内容が実現されれば，その目的を達成し消滅しますが，民法は，さまざまな理由から，それ以外にも債権が消滅する場合を認めています。

そこで，第*4*章では，有効に成立した契約がどのように実現されるか，また，どのような場合に実現できなくなるかをみていくことにしましょう。

I 債権の主たる発生原因としての契約
――契約の分類をみてみよう

契約にはいろいろな種類があります

債権の発生原因はさまざまです。どのような場合に債権が発生するかについて，民法は，いろいろな場合を規定しています。また，債権の発生原因については，民法以外の法律にも多くの規定があります。それでも債権の発生原因として圧倒的に重要なのは契約です。しかし，一口に契約といっても，物を売り買いする売買契約（ばいばいけいやく），お金を支払って物を貸し借りする賃貸借契約（ちんたいしゃくけいやく）など，いろいろな契約があります。

notes

用語　債務の履行とは，契約や債務の内容を実現することです。
用語　債務の本旨とは，契約や債権（債務）の内容のことです。

CHART 4-1　民法上の典型契約の種類

- 典型契約（13 種類）
  - 贈与契約（549 条〜554 条）
  - 売買契約（555 条〜585 条）
  - 交換契約（586 条）
  - 物の貸し借りを目的とする契約
    - 消費貸借契約（587 条〜592 条）
    - 使用貸借契約（593 条〜600 条）
    - 賃貸借契約（601 条〜622 条の 2）
  - 役務（サービス）の提供を目的とする契約
    - 雇用契約（623 条〜631 条）
    - 請負契約（632 条〜642 条）
    - 委任契約（643 条〜656 条）
    - 寄託契約（657 条〜666 条）
  - 組合契約（667 条〜688 条）
  - 終身定期金契約（689 条〜694 条）
  - 和解契約（695 条・696 条）

すべての契約が法律に規定されているわけではありません

法律が規定している契約を**典型契約**といいます。また，これらの契約には名前がついていることから，**有名契約**ともいいます。民法は，売買契約や賃貸借契約など，13 種類の契約について規定しています（CHART 4-1 参照）。しかし，社会に存在するすべての契約が法律で規定されているわけではありません。たとえば，テレビの出演契約やスポーツクラブの会員契約のように，法律に規定のない契約もあります。こうした法律に規定のない契約を**非典型契約**といいます。また，これらの契約は，法律に規定がなく契約に名前がないので，**無名契約**ということもあります。

双務契約・片務契約という分類もあります

契約には，典型契約・非典型契約という分類のほかに，双務契約・片務契約という分類もあります。**双務契約**とは，契約当事者（売買契

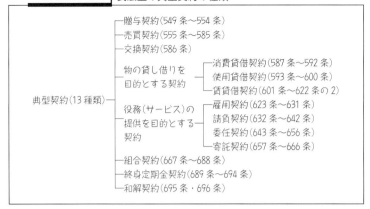

コラム⑧　法律に規定のない契約も結ぶことができます

私たちは，原則として，自分の物をだれにいくらで売るかとか貸すかというように，自分の私法上の法律関係（権利義務関係）を自分の自由な意思に基づいて形成することができます。これを**私的自治の原則**といいます。自分と他人との私法上の法律関係を当事者の自由な意思に基づいて形成することができるというのは，契約を自由に結ぶことができるということですから，これを**契約自由の原則**ともいいます。私たちは，契約自由の原則により，契約を結ぶかどうか（**契約締結の自由**。521条1項），だれと契約を結ぶか（**相手方選択の自由**），どういう内容の契約を結ぶか（**契約内容の自由**。同条2項），どういう方式（たとえば，契約書を作る）で契約を結ぶか（**方式の自由**。522条2項）を自由に決定することができます。

もっとも，契約自由の原則にも一定の制限があります。たとえば，電気，水道の供給契約などのように，一定の財貨[用語]やサービスの適正な供給を実現するため，事業者に契約を結ぶことが強制される場合があります（電気事業法17条1項，水道法15条1項）。また，第*3*章でみましたが，愛人契約や暴利行為→91頁のように，契約の内容が社会的妥当性を欠く契約は無効となります（90条）。

約の売主と買主のように，契約を結ぶ人のことです）が互いに対価的な意義のある債務を負う契約をいい，そうでない契約を**片務契約**といいます。対価的な意義があるとは，契約の相手方が債務を負うからこそ自分も相手方に対して債務を負うという関係をいいます（この関係を**牽連関係**ともいいます）。たとえば，売買契約では，売主は，買主が自分（＝売主）に対して売買代金の支払債務を負うからこそ，自分（＝売主）も買主に対して物の引渡債務を負います（555条）。他方，買主も，売主が自分（＝買主）に対して物の引渡債務を負うからこそ，自分（＝買

notes

[用語] 財貨とは，お金や宝石，土地，家屋など財産として価値のあるもののことです。

CHART 4-2 双務契約と片務契約の違い

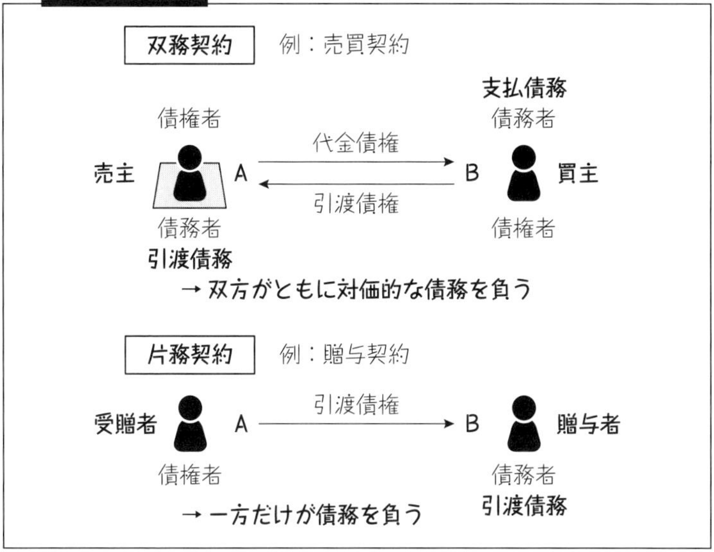

主）も売主に対して売買代金の支払債務を負います（555条）。ですから，売買契約は，双務契約ということになります（CHART 4-2 参照）。他方，タダで物をだれかにあげるという贈与契約（549条）では，物をあげる人（贈与者）のみが債務を負いますから，片務契約ということになります（CHART 4-2 参照）。

同時履行の抗弁権→133頁（533条）や履行拒絶権→198頁（536条）は，一方の債務が履行されないとか，履行を請求できない場合に，他方の債務の履行を請求できるかどうかという問題なので，双務契約においてだけ問題となります。

有償契約・無償契約という分類もあります

契約には，さらに有償契約・無償契約といった分類もあります。**有**

CHART 4-3 有償契約と無償契約の違い

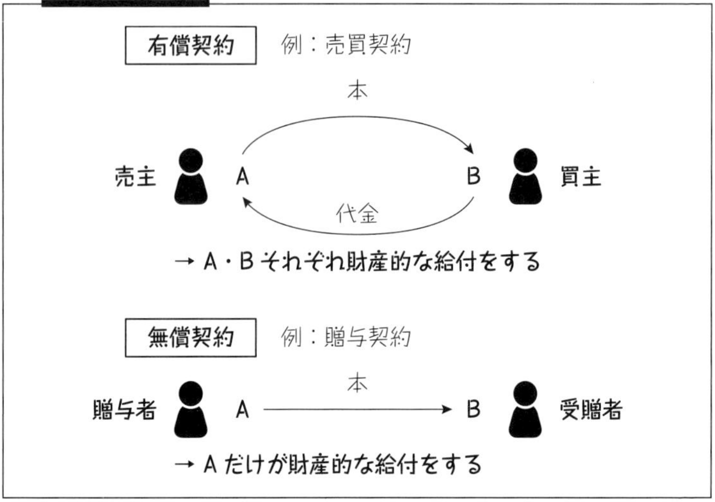

償契約とは，契約当事者が互いに対価的な意義のある給付をする契約をいい，そうでない契約を**無償契約**といいます。対価的な意義があるとは，契約の相手方が給付をしてくれるからこそ，自分も相手方に対して給付をするという関係をいいます。双務契約・片務契約の区別と似ていますが，双務契約・片務契約では，契約当事者が互いに対価的な意義のある「債務を負うかどうか」が問題ですが，有償契約・無償契約では，契約当事者が互いに対価的な意義のある「給付をするかどうか」が問題となります（CHART 4-3 参照）。

有償契約・無償契約と双務契約・片務契約の関係

有償契約・無償契約の分類は，ほとんど双務契約・片務契約の分類と一致しますが，一致しない場合もあります。利息付でお金を借りる契約を利息付金銭消費貸借契約（りそくつききんせんしょうひたいしゃくけいやく）といいますが，利息付金銭消費貸借契約では，貸主は借主にお金を貸し，他方，借主はその対価として利息を支払います。ですから，貸主も借主も財産的な利益を給付するので，有償契約ということになります。しかし，書面によらない消費貸借契約は，物の引渡し（ひきわた）があってはじめて成立する要物契約（ようぶつけいやく）ですから（587条。要物契約については，第3章Ⅰ参照 →88頁），消費貸借契約が成立した時点では，貸主の給付はすでに終わっており，借主の元本返還債務と利息の支払債務が残っているだけです。ですから，書面によらない利息付金銭消費貸借契約は，有償契約ですが，片務契約ということになります（CHART 4-4 参照）。

有償契約と無償契約をわける実益は

有償契約には，売買契約に関する規定が準用（じゅんよう）[用語]されます（559条）。この意味を，請負契約（うけおいけいやく）を例に説明しましょう。たとえば，AがBにズボンのサイズ直しを依頼しましたが，出来上がってきたズボンはサイズが小さくて履（は）けませんでした。このように，請負人（うけおいにん）が契約の内容に適合しない目的物を注文者に引き渡（ひきわた）した場合（これを**契約不適合給付**（けいやくふてきごうきゅうふ）といいます）に，注文者（A）が，請負人（B）に対して，どのような責任を追及できるかについて定めた条文は，請負契約の箇所（民法第3編第2章第9節。632条以下）にはありません。ところで，請負契約は，ある仕事を完成させ，注文者がその仕事の結果に対して報酬を支払う契約ですから，有償契約です。そうすると，有償契約である請負契約には，売買契約に関する規定が準用されますから（559条），請負契約の契約不適合給付における請負人の責任も，売買契約の契約不適

notes

[用語] 準用とは，その規定が定める事実と似ている事実に対して，必要な変更を加えてあてはめることです。

CHART 4-4 書面によらない利息付金銭消費貸借契約

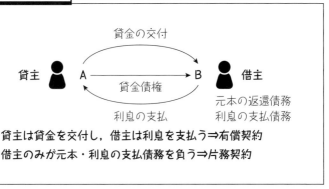

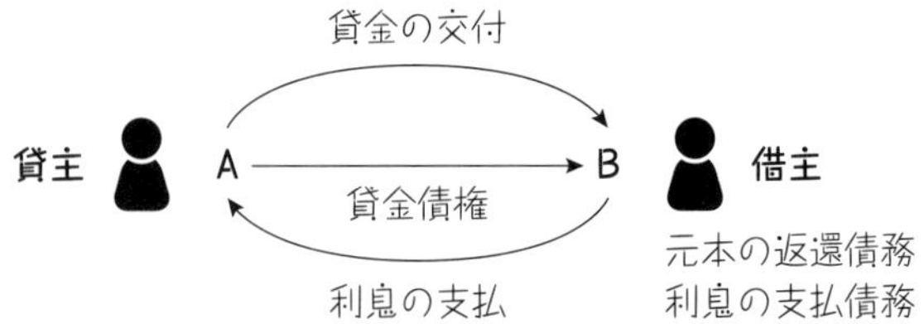

貸主は貸金を交付し，借主は利息を支払う⇒有償契約

借主のみが元本・利息の支払債務を負う⇒片務契約

合給付における売主の責任に関する規定（562条以下）に従って処理されることになります（契約不適合給付における売主の責任については，第5章Ⅴ参照）。→184頁

Ⅱ 履行不能（りこうふのう）
——債務の履行ができなければ請求もできません

412条の2（履行不能）

1　債務の履行が契約その他の債務の発生原因及び取引上の社会通念に照らして不能であるときは，債権者は，その債務の履行を請求することができない。

2　略

契約が有効に成立しても，契約や債務の内容が実現されるとは限りません。たとえば，家屋（かおく）の売買契約が結ばれましたが，その後，その引渡し前に売買した家屋が大地震で倒壊してしまったとします。この場合，売主は，もはや買主に家屋を引き渡すことができません。このように，債務の履行ができないことを**履行不能**といいます。そして，債務の履行が不能となった場合には，債権者は，債務の履行を請求できません（412条の2第1項）。履行不能かどうかは，債務の発生原因や取引上の社会通念→141頁に照らして判断されます。

もっとも，履行不能によって，債権者は，履行不能になった債務の履行（上記の例では，家屋の引渡し）を請求できなくなるというだけで，履行不能が債務者の責めに帰することができない事由によるものである場合を除いて，債務者は，損害賠償責任（そんがいばいしょうせきにん）を負います（415条1項。債務不履行による損害賠償責任については，第*5*章Ⅲ→165頁参照）。たとえば，売主が寝たばこで家屋を燃やしてしまった場合には，売主は，家屋の引渡債務を免れますが，債務不履行による損害賠償責任を負います。

Ⅲ 同時履行の抗弁権（どうじりこうのこうべんけん）
——債務の履行はごいっしょに

相手が債務の履行をしないなら，自分も債務の履行をする必要はありません

533条（同時履行の抗弁）
　双務契約の当事者の一方は，相手方がその債務の履行（……）を提供するまでは，自己の債務の履行を拒むことができる。ただし，相手方の債務が弁済期にないときは，この限りでない。

CASE 4-1

Aは，Bに代金200万円で木材を売却しました。AB間の契約では，1週間後に代金の支払および木材の引渡しを行うものとされていました。1週間後，Aは，木材の引渡しをしないにもかかわらず，Bに代金200万円の支払を請求してきました。この場合，Bは，代金200万円を支払わなければならないでしょうか。

CHART 4-5 木材の売買契約における売主・買主の請求

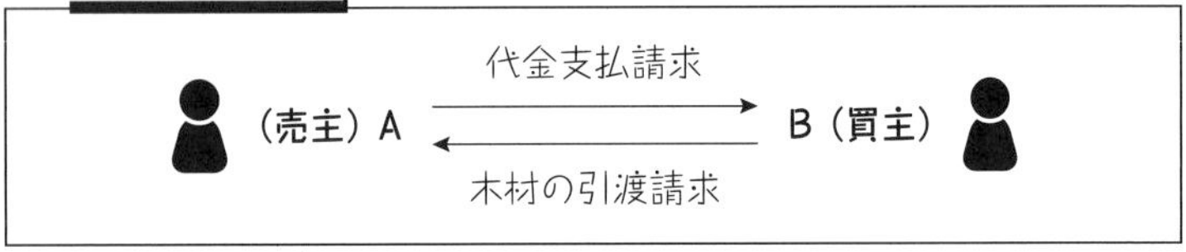

CASE 4-1 では，AB 間で木材の売買契約が結ばれ，代金の支払期限も到来しています。そうすると，B は，A に売買代金を支払わなければならないように思われます。

しかし，A も，B に対して，木材の引渡債務を負っているわけですから（CHART 4-5 参照），A が自分の債務の履行をしていないのに，B は代金を支払わなければならないというのは公平ではありません。売買契約のように，契約当事者がお互いに対価的な債務を負う双務契約では，相手方が自分に対して給付債務を負うので，自分も相手方に対して給付債務を負います。そこで，民法は，双務契約の当事者の一方は，相手方が債務の履行を提供するまでは，自分の債務の履行を拒むことができるとしています（533 条本文）。これを**同時履行の抗弁権**といいます。

CASE 4-1 では，A は，まだ B に木材を引き渡していないわけですから，A の代金支払請求に対して，B は，「A が木材を引き渡してくれるまで代金を支払わない」と主張して，代金の支払を拒むことができます。

同時履行の抗弁権があるとどうなるか

同時履行の抗弁権があると，契約当事者は，相手方が債務の履行を提供してくれるまで，自分の債務の履行を拒むことができます。もっとも，CASE 4-1 では，B が同時履行の抗弁権によって代金の支払を拒むことができるといっても，B が代金を支払う日（売買契約から 1

週間後）に代金を払っていないことに変わりはありません。

それでは，Bは，債務の本旨に従って債務の履行をしなかったこと（債務不履行）に対して責任を負うでしょうか。もし法律が同時履行の抗弁権がある場合には債務の履行をしなくてもよいとしておきながら，債務の履行をしないとその責任を負うというのでは，Bに債務の履行を拒むことを認めた意味が薄れてしまいます。そこで，Bが同時履行の抗弁権をもっている場合には，Bは，代金の支払期日に代金を支払わなくても，債務不履行の責任を負わないとされています。ですから，BがAに対して損害賠償の責任を負ったり，Aから契約を解除されたりすることはありません（債務不履行の効果については，第5章参照→160頁）。

他方，同時履行の抗弁権があっても，それは，相手方が債務の履行を提供してくれるまで自分も債務の履行をしなくてもよいというにすぎず，債務が消滅するわけではありません。ですから，Aが木材を引き渡してくれたら，Bは，代金を支払わなければなりません。

同時履行の抗弁権がなくても債務の履行を拒める場合があります

それでは，CASE 4-1で，AB間の売買契約において，Aが木材をBに引き渡したあとでBが木材の代金をAに支払うという合意がされていた場合はどうでしょうか。

Aは，Bよりも先に債務の履行をする債務を負います。これを**先履行義務**といいます。そして，この場合には，AがBに木材を引き渡したあとに，その代金が支払われるわけですから，Bが売買代金を支払わないからといって，Aは，木材を引き渡さないということはできません。

しかし，木材の売買契約の締結後にBの経営状況が悪化し，AがBに木材を引き渡しても，Bから木材の代金が支払われない可能性が高い場合にも，Aには先履行義務があるからといってAに木材の引渡しをさせるのは，Aに酷（かわいそう）です。そこで，契約締結後Bに多額の債務超過（債務者の負債の総額が資産の総額を超える状態のことです）が発生した場合のように，先履行義務を負うAの履行前にBの財産状況が悪化し，Aが代金の支払を受けることが困難となるおそれがある場合には，Aは，木材の引渡しを拒むことができ，引渡しを拒んでも，債務不履行の責任を負わないと考えられています（損害賠償を請求されたり，契約を解除されたりしません。東京地判昭和58・3・3判時1087号101頁）。これを**不安の抗弁権**といいます。

Ⅳ 債権の消滅
――債権はどのような場合になくなるか

契約が有効に成立すると，債権者は，債務者に対して，債務の本旨に従って債務の履行を請求することができます。他方，債務者は，債権者に対して，債務の本旨に従って債務の履行をしなければなりません。そして，債権は，その内容が実現され，その目的が達成されれば，消滅します。もっとも，民法は，それ以外にもさまざまな事情から債権が消滅する場合を認めています。もちろん，債権が消滅すると，債権者は，債務者に対して，債務の履行を請求することはできません。それでは，債権はどのような場合に消滅するでしょうか。

債権の消滅原因の主なものは，民法第3編第1章第6節「債権の消滅」に規定されていますが，消滅時効→152頁（166条～169条）によっても債権は消滅します。

コラム⑨　振込み(ふりこ)による弁済はいつ効力を生ずるか

金銭債務の支払では，しばしば銀行や郵便局を通じた振込みによって弁済が行われることがあります。それでは，振込みによって弁済が行われる場合に，債務者が振込期日までに債権者の預金口座に振り込んだにもかかわらず，銀行の手違いで債権者の預金口座に振り込まれていなかったとき，債務者は弁済をしたことになるでしょうか。

民法は，払込み(はらいこ)による弁済について，「債権者がその預金又は貯金に係(かか)る債権の債務者に対してその払込みに係る金額の払戻し(はらいもど)を請求する権利を取得した時に，その効力を生ずる。」としています（477条)。「債権者がその預金又は貯金に係る債権の債務者に対してその払込みに係る金額の払戻しを請求する権利を取得した時」がいつかは，預貯金契約の解釈にゆだねられており，受取人の口座に振込額の入金が記録された時点であると考えられています。

そうすると，上記の例のように，債務者が振込期日までに債権者の預金口座に振り込んだとしても，銀行の手違いで債権者の預金口座に振り込まれなかった場合には，振込みによる弁済の効果は生じません。そのため，債権者から支払を要求された債務者は，「自分は期日までに振り込んだ」といって，債権者に対する支払を拒むことはできませんし，振込みが遅れたことによる責任を負わなければなりません。債務者が債権者に対して弁済をした場合には，債務者は，手違いをした銀行に対して，責任を追及することになります。

債権はその目的が実現されれば消滅します

473条（弁済(べんさい)）
債務者が債権者に対して債務の弁済をしたときは，その債権は，消滅する。

債務者が債務の本旨に従って債務の履行をすると，債権はその目的を達し消滅します（473条）。これを**弁済**（べんさい）といいます。弁済とほぼ同様の意味で，履行という表現も使われます。弁済は，債権の消滅という結果に，履行は，その実現過程に重きをおいた表現であるといわれています。

弁済は，債権の消滅原因としては，最もノーマルな消滅原因です。たとえば，売買契約では，買主は，売主に対して，物の引渡債権をもちますが，売主が契約に従って買主に売買目的物を引き渡せば，買主の売主に対する引渡債権は消滅します。同様に，売主は，買主に対して，代金債権をもちますが，買主が契約に従って売主に売買代金を支払えば，売主の買主に対する代金債権は消滅します。

弁済できるのは債務者だけではありません

474条（第三者の弁済）
1　債務の弁済は，第三者もすることができる。
2　弁済をするについて正当な利益を有する者でない第三者は，債務者の意思に反して弁済をすることができない。ただし，債務者の意思に反することを債権者が知らなかったときは，この限りでない。
3　前項に規定する第三者は，債権者の意思に反して弁済をすることができない。ただし，その第三者が債務者の委託を受けて弁済をする場合において，そのことを債権者が知っていたときは，この限りでない。
4　前3項の規定は，その債務の性質が第三者の弁済を許さないとき，又は当事者が第三者の弁済を禁止し，若しくは制限する旨の意思表示をしたときは，適用しない。

弁済は，債務者でなくても，原則として，だれでもすることができます（474条1項）。たとえば，子どもの借金を親が子どもに代わって支払えば，これによって子どもの借金はなくなります。

第三者が弁済できない場合もあります

(1) 債務の性質が許さない場合や第三者弁済を禁止・制限する合意をした場合

弁済は，原則として，だれでもできます（474条1項）。しかし，債務の性質から第三者が弁済できない場合があります（同条4項）。たとえば，ある有名な画家に自分の肖像画を描いてもらう契約をした場合には，その画家に肖像画を描いてもらわなければ意味がありませんから，そのほかの者が肖像画を描くことはできません。また，債権者が債務者以外の者からの弁済を望まないため，債務者との間で，必ず債務者が弁済をしなければならないという合意をすることがあります。このような合意がされた場合にも，第三者は弁済することができません（同項）。

(2) 弁済につき正当な利益をもたない第三者の弁済

債務者の友人や親族など，弁済をすることに正当な利益をもたない第三者が債務者にかわって弁済をしても，その弁済が債務者の意思に反しており，かつ，債権者がこのことを知っていたときは，その弁済は無効となります（474条2項）。第三者に恩を売られたくないという債務者の意思を尊重するとともに，債務者にかわって弁済した第三者は，弁済した金額を債務者から取り立てることができるので（これを**求償**（きゅうしょう）といいます。650条1項・702条1項など），債務者が，弁済した第三者からのきびしい取立て（求償）にさらされることから，債務者を保護するためです。また，弁済が債務者の意思に反していることを債権者も知っており，債権者を保護する必要もないからです。

(3) 債権者の受領拒絶権

474条2項によれば，弁済が債務者の意思に反しない場合には，弁済をすることに正当な利益をもたない第三者でも弁済をすることができそうです。しかし，友人Aを信頼してAにお金を貸したBがAからの返済にこだわる場合のように，債権者があくまで債務者からの弁済にこだわる場合もあります。このような場合には，弁済について正当な利益をもたない者による弁済が債務者の意思に反しないときでも，債権者は，第三者による弁済の受領（弁済を受けることです）を拒むことができ（受領拒絶権），受領を拒んでも，受領遅滞（受領遅滞については，第5章Ⅳ参照 →194頁）にはなりません（同条3項本文）。

もっとも，第三者が債務者から頼まれて弁済し，かつ，債権者もそのことを知っていた場合には，債権者は，弁済の受領を拒むことはできません（同項ただし書）。

だれに対して弁済しなければならないか

弁済は，弁済を受領する権限（権利のことです）をもつ人（債権者またはその代理人）に対してしなければなりません。債務者が受領権限をもたない人に対して弁済をしても，その弁済は無効です。債務者が受領権限をもたない人に弁済をした場合には，債務者は，もう一度受領権限をもつ人に対して弁済をしなければなりません。

受領権限をもたない人への弁済が有効になることがあります

> 478条（受領権者としての外観を有する者に対する弁済）
> 　受領権者（債権者及び法令の規定又は当事者の意思表示によって弁済を受領する権限を付与された第三者をいう。以下同じ。）以外の者であって取引

上の社会通念に照らして受領権者としての外観を有するものに対してした弁済は，その弁済をした者が善意であり，かつ，過失がなかったときに限り，その効力を有する。

CASE 4-2

Aは，B銀行に100万円の預金があります。ある日，CがA宅に侵入し，AのB銀行の預金通帳および銀行印を盗みました。Cは，Aが預金通帳や銀行印が盗まれたことに気づく前に，B銀行に行き，Aと称して，Aの通帳および銀行印を使って，Aの預金全額の払戻しを受けました。この場合，Aは，B銀行による預金の払戻しが無効であることを理由にB銀行に対して預金100万円の払戻しを請求できるでしょうか。

CASE 4-2では，Cは，Aの預金通帳と銀行印を盗んだ者にすぎませんから，預金の払戻しを受ける権利をもっていません。そのため，BのCに対する預金の払戻しは無効ですから，Aから預金の払戻しの請求があれば，Bは，その請求に応じなければなりません（CHART 4-6参照）。

しかし，弁済を受ける人が弁済を受ける権利をもっているかをいちいち調べなければならないとすると，弁済をする人はたいへんですし，また，弁済がスムーズになされず，取引活動を停滞（ていたい）（順調に進まないことです）させるおそれがあります。そこで，民法は，弁済をした人が，取引上の社会通念（取引の世界で受け入れられている常識のことです）に照らして，外部からみて弁済を受領する権限をもつと思われる人（このような人を**表見受領権者**（ひょうけんじゅりょうけんしゃ）といいます）に対して，その人を弁済の受領権者であると信じ，かつ，そう信じたことについて過失なく弁済をした場合には，その弁済を有効としています（478条）。この場合の無過失とは，弁済をする人が弁済をする際に，その状況にふさわしい注意を払ったということです。

CASE 4-2では，Cは，Aの預金通帳と銀行印をもっているわけ

CHART 4-6 銀行が泥棒に払戻しをした場合

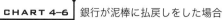

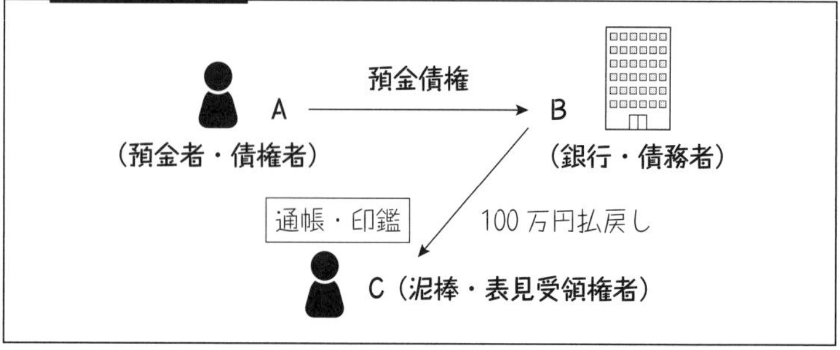

ですから，外部からみて預金の払戻しを受ける権利（預金債権）をもっている人のようにみえます。そのため，Cは，預金債権の表見受領権者であるということができます。したがって，Bの行員（銀行の職員のことです）が預金の払戻しに際して，Cを預金者Aと信じ，かつ，過失なく預金を払い戻したのであれば，BのCに対する預金の払戻しは有効となります。

本来の債権の内容と異なる形で債権の目的を達成することもできます

482条（代物弁済）

弁済をすることができる者（以下「弁済者」という。）が，債権者との間で，債務者の負担した給付に代えて他の給付をすることにより債務を消滅させる旨の契約をした場合において，その弁済者が当該他の給付をしたときは，その給付は，弁済と同一の効力を有する。

AがBに1,000万円の貸金債権をもっている場合に，AとBとの間で，Bが1,000万円の支払に代えてB所有の甲土地（時価[用語]1,000

notes

[用語] 時価とは，その時点での市場における物の価値（値段）をいいます。本やCDなどの定価（つまり値段がつねに決まっている）と違い，時価は，市場の需要（買いたい人）と供↗

CHART 4-7 借りたお金の返済に代えて土地を引き渡す場合

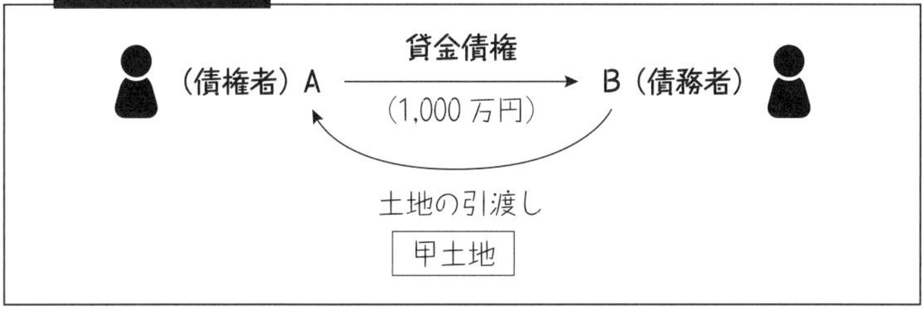

万円）をAに給付する（引き渡す）ことを合意し，その合意に従い，Bが，Aに対して，甲土地を引き渡すことによって，AのBに対する1,000万円の貸金債権を消滅させることができます（CHART 4-7参照）。このように，債権者と弁済者との契約によって，本来の給付に代えて他の給付をすることによって債務を消滅させる制度を**代物弁済**（だいぶつべんさい）といいます（482条）。代物弁済では，代物給付を目的とする契約を結んだ時点ではなく，代物弁済の給付がされた時点で債務が消滅します。

債権者が給付を受け取ってくれないときはどうするか

494条（供託（きょうたく））
1　弁済者は，次に掲げる場合には，債権者のために弁済の目的物を供託することができる。この場合においては，弁済者が供託をした時に，その債権は，消滅する。
　一　弁済の提供をした場合において，債権者がその受領を拒んだとき。
　二　債権者が弁済を受領することができないとき。
2　弁済者が債権者を確知することができないときも，前項と同様とする。ただし，弁済者に過失があるときは，この限りでない。

notes

↘給（売りたい人）の関係で決まります。

(1) 弁済はどのように提供しなければならないか

弁済の提供は，債務の本旨に従って現実にしなければなりません(493条本文)。これを**現実の提供**といいます。契約上の債務の場合には，契約で決められた内容どおりに弁済の提供をしなければなりません。

それでは，甲腕時計の売買契約において，売主が契約に従って甲腕時計を買主に引き渡そうとしたにもかかわらず，買主がそれを受け取ってくれない場合，売主は，どうしたらよいでしょうか。

債権の内容を実現するために債権者の受領が必要な場合には，債務者がいくら弁済の努力をしても，債権者が給付を受領してくれないと，債務者は債務の弁済をすることができません。そこで，民法は，債権者があらかじめその受領を拒んでいたり，債務の履行について債権者の行為を必要とするときは，債務者は，弁済の準備をしたことを債権者に通知してその受領の催告(さいこく) 用語 をすれば足りるとしています(同条ただし書)。これを**口頭(こうとう)の提供**といいます。

(2) 弁済の提供をするとどうなるか

弁済の提供をすれば，債務者は，弁済の提供の時から，債務を履行しないことによって生ずる責任を免(まぬが)れます(492条)。上記の甲腕時計の売買契約についていうと，売主が契約に従って甲腕時計を買主に引き渡そうとしているのであれば，売主は，弁済の提供をしていると考えられます。ですから，売主は，甲腕時計を買主に引き渡そうとした(弁済の提供の)時から，債務を履行しないことによって生じる責任を免れます。そのため，売主は，買主から損害賠償を請求されたり，契約を解除されたりしません(債務不履行による損害賠償請求権，解除につ

notes

用語 催告とは，一定の行為を相手方に請求することです。

CHART 4-8 賃借人が賃料を供託する場合

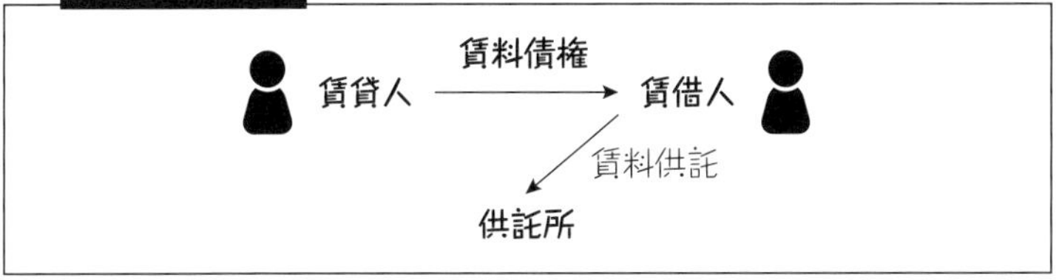

いては，第5章参照）。（→165頁）

(3) 供託（きょうたく）とは

弁済の提供をすれば，弁済者は，債務不履行の責任を免れますが（492条），債権者に対する債務を負い続けます。そこで，民法は，弁済の目的物の保管のわずらわしさから弁済者を解放するとともに，目的物を国家が管理することによって，債権者にも不利益を生じさせないようにするために，**供託**という制度を設けました（494条）。弁済者は，債権者のために供託所に弁済の目的物を寄託して（預けて保管してもらうことです）債権を消滅させることができます。

供託がよく用いられるのは，不動産の賃貸借契約です。地代や家賃をめぐるトラブルから地主や家主が賃料を受け取ってくれない場合，借地人（土地を借りる人のことです）や借家人（家を借りる人のことです）は，相当と認める賃料（借地借家法11条・32条）を供託して賃料債権を消滅させることができます（CHART 4-8参照）。

ただし，弁済者は，本来契約に従って給付をしなければなりませんから（493条本文），供託ができるのは，弁済者が弁済の提供をしたにもかかわらず，債権者がその受領を拒んだ場合（494条1項1号），債権者が弁済を受領することができない場合（同項2号），または，弁済者の過失なく債権者を確実に知ることができない場合だけです（同条2項）。

債権と債務を対当額で消滅させることができます

505条（相殺の要件等）
1　2人が互いに同種の目的を有する債務を負担する場合において，双方の債務が弁済期にあるときは，各債務者は，その対当額について相殺によってその債務を免れることができる。ただし，債務の性質がこれを許さないときは，この限りでない。
2　前項の規定にかかわらず，当事者が相殺を禁止し，又は制限する旨の意思表示をした場合には，その意思表示は，第三者がこれを知り，又は重大な過失によって知らなかったときに限り，その第三者に対抗することができる。

(1)　相殺とは

これまでは債務の履行がなされることによって契約を結んだ目的が達成されたために，債権が消滅する場合についてみてきました。もっとも，民法は，当事者が契約を結んだ目的が達成されなくても，一定の理由から債権が消滅する場合を認めています。その1つが相殺です。

たとえば，AがBに対し10万円の貸金債権（以下では，この債権を「α債権」とします）をもっており，他方，Bは，Aに対し，8万円の売買代金債権（以下では，この債権を「β債権」とします）をもっている場合のように（CHART 4-9 参照），AとBがお互いに相手方に対して同種の債権をもっているとき，一方から相手方に対する意思表示によって，相殺をする人の債権と相手方の債権を対当額で消滅させることができます（505条1項本文・506条1項）。これを**相殺**といいます。上記の例で，AがBに相殺の意思表示をすると，α債権とβ債権とは対当額（8万円）で消滅し，その結果，AのBに対する残額の2万円の債権だけが残ることになります（CHART 4-9 参照）。

CHART 4-9　A・Bが互いにもっている金銭債権を相殺する場合

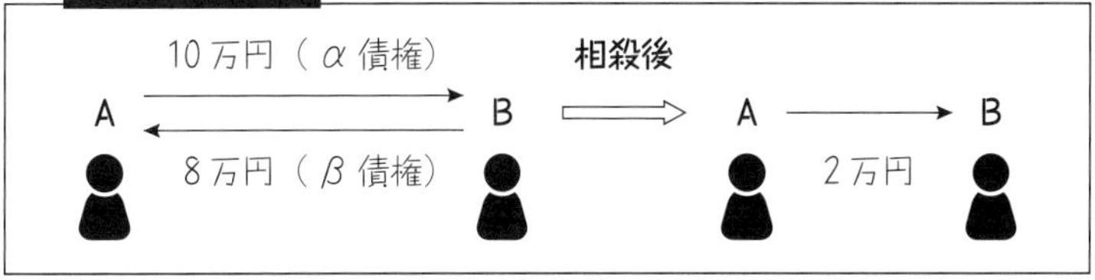

(2)　相殺適状にあることが必要です

相殺をするためには，**相殺適状**にあることが必要です。相殺適状にあるとは，債権者と債務者とがお互いに対立する同種（同種かどうかは，たとえば，金銭の支払を受けることを目的とする債権というように，給付の内容で判断されます）の債権をもち，かつ，双方の債務が弁済期にあることです（505条1項本文）。ただし，お互いの子どもの面倒をみるというように，債権の性質が相殺を許さない場合には，相殺適状にあっても，相殺はできません（同項ただし書）。

相殺の効果は，相殺適状になった時にさかのぼります（**相殺の遡及効**。506条2項）。そのため，相殺適状の時以降の利息は発生しなかったことになります。

(3)　相殺の機能

相殺は，一方的な意思表示によって債権を消滅させるものですから，実際のお金のやり取りを省くことができ，債権・債務の清算手続を簡易化することができます。こうした相殺の機能を**相殺の簡易決済機能**といいます。

もっとも，相殺がより重要となるのは，とりわけ当事者の一方に資力（債務を弁済する財力のことです）がない場合です。たとえば，CHART 4-9の例で，Bに資力がなかったとします。この場合に相殺という制度がないとすると，Aは，Bに対して売買代金の8万円を支払うことになりますが，Bには資力がありませんから，Aは，Bから10万円の貸金債権の弁済を受けることはできません。これに対して，相殺が認められると，Aは，相殺によってBに対する債権を対当額で消滅させることができますから，AのBに対する残額の2万円の債権が残ることになります。その結果，Aは，8万円については実質的に弁済を受けたのと同じ状態になります。こうした相殺の機能を**相殺の担保的機能**（たんぽてききのう）といいます。

(4) 相殺が許されない場合

ところで，相殺適状にあっても，つぎのような場合には相殺をすることができません。

(a) 法律上相殺が禁止されている場合

第1に，法律上相殺が禁止されている場合には，相殺できません（505条1項ただし書）。たとえば，労働基準法17条は，使用者が労働者に対する前借金（ぜんしゃくきん）用語債権と賃金債権とを相殺すること（その旨の合意をすること）を禁止しています。なぜそのような合意が禁止されるかというと，会社が従業員にお金を貸し付けて働かせることは，借金を返済するまで従業員がその会社を辞（や）めることができない状況を作ってしまう可能性が高いからです。その結果，会社が従業員を足留（あしど）めすることによって強制労働につながるからです。

(b) 当事者が相殺を禁止する旨の合意をした場合

第2に，当事者が相殺を禁止する旨の合意（これを**相殺禁止特約**といいます）をした場合にも相殺できません。ただし，この相殺禁止の合意は，第三者がその合意を知っているか，または重大な過失（重過失（じゅうかしつ）用語(次頁)ともいいます）によって知らなかった場合にだけ，その第

notes

用語 前借金とは，将来支払われる賃金によって弁済する約束で，使用者から借り入れる金銭のことです。

CHART 4-10 相殺禁止特約を第三者に対抗できない場合

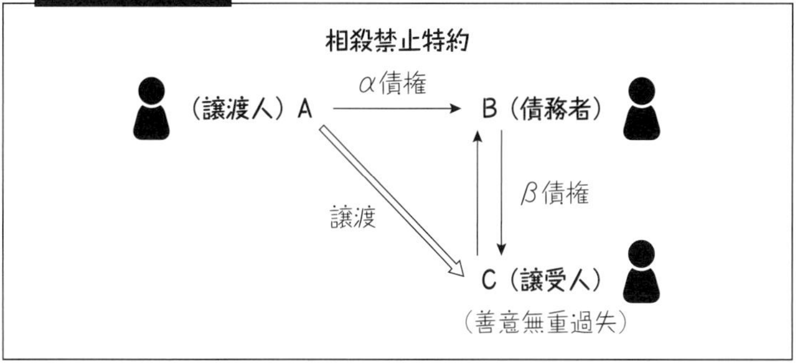

三者に対抗（主張）することができます（505条2項）。たとえば，AがBに金銭債権（α債権）をもち，このα債権については，AB間で相殺禁止の合意がされていたとします。Aが C にα債権を譲渡（じょうと）し（債権譲渡については，第6章参照 →216頁），Cが相殺禁止特約のあることを知らず，それについて重過失もなくα債権を譲（ゆず）り受けたときは，BはCに相殺禁止の合意があることを主張できません。その結果，Cは，α債権と自らのBに対する債務（β債権）を相殺することができます（CHART 4-10参照）。

(c) 不法行為等により生じた債権や差押（さしおさえ）禁止債権を受働債権（じゅどうさいけん）とする相殺

第3に，悪意[用語]の不法行為や人の生命もしくは身体の侵害による損害賠償債権を受働債権とする相殺もできません（509条）。これは，被害者に実際に損害の賠償を得させるとともに，不法行為の誘発（たとえば，お金を支払ってもらえない腹（はら）いせにケガをさせるというように，ある出来事が原因となって不法行為をひき起こすことです）を防止するため

notes

[用語(前頁)] 重過失とは，少しの注意を払えば結果を避けられたのに，その注意を怠ったことです。

[用語] 悪意とは，通常，民法では，ある事実を知っていることをいいますが，509条1号の悪意は，知っていることではなく，他人を害する積極的な意欲，つまり，害意をいいます。

CHART 4-11　Aによる相殺が認められない場合（509条・510条）

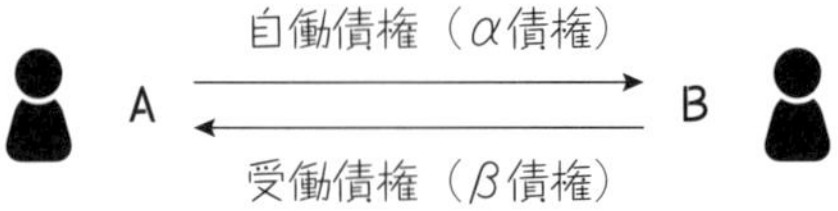

悪意の不法行為による損害賠償債権（509条1号）
生命または身体の侵害による損害賠償債権（509条2号）
差押禁止債権（510条）

です。

受働債権とは，Aが相殺しようとする場合に，その相手方BがAに対してもっている債権のことです。これに対して，相殺をしようとするAがBに対してもっている債権を**自働債権**といいます（CHART 4-11 参照）。

Aが，Bに対して，金銭債権（α債権とします）をもち，他方，Bが，Aに対して，悪意の不法行為や生命または身体の侵害による損害賠償債権（β債権とします）をもっている場合，Aが相殺すると，β債権が受働債権になりますから，Aは，α債権とβ債権を相殺することができません（CHART 4-11 参照）[発展]。

また，年金を受ける権利は，それが差し押さえられ，年金が受給者に給付されないと，受給者は生活できませんから，差押え[用語]が禁止されています（国民年金法24条本文，厚生年金保険法41条1項本文）。このように，差押禁止債権は，債権者に実際に給付を得させるために，差押えが禁止されています。そうすると，年金の給付を受ける権利のような差押禁止債権を受働債権とする相殺を認めると，差押禁止債権

notes

[発展]　509条は，悪意の不法行為や生命または身体の侵害による損害賠償債権を受働債権とする相殺を禁止していますから，Bによる相殺は認められます。

[用語]　差押えとは，債権者の権利を実現するために，裁判所が債務者の財産の処分を禁止することです。詳しくは，第6章I（204頁）参照。

CHART 4-12 Cが A に相殺の主張ができない場合（511条1項前段）

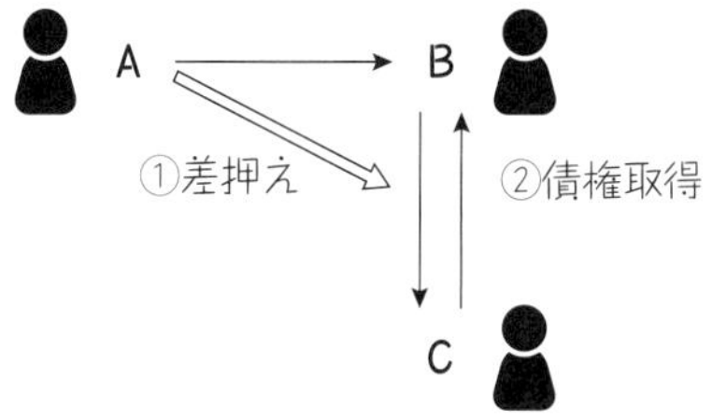

の債権者（CHART 4-11のB）は，実際に給付を受けることができません。そのため，差押禁止債権を受働債権として相殺することも禁止されます（510条。CHART 4-11参照）。

(d) 差押えを受けたあとに取得した債権による相殺

第4に，差押えを受けたあとに取得した債権による相殺もできません（511条1項前段）。債権者Aが債務者BのCに対する金銭債権を差し押さえたあと，CがBに対して，金銭債権を取得した場合，Cは，相殺によってBのCに対する債権が消滅したことをAに主張することができません（CHART 4-12参照）。この場合に，Cが相殺できるとすると，せっかくしたAの差押えが排除されることになって，きわめて不公平だからです。

もっとも，AがBのCに対する金銭債権を差し押さえたあとに，CがBに対して金銭債権を取得した場合でも，CのBに対する債権がAの差押え前の原因によって生じたときは，Cは，相殺によってBのCに対する債権が消滅したことをAに主張することができます（同条2項本文）。たとえば，CがBの委託を受けて保証人[用語]になっていたところ，AがBのCに対する金銭債権を差し押さえたあとに，

notes

[用語] 保証人とは，債務者が債務の履行ができない場合に，債務者にかわって債権者に債務の履行をする人のことです。保証については，第6章Ⅳ（212頁）参照。

CがBにかわってBの債権者Dに保証債務を履行し，その結果，CがBに求償権（→139頁）を取得したような場合です。

債権は一定期間行使しないと消滅します

166条（債権等の消滅時効（しょうめつじこう））
1　債権は，次に掲げる場合には，時効によって消滅する。
一　債権者が権利を行使することができることを知った時から5年間行使しないとき。
二　権利を行使することができる時から10年間行使しないとき。
2　債権又は所有権以外の財産権は，権利を行使することができる時から20年間行使しないときは，時効によって消滅する。
3　略

(1)　消滅時効（しょうめつじこう）とは

債権者が債務者に対して債権をもっているとしても，長期間その債権を行使しないと，債務者は，もはや債務がないものと思うかもしれません。後日これをくつがえして（ひっくり返して），債務者に債務を履行せよというのは，債務者に酷です。また，かりに債務者がすでにその債務を弁済していたとしても，長期間経過すると，債務者がそれを証明することは難しくなります。さらに，債権を長期間行使しない権利の上に眠る者は，保護に値しないともいえます。

そうしたことから，民法は，「債権者が権利を行使することができることを知った時」（これを**主観的起算点（しゅかんてききさんてん）**といいます。**起算点**とは，期間をカウントする出発点をいいます）から5年間または「権利を行使することができる時」（これを**客観的起算点（きゃっかんてききさんてん）**といいます）から10年間権利を行使しないときは，債権は，時効によって消滅するとしています（166条1項）。

CHART 4-13　5年の消滅時効と10年の消滅時効の起算点の関係

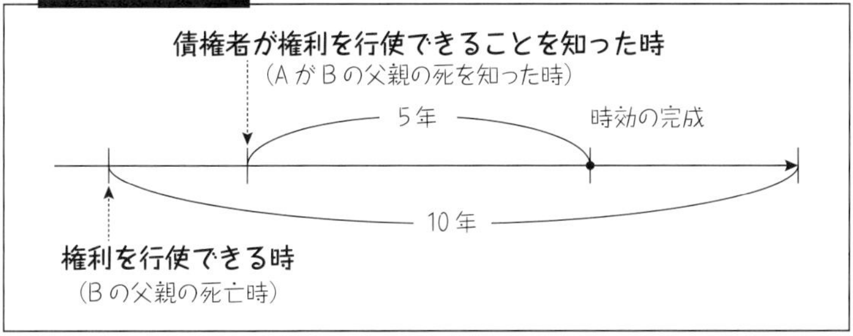

売買契約における物の引渡債権や代金債権のように，取引から生じた債権のうち，主たる給付に関するものについては，通常，5年の消滅時効の起算点と10年の消滅時効の起算点は一致するので，原則として，5年で時効が完成（時効が成立することです）します。これに対して，たとえば，父親が死んだらお金を返すという約束でBがAからお金を借りた場合に，Aが海外に行っており，Bの父親の死後2年たってBの父親の死を知ったときは，5年の期間は，AがBの父親の死を知った時からカウントされますが，10年の期間は，AがBの父親の死を知ったかどうかにかかわらず，Bの父親が死亡した時からカウントされます（CHART 4-13参照）。

民法は，このほかにも債権の種類に応じていくつかの時効期間に関する規定を設けています（167条〜169条・724条・724条の2）。

(2) 消滅時効が完成するとどうなるか

消滅時効によって債権は消滅します（166条1項柱書）。その効果は，起算日にさかのぼります（144条）。つまり，時効期間が経過した時から債権が消滅するわけではなく，起算日からすでに債権が存在しなかったことになります。ですから，起算日以後の利息は発生しないことになります。

消滅時効によって債権は消滅しますが，時効に必要な期間が経過す

コラム⑩　期間の計算

債権は，一定期間行使しないと時効によって消滅しますが，その期間は，どのように計算されるでしょうか。

期間の計算は，原則として，民法第1編第6章の規定によります（138条）。5日間本を借りる場合，借りたつぎの日から期間がカウントされ，借りたその日は算入されません（140条本文）。これを**初日不算入**（しょにちふさんにゅう）**の原則**といいます。ただし，「来月の1日（ついたち）から5日間」という場合には，初日である1日は24時間ありますので，1日を算入して，1日から5日までとなります（同条ただし書）。「5日まで」というときの満了時は，期間の末日の終了時点，5日の午後12時ということになります（141条）。

週，月または年で期間を定めた場合には，暦（こよみ）（いわゆるカレンダーのことです）に従って計算し（143条1項），最後の週，月または年の起算日にあたる日（これを**応当日**（おうとうび）といいます）の前日に満了します（同条2項本文）。たとえば，2019年4月1日から5年で債権の消滅時効が完成する場合，2024年4月1日が応当日になりますから，その前日である2024年の3月31日で時効が完成することになります。

れば，債権が自動的に消滅するわけではなく，当事者が時効を**援用**（えんよう）することが必要です（145条）。時効の援用とは，時効によって利益を受ける者が時効の利益を受ける意思を表示することをいいます。

(3)　時効によって消滅しない権利もあります

すべての権利が時効によって消滅するわけではありません。所有権は消滅時効によって消滅しません（166条2項参照）。たとえば，AがBに自分（＝A）の自動車を貸して，その賃貸借契約が終了した場合，Aは，賃貸借契約に基づいて貸した自動車の返還を請求することができます。また，自動車は，Aの所有物ですから，Aは，所有権に基づいて貸した自動車の返還を請求することもできます。この場合に，

CHART 4-14 時効の完成猶予

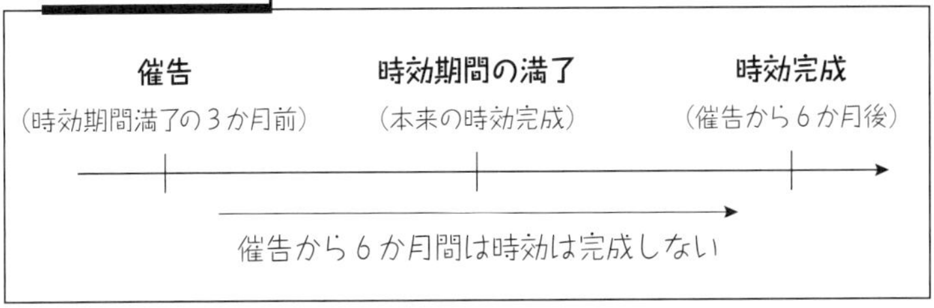

かりに賃貸借契約に基づく返還請求権が時効によって消滅したとしても，所有権は，時効によって消滅しませんから，Aは，Bに対して，なお所有権に基づいて貸した自動車の返還を請求することができます。

(4) 時効の完成が延びることがあります ——時効の完成猶予，更新

時効の進行中に，ある事由が発生した場合には，時効の完成が一定期間猶予（日時を延ばすことです）されます。これを**時効の完成猶予**といいます（147条1項・148条1項・149条～151条・158条～161条）。また，それまで経過していた時効期間がリセットされ，あらたに時効が進行することがあります。これを**時効の更新**といいます（147条2項・148条2項・152条）。

(a) 時効の完成猶予

たとえば，AのBに対する貸金債権の時効期間満了の3か月前に，AがBに対して貸金の返済を請求（催告）した場合を考えてみます。本来ならば，その3か月後にAのBに対する貸金債権について消滅時効が完成するはずですが，この場合，AがBに貸金の返済を請求したときから6か月間は時効が完成しません（150条1項。CHART 4-14参照）。

(b) 時効の更新

AのBに対する貸金債権が返済期日から5年で消滅時効が完成す

CHART 4-15 時効の更新

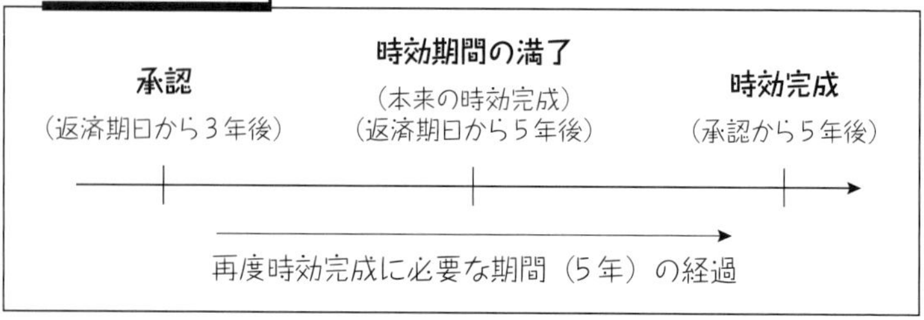

る場合に，Bが返済期日から3年後に貸金債権があることを承認したときは，それまで経過していた期間はリセットされ，その貸金債権について消滅時効が完成するためには債務者の承認の時点から再度5年の期間の経過が必要となります（152条1項。CHART 4-15参照)。この場合，Bが承認してから本来の時効完成まで2年あるとすると，時効の完成は当初より3年延びることになります。

消滅時効に似ていますが消滅時効ではありません

(1) 除斥期間

(a) 従来の判例

消滅時効に似た制度として**除斥期間**があるといわれています。もっとも，民法は除斥期間ということばを用いていないため，消滅時効と除斥期間の違いやどの条文の期間が除斥期間にあたるかについて，学説はわかれています。

消滅時効の場合は，被告が消滅時効を援用して請求権の消滅を主張することは信義則違反や権利濫用（1条2項・3項）にあたり許されないとされることがあります。これに対して，最高裁は，2017年改正前民法724条後段の20年について，除斥期間であり20年が経過した時点で被告からの主張がなくても請求権は当然に消滅するので，消滅時効の場合のように信義則違反や権利濫用が問題になることはないとしました。事案は，不発弾の処理作業に伴う山林の防火活動に従事していたところ不発弾が爆発して重傷を負った被害者とその妻が，事故から約29年後に国に対して損害賠償を求めて訴えを提起したというものです。原審は，国が20年の消滅時効を援用するのは信義則に反し，権利の濫用であるとして賠償請求を認めたのですが，最高裁は上記の理由から原審の判決を破棄し，賠償請求を認めませんでした（最判平成元・12・21民集43巻12号2209頁）。学説はこれに反対し，20年は消滅時効と解すべきであると主張してきました。

(b)　2017年の民法改正

その後の判例には，消滅時効の停止（2017年の改正で完成猶予という表現にかわりました）の規定の法意から20年が満了する時点を一定の時点から6か月遅らせるものもありましたが（最判平成10・6・12民集52巻4号1087頁〔158条の法意〕，最判平成21・4・28民集63巻4号853頁〔160条の法意〕），いずれも上記の判例（最判平成元・12・21）を前提にしていました。そこで，2017年の民法改正で，判例の考え方をとらず，20年は時効であることを明記しました（724条柱書）。

(c)　従来の判例の一部変更

もっとも，2017年の改正民法が施行される2020年4月1日より前に20年が経過していた場合は「従前の例による」とされていました（附則35条1項）。これにあてはまる，旧優生保護法のもとで障害などを理由に不妊手術を強制された被害者たちが国に対して損害の賠償を求めた事案で，最高裁大法廷は，20年の除斥期間の経過により請求権は法律上当然に消滅するという考え方は維持しつつ，裁判所が除斥期間の経過により請求権が消滅したと判断するには当事者の主張がなければならないと解すべきであるから，請求権が除斥期間の経過により消滅したものとすることが著しく正義・公平の理念に反し，到底容認することができない場合には，裁判所は，除斥期間の主張が信義則に反し又は権利の濫用として許されないと判断することができるとして，従来の判例を一部変更しました（最判令和6・7・3裁判所ウェブサイト）。

(2) 権利の失効（しっこう）

ドイツの学説や判例により形成された考えに，**権利の失効**（効力を失うことです）あるいは**権利失効の原則**といわれるものがあります。これは，権利の不行使（権利が行使されないことです）が長期間続いた後に突然行使することが信義に反すると認められる場合には，権利の行使を許さないとするものです。

判例には，土地賃借権の無断譲渡から7年半後に賃貸人が612条により賃貸借契約を解除したのに対し，賃借人が権利失効の原則により解除権は失効したとして解除の効力を争った事案において，一般論としてこの原則を認めたように思われるものがあります（最判昭和30・11・22民集9巻12号1781頁）。もっとも，判例は，権利の失効あるいは権利失効の原則ということばを用いていませんし，実際に，この考えを適用して権利を失効させていません。学説には，判例を支持するものもありますが，慎重論ないし反対が多いです。

第5章

契約トラブル解決アラカルト

債務不履行

契約が有効に成立すると，債権者は，債務者に対して，債務の履行を請求することができます。他方，債務者は，債務の本旨（契約や債務の内容のことです）に従って債務の履行をしなければなりません。しかし，さまざまな理由から，債務の本旨に従った履行がなされないことがあります。売買契約を結んだあと，売主がより有利な取引先を見つけたなどの理由から，売買目的物の引渡期日になっても目的物を引き渡さないという場合も出てきます。また，売買した家屋が引渡し前に燃えてしまったというように，売主が債務の履行ができないという場合も出てきます。さらに，買主が自動車を購入し引渡しを受けたところ，エンジンが故障していたなど，引き渡された目的物が契約の内容に適合したものでなかったという場合も出てきます。それでは，このように，債務者が債務の本旨に従った履行をしない場合，債権者にはどのような救済手段が与えられるでしょうか。

また，債務の履行に債権者の協力が必要な場合には，債権者が協力をしてくれないと，債務者は債務の履行ができません。それでは，債権者が協力をしてくれない場合，債務者はどうしたらよいでしょうか。

そこで，第5章では，債務の本旨に従った履行がなされない場合に，債権者（受領遅滞の場合には，債務者）にどのような救済手段が与えられるかをみていきましょう。

I　債務不履行に対する救済手段
——債権者の救済手段の全体像を把握しましょう

債務者が債務の本旨に従った履行をしない場合，大きくわけると，債権者にはつぎの救済手段が与えられます。

第1に，債権者は，裁判所に訴えて債務者に債務の履行を強制することができます（**強制履行**。414 条）。

第２に，債権者は，債務者に対して，債務不履行によって発生した損害の賠償を請求することができます（**債務不履行による損害賠償請求権**。415 条）。

第３に，債権者は，契約を解消することができます（**契約の解除**。541 条・542 条）。

債権者は，これらの救済手段のうちどれか１つを選択して行使する必要はなく，債務の履行を強制させて，なお損害が発生している場合（自動車を購入したが，売主が引渡期日に自動車を引き渡してくれなかったので，自動車の引渡しまでレンタカーを借りたため，レンタカー代がかかった場合など）には，債務の履行（自動車の引渡し）とともに，損害（レンタカー代）の賠償を請求することができます。また，契約を解除して，なお損害が発生している場合（土地の買主が購入した土地の測量に費用を支出したが，その土地の売買契約が解除された場合など）には，その損害（土地の測量に要した費用）の賠償を請求することもできます（545 条 4 項）。

さらに，売買契約においては，たとえば，自動車を購入したが，引き渡された自動車のエンジンが故障していた場合など，売主が買主に対して契約の内容に適合しない目的物を引き渡したときは，別の自動車に取り換えてもらったり，故障の修理をしてもらったりなど，買主には履行の追完【用語】を請求する権利（**追完請求権**。562 条）や代金の減額を請求する権利（**代金減額請求権**。563 条）が与えられます。

notes

【用語】 追完とは，不完全な給付を，目的物を取り替えたり，修理したりして完全なものとすることです。詳しくは 186 頁参照。

II 強制履行
――履行しないなら履行させましょう

裁判所の力を借りて債権の内容を実現します

414条（履行の強制）
1　債務者が任意に債務の履行をしないときは，債権者は，民事執行法その他強制執行の手続に関する法令の規定に従い，直接強制，代替執行，間接強制その他の方法による履行の強制を裁判所に請求することができる。ただし，債務の性質がこれを許さないときは，この限りでない。
2　前項の規定は，損害賠償の請求を妨げない。

CHART 5-1　強制執行の種類

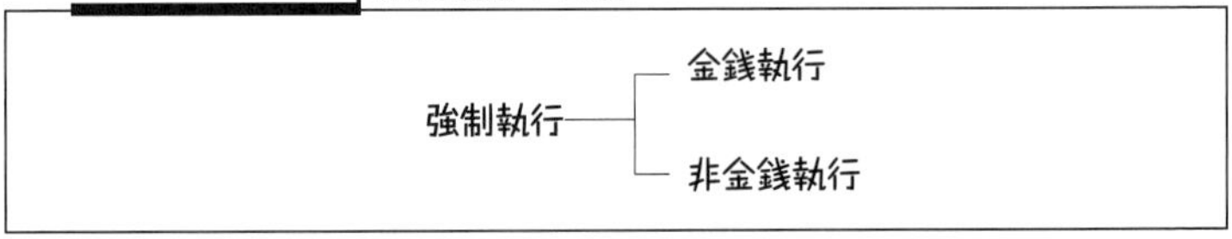

債権者が債務者に対して債権をもっているとしても，債務者がいつも債務の履行をしてくれるとはかぎりません。債務者が債務の履行をしてくれない場合，債権者は，裁判所に訴えて強制的に債務の内容を実現することになります。これを**強制履行**といい，この強制履行のための手続を**強制執行**といいます。

強制執行には，売買代金の支払や貸金の返還を請求する権利のように，金銭の支払を受けることを目的とする請求権（これを金銭債権といいます）を実現するための**金銭執行**と，物の引渡しやある行為を請求する権利のように，金銭の支払を受けることを目的としない請求権を実現するための**非金銭執行**があります（CHART 5–1 参照）。

CHART 5-2 非金銭執行の種類

- 非金銭執行
  - 直接強制
  - 代替執行
  - 間接強制

なお，金銭債権を実現するための金銭執行については，どのように金銭債権をほかの債権者よりも多く回収するかという問題とあわせて，第*6*章→202頁でみることにします。以下では，物の引渡しやある行為を請求する権利のように，金銭の支払を目的としない請求権を実現するための非金銭執行についてみていきましょう。

債権の内容に応じて実現方法が異なります

金銭債権以外の債権の内容を実現するための方法は，債権の内容に応じて，直接強制・代替執行・間接強制の3つがあります（CHART 5-2 参照）。

債権の内容を直接的・強制的に実現することができます

物の引渡しを目的とする債務のように，目的とする給付を債務者に強制しても債務者の人格や身体を拘束するものでなく，自由意思尊重の理念を否定するものではない場合には，債権の内容を直接的・強制的に実現することができます。これを**直接強制**といいます。動産の場合には，執行官［用語］が債務者から目的物を取り上げて債権者に引き渡します（民事執行法169条）。また，不動産の場合には，不動産の直接

notes

［用語］ 執行官とは，地方裁判所に所属する裁判所職員で，裁判の執行などの事務を行う者をいいます（裁判所法 62 条，執行官法 1 条）。

的な支配を債権者に移転したり，住んでいる人が物を置いて不動産から出ていかないときは，中の物を取り除いて，その人を出ていかせて，債権者に完全な支配を移転します（民事執行法168条・168条の2)。

債務者でなくても債権の内容を実現できます

債務者の行為を目的とする債務（これを**行為債務**といいます）について，その目的たる給付を直接的に強制することは，債務者の人格や身体を拘束し，自由意思尊重の理念を否定することになります。そのため，このような債務について，直接強制によって債務の内容を実現することは相当ではありません。もっとも，行為債務のなかには，債務者に行為を強制させることなく，債務の内容を実現できるものもあります。

そこで，行為債務のうち，債務者以外の者が債権の内容を実現できる債務については，債権者は，第三者にやらせて債務者からその費用を取り立てる方法で債権の内容を実現することができます（民事執行法171条)。これを**代替執行**といいます。たとえば，土地の賃貸借契約が終了したら，その土地上に建築した建物を取り壊すという約束で，Aから土地を借りて，その土地上に建物を建てたBが，Aとの土地の賃貸借契約が終了したにもかかわらず，建物を取り壊さない場合，Aは，第三者に建物を取り壊させ，それにかかった費用をBに支払わせることができます。

お金を支払わせることによって債務の履行を促すこともできます

上記以外の行為債務や，「夜間に騒音を出さない」というように，債務者がなにかをしないということを目的とする債務（これを**不作為**

債務といいます）については，債務の性質上直接強制や代替執行の方法によることができません。このような場合には，たとえば，「上記に違反した場合には，1日につき1万円支払え」というように，債務者に一定の金銭の支払義務を課(か)すことによって，債務者に債務の履行を促(うなが)し，債務の内容を実現させることができます。これを**間接強制**といいます（民事執行法172条）。

また，物の引渡しを目的とする債務や代替可能な行為を目的とする債務については，上記のように，直接強制や代替執行ができます。しかし，間接強制によるほうが債務者の自発的な履行を促すことができる場合もあることから，債権者の申立(もうした)てによって，間接強制の方法を用(もち)いることも認められています（民事執行法173条）。

III 債務不履行による損害賠償請求権 ——金銭による損害の埋め合わせ

債権者は債務不履行によって生じた損害の賠償を請求できます

415条（債務不履行による損害賠償）

1　債務者がその債務の本旨に従った履行をしないとき又は債務の履行が不能であるときは，債権者は，これによって生じた損害の賠償を請求することができる。ただし，その債務の不履行が契約その他の債務の発生原因及び取引上の社会通念に照らして債務者の責(せ)めに帰(き)することができない事由によるものであるときは，この限りでない。

2　前項の規定により損害賠償の請求をすることができる場合において，債権者は，次に掲(かか)げるときは，債務の履行に代わる損害賠償の請求をすることができる。

一　債務の履行が不能であるとき。

二　債務者がその債務の履行を拒絶する意思を明確に表示したとき。
三　債務が契約によって生じたものである場合において，その契約が解除され，又は債務の不履行による契約の解除権が発生したとき。

CASE 5–1

東京から札幌に転勤することとなったAは，マンションに引っ越すことにした札幌在住のBとの間で，Bの戸建て住宅の賃貸借契約を結びました。しかし，Bの引っ越しが遅れたため，Aは，ホテルに泊まらなければならなくなりました。AがBの住宅に入居できたのは，契約で定めた期日から1週間後でした。Aは，支払ったホテルの宿泊料金をBに請求することができるでしょうか。

債務者が債務の本旨に従った履行をしないことを**債務不履行**といいます。債務者の債務不履行によって債権者に損害が発生することがあります。たとえば，CASE 5–1 では，AとBとの間でBの戸建て住宅の賃貸借契約が結ばれています。賃貸人Bは，決められた日に賃借人Aに住宅を引き渡さなければなりません。しかし，その引渡しが遅れたため，Aは，1週間ホテルに泊まらなければなりませんでした。Bが決められた日に住宅を引き渡してくれれば，Aは，ホテルに泊まる必要はなく，宿泊料金はかからなかったわけです。

このように，債務者の債務不履行によって債権者に損害が発生した場合，債権者は，債務者に対して，その損害（CASE 5–1 では，ホテルの宿泊料金）の賠償（埋め合わせることです）を請求することができます（415条1項本文）。

債務不履行もいろいろ

債務の本旨に従った履行をしないことを債務不履行といいます。判例・学説は，これまで債務不履行を，履行遅滞，履行不能および不完

CHART 5-3 債務不履行の3つ類型とその関係

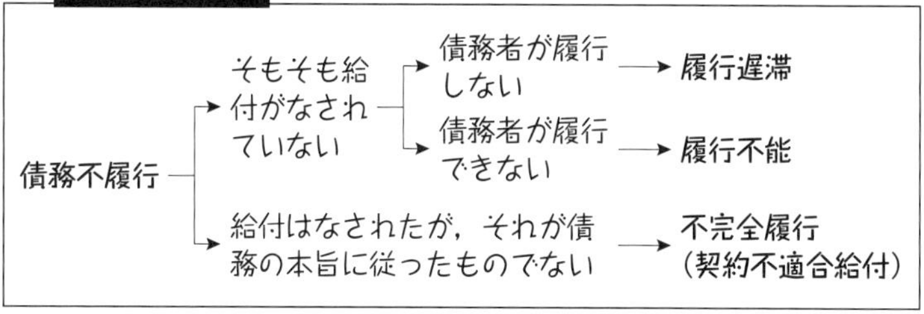

全履行という3つの類型にわけて理解してきました（CHART 5–3 参照）。

履行遅滞とは，売主が売買目的物の引渡期日になっても買主に目的物を引き渡さないというように，債務者が債務の本旨に従った履行をしようと思えばできるのに，それをしないことです。また，履行不能とは，売買した建物が燃えてしまったというように，債務の履行ができないこと→132頁です。さらに，不完全履行とは，一応債務の履行は行われましたが，それが債務の本旨に従った履行ではないことです。子犬の売買契約で，売主が病気にかかった子犬を引き渡したとか，医者が手術において，手術ミスをしたという場合です 発展 。

もっとも，現行法では，415条1項本文が「債務者が債務の本旨に従った履行をしない」というかなり広範な表現を用いていることや損害賠償責任からの免責（責任を免れることです）を定める同項ただし書が本文を受けて「その債務の不履行」としていることから，債務不履行を3類型にわける必要はないと考えられています 発展 。

notes

発展 なお，子犬の売買契約において，引き渡された子犬が病気にかかっていた場合は，不完全履行にあたりますが，売買目的物に関する契約不適合給付にあたるため，債務不履行に関する規定ではなく，債務不履行の特則である契約不適合給付に関する規定によって処理されます（CHARTS 5–3 参照。契約不適合給付については，184 頁参照）。

発展 もっとも，現行法においても，債務不履行を3つの類型にわけることは，損害賠償の請求や契約の解除の問題を考える際に有益であるとされています。たとえば，履行不能の場合には，履行に代わる損害賠償の請求をすることができますし（415 条 2 項 1 号。171↗

賠償されるのは相当因果関係のある損害です

416条（損害賠償の範囲）
1　債務の不履行に対する損害賠償の請求は，これによって通常生ずべき損害の賠償をさせることをその目的とする。
2　特別の事情によって生じた損害であっても，当事者がその事情を予見すべきであったときは，債権者は，その賠償を請求することができる。

(1)　416条は相当因果関係のある損害を定めています

債務者は，債務不履行によって生じた損害を賠償する責任を負います。賠償されるべき損害は，あくまで債務者の債務不履行を原因として，その結果生じた損害（これを債務不履行と損害発生の間に因果関係があるといいます）にかぎられます。債務者が債務の履行をしなかったとはいえ，自分の債務不履行と関係のない損害についてまで債務者が賠償責任を負う必要はありません。そこで，民法は，債務者が賠償すべき損害の範囲について規定をおいています（416条）。これは，**相当因果関係**のある損害を定めたものと考えられています。以下では，どういう損害が相当因果関係のある損害かをみていきましょう。

(2)　通常生ずべき損害――通常損害

債務不履行によって通常生ずべき損害（これを**通常損害**といいます）については，当然に損害賠償の範囲に含まれます（416条1項）。なにが通常損害になるかは，債務の内容，当事者の態様（債権者が商人か消

notes

↘頁），催告をすることなく契約の解除をすることができます（542条1項1号。179頁）。また，契約の解除においては，履行遅滞の場合には，通常，債務不履行が軽微であるとは認められませんが（541条ただし書。178頁），不完全履行の場合には，債務不履行が軽微かどうかが問題となります。

費者かなど），目的物の性質などから総合的に判断されます。たとえば，CASE 5−1 では，A は，住むために住宅を借りるわけですから，その引渡しがなければ，A は，どこかに宿泊せざるをえません。ですから，ホテルの宿泊料金は，通常損害といえます。

(3) 特別の事情によって生ずる損害——特別損害（とくべつそんがい）

それでは，A がホテルに宿泊したのが札幌雪まつりの日と重なったため，ホテルの宿泊料金が通常料金よりも高くなった場合はどうでしょうか。

このように，特別の事情によって生じた損害を**特別損害**といいます。特別損害については，当事者がその事情を予見（よけん）すべきであったときだけ賠償されます（416 条 2 項）。なお，416 条 2 項は，「当事者」といっていますが，ここでは債務者（CASE 5−1 の B）が債務不履行の結果としていかなる範囲の責任を負うかが問題ですから，債務者の**予見可能性**が問題となります。また，債務者が予見できたかどうかは，契約時ではなく，**債務不履行時**を基準に判断されます（大判大正 7・8・27 民録 24 輯 1658 頁）。ですから，A が通常料金よりも高い宿泊料金を請求できるかどうかは，A に住宅を引き渡す日に，札幌雪まつりがあり，ホテルの宿泊料金が高くなっているということを B が予見できたかどうかで決まります。

上記のように A に住宅を引き渡す日に札幌雪まつりが開催されていれば，ホテルの宿泊料金は高くなりますから，B は，宿泊料金が高くなることを予見できた可能性があります。

債務者が損害賠償責任を免れる場合もあります

(1) 免責[用語]事由があれば責任を負いません

債務不履行があれば，債務者は，つねにそれによって発生した損害を賠償する責任を負うわけではありません。債務不履行が契約当事者の意思や，契約の性質，契約をした目的，契約締結にいたる経緯その他の取引をとりまく客観的な事情を考慮して債務者の責めに帰することができない事由（これを**免責事由**といいます）によるものであるときは，債務者は，損害賠償の責任を負いません（415条1項ただし書）。債務不履行が債務者の責めに帰することができない事由によるものであるかどうかは，債務不履行による損害リスクをその契約のもとで債務者が負担していたかどうか，すなわち，債務者を損害賠償責任から免れさせることが正当化されるかどうかによって判断されます。

たとえば，CASE 5-1で，大震災のような**不可抗力**[用語]のためにBが決められた日に住宅の引渡しができなかったような場合，Bが大震災の真っただ中でもAに住宅を引き渡さなければならないとは考えられません。ですから，このような場合には，Bは，債務不履行による損害賠償の責任を負いません。

(2) 履行補助者の行為による場合には責任を免れません

AがBから有名な陶芸家が作ったつぼを購入しましたが，Bの従業員CがA宅にそのつぼを届ける途中で，不注意でつぼを割ってしまった場合，Aは，Bに対して，損害の賠償を請求できるでしょうか。

notes

[用語] 免責とは，責任を免れることです。

[用語] 不可抗力とは，戦争，動乱，大災害のように，外部から発生した事実で，最善の注意をしても損害の発生を防止することができないものをいいます。

この場合，つぼは割れてしまったわけですから，Bは，Aにつぼを引き渡すことはできません。もっとも，つぼを割ったのは，Bではありません。しかし，Bは，日ごろC（債務者の従業員のように，債務者の手足となって債務者の債務の履行を補助する者を**履行補助者**（りこうほじょしゃ）といいます）を使って活動を行い，利益を得ているわけですから，Cの行為によって債務不履行が発生した場合でも，それは，Bの責めに帰することができない事由によるものであると考えることはできません。ですから，Bは，損害賠償の責任を免れることはできません。

(3) 金銭の支払を目的とする債務の不履行では責任を免れません

買主が代金支払期日に代金を支払わないとか，金銭の借主が返済期日になっても借りたお金を返さない場合のように，金銭の支払を目的とする債務（これを金銭債務といいます）の不履行については，それが大震災のような不可抗力によるものであっても，債務者は，損害賠償の責任を免れません（419条3項）。

債務の履行に代わる損害の賠償を請求するには

CASE 5-2

Aは，Bから甲土地（時価1,500万円）を1,000万円で購入しました。甲土地の引渡しおよび登記（とうき）の移転は，1週間後に行い，売買代金は，そのあとに払われることが合意されています。ところが，AとBの売買契約から2日後，Cが甲土地を1,700万円で購入したいというので，Bは，甲土地をCに売却し，甲土地の引渡しおよび登記の移転もすませました。AとBの売買契約から2週間がすぎても，Bが甲土地を引き渡してくれないので，Aは，Bに対して，債務不履行による損害の賠償を請求しました。この場合，Aは，Bに対して，いくらの損害賠償を請求できるでしょうか。

CHART 5-4 債務の履行に代わる損害賠償を請求できる場合（415条２項）

1号	債務の履行が不能であるとき
2号	債務者がその債務の履行を拒絶する意思を明確に表示したとき
3号	債務が契約によって生じたもので，その契約が解除され，または債務の不履行による契約の解除権が発生したとき

ＡとＢとの間で甲土地の売買契約が成立すると，Ａは，Ｂに対して，甲土地の引渡しを請求できます。Ｂが甲土地の引渡しの日になっても，甲土地を引き渡してくれない場合，Ａは，甲土地の引渡しとともに，甲土地の引渡しが遅れたことによって発生した損害（これを**遅延損害**（ちえんそんがい）といいます）を請求することができます。それでは，Ａは，甲土地の引渡しではなく，甲土地の時価（1,500万円）を損害として賠償請求できないでしょうか。

CASE 5-2では，Ｂは，甲土地をＣに売却し，引渡しおよび登記の移転もすませました。これによって，Ｂは，Ａに対する甲土地の引渡債務を履行できなくなります。

民法は，債務の履行が不能である場合など，一定の場合には，債権者は，**債務の履行に代わる損害**（たとえば，目的物の時価）の賠償を請求することができるとしています（415条2項柱書。CHART 5-4参照）。

CASE 5-2では，ＢのＡに対する甲土地の引渡債務は履行不能となりましたから（最判昭和35・4・21民集14巻6号930頁），Ａは，Ｂに対して，甲土地の引渡しに代えて，甲土地の時価1,500万円を損害として賠償請求することができます（同項1号）。もっとも，Ａが履行に代わる損害賠償を受けるということは，金銭の形で甲土地の引渡しを受けたのと同じことになりますから，Ａも，Ｂに売買代金1,000万円を支払わなければなりません。そのため，Ａは，Ｂに対して，実際にはその差額500万円を請求することになります。

債権者に落ち度があるときは賠償額が減額(げんがく)されます

418条（過失相殺(かしつそうさい)）
　債務の不履行又はこれによる損害の発生若(も)しくは拡大に関して債権者に過失があったときは，裁判所は，これを考慮して，損害賠償の責任及びその額を定める。

CASE 5–3

　Aは，通勤のためB社のバスに乗車していましたが，バスの運転手が，バスの運行中は座席から立ち上がらないよう注意したにもかかわらず，Aは運行中座席から立ち上がりました。そのとき，バスの運転手が急ブレーキをかけたため，Aは転倒して骨折をしました。この骨折の治療に，10万円の費用がかかりました。Aは，Bに対して治療にかかった10万円を払ってもらえるでしょうか。

(1) 債権者にも落ち度があると

CASE 5–3では，AとBとの間で旅客運送契約(りょきゃくうんそうけいやく)（人の運送を引き受ける契約のことです）が成立しています。旅客運送契約の債務者は，乗客を目的地まで無事に運送する債務を負います。そのため，バスの運行中に乗客のAが負傷した場合，Bは，債務の本旨に従った履行をしたとはいえません。ですから，Bは，Aに対して，旅客運送契約の債務不履行による損害賠償責任を負います。

しかし，Aが骨折したのは，バスの運行中には立ち上がらないよう注意されていたにもかかわらず，Aがバスの運行中に立ち上がったことにも原因があります。このような場合に，Aに生じた損害全部をBに賠償させるのは，公平ではありません。

そこで，債務不履行やそれによる損害の発生・拡大に関して債権者に過失（不注意なふるまいのことです）があった場合には，債務者の損害賠償の責任が否定されたり，損害賠償額が減額されたりします（418条）。これを**過失相殺**といいます。

(2) CASE 5–3 ではどうなるか

CASE 5–3 では，Aは，バスの運転中は座席から立ち上がらないように注意されていたにもかかわらず，立ち上がったわけですから，Aの骨折は，Aにも原因があります。ですから，かりにAの過失割合が5割だったとすると，Aは，Bに対して，10万円の治療費のうち半分の5万円しか請求することができません。

損害賠償によって債権者が受ける利益も差し引かれます

CASE 5–4

Aは，B社の航空機で出張先に向かっていましたが，その途中，航空機が墜落し，Aは死亡しました。Aの相続人Cは，Aが生きていれば得られたであろう給料全額の賠償をBに請求することができるでしょうか。

(1) 逸失利益とは

CASE 5–4 では，AとBとの間には旅客運送契約が成立していますから，航空機が墜落しAが死亡した以上，Aは，Bに対して，債務不履行による損害の賠償を請求することができます。もちろん，Aは死亡していますから，実際にはAの相続人Cが権利行使することになります（損害賠償請求権の相続の問題については，第8章Ⅲ参照 →297頁）。この場合に，Bは，債務不履行がなければAが得られたであろう利益（これを**逸失利益**といいます）も賠償しなければなりません。そのため，Cは，Bに対して，Aが生きていたならば将来得られたであろう給料などを損害として賠償請求することができます。

(2) 損害賠償によって利益が発生することがあります

しかし，Aが生きていれば給料のうちある部分は生活費として支出していたはずですが，Aは死亡したわけですから，Aの生活費はかかりません。ですから，もしCが，Bに対して，Aが将来得られた給料全額を請求できるとすれば，Cは，本来Aの生活費として支出していたはずの生活費分の金銭を取得できることになります。そうすると，Cは，損害賠償請求権の行使によって利益を受けることになります。

(3) 生活費は差し引かれます

もっとも，債務不履行による損害賠償請求権は，損害賠償によって債権者の財産に生じたマイナスを埋め，債務が履行されたのと同じ状態におくことを目的としています。そのため，**(2)** でみたように，債権者が損害賠償請求によってかえって利益を受けるというのは，損害賠償制度の制度趣旨(しゅし)には適しません。そこで，条文はありませんが，損害賠償請求によって債権者が受ける利益を賠償すべき損害額から差し引くことが認められています。これを**損益相殺**(そんえきそうさい)といいます。

CASE 5-4 では，賠償されるべき損害額からAが生きていれば支出したであろう生活費は差し引かれることになります。

(4) 中間利息(ちゅうかんりそく)も差し引かれます

CASE 5-4 で，Cが，Bから損害の全部の賠償を受けた場合，Cは，本来Aが将来のさまざまな時点で順次受け取るはずだった利益を，現時点でいっぺんに取得することになります（これを一時金賠償(いちじきんばいしょう)といいます →296頁 発展(次頁)）。しかし，前払(まえばら)いしてもらった金銭を本来受け取るはずの時期まで保持していれば，賠償された金銭の運用により損害額以上に利益を生じることになります。たとえば，DがEからお金をもらい，それをFに預けると，年10%の利息が発生するとします。この場合に，DがEから毎年1万円ずつ3年間もらい，Fに預けると，単利計算[用語]で，1年目（預金額1万円）の利息は1,000円，2年目（預金額2万円）の利息は2,000円，3年目（預金額3万円）の利息は3,000円と，合計6,000円です（合計3万6,000円）。ところが，Dが1年目にいっぺんに3万円をもらい，それをFに預けた場合には，各年の利息は，3,000円ですから，3年後には，利息は9,000円です（合計3万9000円）。

このように，将来のある時点になってからはじめて得られるはずの利益を被害者（債権者）にいっぺんに取得させると，これを元本とした利息分について，被害者（債権者）が得をすることになってしまうため，逸失利益から利息分が差し引かれます（417条の2）。これを**中間利息の控除**といいます。

Ⅳ 契約の解除 ——履行してくれないなら契約やめます

債権者は契約を解消することもできます

これまで履行の強制や債務不履行による損害賠償請求権についてみ

notes

[発展（前頁）] 損害の内容によっては，債権者が債務者に対して定期的に（たとえば，年1回）損害賠償を求める方式も認められます。これを定期金賠償といいます。

[用語] 単利とは，利息の計算方法の1つで，当初の元本に対してのみ，利息が計算されるものをいいます。

てきました。ところで，これらの制度は，契約の存続(そんぞく)を前提としています。履行の強制はいうまでもなく，債務不履行による損害賠償請求権も，金銭の支払によって債務の履行がされたのと同じ状態を作り出すものです。しかし，債権者としては，債務者が債務の履行をしてくれないのであれば，債務者との関係を解消したいと考えることもあるでしょう。

そこで，民法は，**契約の解除**を認めています。契約当事者は，解除によって契約を解消することができます。

債務不履行だけでは契約は解除できません

> 541条（催告(さいこく)による解除）
> 当事者の一方がその債務を履行しない場合において，相手方が相当の期間を定めてその履行の催告をし，その期間内に履行がないときは，相手方は，契約の解除をすることができる。ただし，その期間を経過した時における債務の不履行がその契約及び取引上の社会通念に照らして軽微(けいび)であるときは，この限りでない。

債務者が債務の履行をしないとはいえ，解除によって契約ははじめから締結されなかったのと同じ状態になりますから，契約が解除されると，履行の準備をしていた債務者が不利益を受けるおそれがあります。そのため，民法は，契約の解除のために債務者の債務不履行に加えて一定の要件を求めています。まず債務者が債務の履行をしない場合に，債権者は，履行のために相当な期間を定めて債務者に債務の履行を請求しなければなりません。これを**催告**といいます。これは，解除によって債務者が不利益を受けるおそれがあるので，債務者に履行の機会を与えるためです。そして，催告で定めた期間内に債務者が債務の履行をしない場合に，債権者は，契約を解除することができます

(541条本文)。

なお，催告で指定した期間を経過すると自動的に解除の効果が発生するわけではなく，契約を解除するためには，解除の意思表示(いしひょうじ)が必要です（540条1項)。

債務不履行が債務者の責(せ)めに帰(き)することができない事由による場合も解除できます

契約の解除は，損害賠償とは異なって（415条1項ただし書)，債務不履行をした債務者に対する責任を追及するものではなく，債務者の履行を得られなかった債権者を契約から解放するものです。そのため，契約の解除においては，債務不履行が債務者の責めに帰することができない事由によるものであるかどうか（債務不履行の損害リスクをその契約のもとで債務者が負担していたかどうか→170頁）は問題となりません。ですから，たとえば，債務者が大震災のために債務の履行ができない場合でも，債権者は契約を解除することができます。

債務不履行が軽微(けいび)な場合には解除できません

債権者が相当の期間を定めて催告をし，その期間が経過しても債務者が債務の履行をしない場合でも，催告で定めた期間を経過した時点で債務不履行が契約および取引上の社会通念→141頁に照らして軽微（程度がわずかなことです）なものであるときは，債権者は，契約を解除することができません（541条ただし書)。たとえば，土地の売買において，買主が代金のほか，売主の負担した税金の一部を支払うこととなっていた場合に，買主が売買代金は支払ったが，わずかな額の税金を支払わなかったことを理由に，売主は，土地の売買契約を解除することはできません（最判昭和36・11・21民集15巻10号2507頁)。また，賃貸借契約のように一定期間契約関係が継続する契約においては，借主が1か月分だけ賃料を滞納（決められた期間内に金銭を納めないことです）したり，借りた部屋でペットの飼育が禁止されているときに，部屋の借主が小鳥を飼ったりしただけでは，契約を解除することはできません（賃料不払について，最判昭和39・7・28民集18巻6号1220頁，用法遵守[用語]義務違反について，最判昭和41・4・21民集20巻4号720頁）。

催告をしなくても解除できる場合もあります

契約の解除のために履行の催告を要求するのは，契約の解除によって債務者が不利益を受けることから，債務者に履行の機会を与えるためです。しかし，そうであれば，債務者が債務の履行をすることができない場合（542条1項1号）や催告をしても債務の履行をしないことが明らかな場合（同項2号）には，催告を要求しても意味がありません。また，結婚式に着るウエディングドレスを購入したところ，結婚式の日になっても引渡しがない場合のように，履行期に履行をしてもらわなければ債権者にとって履行が無意味な場合（同項4号）にも，催告を要求しても意味がありません。

そのような場合には，債権者は，541条の催告をすることなく，ただちに契約を解除することができます（542条1項。CHART 5-5参照）。これを**無催告解除**といいます。

債務不履行が債権者の責めに帰すべき事由による場合は解除できません

解除は，債権者を契約に拘束し続けることが正当化されない場合に，

notes

[用語] 遵守とは，規則や法律などに従い，それをまもることです。

CHART 5-5 催告をしなくても解除できる場合（542 条 1 項）

1 号	債務の全部の履行が不能であるとき
2 号	債務者が債務の全部の履行を拒絶する意思を明確に表示したとき
3 号	債務の一部の履行が不能である場合または債務者が債務の一部の履行を拒絶する意思を明確に表示した場合に，残存する部分のみでは契約をした目的を達することができないとき
4 号	契約の性質または当事者の意思表示により，特定の日時または一定の期間内に履行をしなければ契約をした目的を達することができない場合に，債務者が履行をしないでその時期を経過したとき
5 号	債務者が債務の履行をせず，債権者が催告をしても契約をした目的を達するのに足りる履行がされる見込みがないことが明らかであるとき

債権者を契約の拘束力から解放するものです。そうすると，契約の拘束力からの解放を認めるべきではないと考えられる場合にまで債権者に解除を認める必要はありません。そこで，民法は，債務不履行が債権者の責めに帰すべき事由（これを**帰責事由**（きせきじゆう）といいます）によるものである場合には，債権者は，契約の解除をすることができないとしています（543 条）。債権者の帰責事由は，債権者を契約に拘束し続けることが正当化されるかどうかに従って判断されます。

たとえば，中古自動車を購入した買主が自動車の正式な引渡しの前に試し乗り（ため・の）をして事故にあい，その自動車の引渡しができなくなった場合には，買主は，履行不能を理由に契約を解除することはできません 発展 。

notes

発展 この場合，売主の自動車の引渡債務は，買主（債権者）の責めに帰すべき事由によって履行不能になっているので，買主は，代金の支払債務を免れることはできません（536 条 2 項。危険負担については，196 頁参照）。

契約が解除されるとどうなるか

545条（解除の効果）
1　当事者の一方がその解除権を行使したときは，各当事者は，その相手方を原状(げんじょう)に復させる義務を負う。ただし，第三者の権利を害することはできない。
2　前項本文の場合において，金銭を返還するときは，その受領の時から利息を付さなければならない。
3　第1項本文の場合において，金銭以外の物を返還するときは，その受領の時以後に生じた果実をも返還しなければならない。
4　解除権の行使は，損害賠償の請求を妨げない。

契約が解除されると，契約は遡及(そきゅう)的に消滅すると考えられています（**解除の遡及効**。大判大正6・10・27民録23輯1867頁）。これによれば，契約が解除されると，契約がはじめから締結されなかったのと同じ状態になります。その結果，まだ債務の履行がなされていない場合には，契約当事者は，債務の履行をする義務を免れます。また，契約当事者がすでに債務の履行をしていた場合には，各当事者は，相手方を原状(げんじょう)（もとの状態のことです。ここでは契約を結んだ時の状態のことです）に回復させる義務（これを**原状回復義務**(げんじょうかいふくぎむ)といいます）を負い，受領した給付を相手方に返還する義務を負います（545条1項本文）。その際，金銭を返還する場合には，受領した金銭に，受領の時からの利息をあわせて返還しなければなりません（同条2項）。他方，金銭以外の物を返還する場合には，受領した物とともに，受領の時以後にその物から生じた果実も返還しなければなりません（同条3項）。そのため，受領した物を貸して賃料を得た場合には，その賃料も返還することになります。なぜなら，賃料は，物の使用の対価として受ける金銭ですから，法定(ほうてい)果実(かじつ) 用語（次頁） になるからです（88条2項）。

契約を解除されても第三者が権利を取得できる場合があります

CASE 5-5

Aは，自分が所有する甲土地をBに1,000万円で売却しました。代金は後日支払うこととし，甲土地の引渡しおよび登記の移転をすませました。Bは，そのあとすぐに甲土地を1,200万円でCに売却し，甲土地の引渡しおよび登記の移転をすませました。その後，Bが売買代金を支払わないので，Aは，Bとの甲土地の売買契約を解除しました。Aは，Cに対して，甲土地や登記の返還を請求することができるでしょうか。

(1) 契約が解除されると

契約が解除されると，契約は遡及的に消滅します。そのため，CASE 5-5において，AB間の甲土地の売買契約が解除されれば，AB間の甲土地の売買契約ははじめからなかったことになります。ですから，甲土地の所有者はAのままであり，Bには所有権は移転しなかったことになります。その結果，Bから甲土地を買ったCは，無権利者から甲土地を買ったことになりますから，甲土地の所有権を取得することができません（CHART 5-6参照）。

(2) 第三者の保護はここでも

しかし，これを無制限に認めると，CASE 5-5のCのように，甲土地につき権利を取得する者が予想しない不利益を受けるおそれがあり，取引の安全を害することになります。そこで，民法は，「第三者

notes

用語（前頁） 法定果実とは，物を使用する対価として支払う金銭やその他の物のことです（88条2項）。たとえば，賃料や利息などです。これに対することばとして，天然果実があります。これは物を経済的に使うことで生じる収益物のことです（同条1項）。たとえば，木になる果物や牛からとれる牛乳などです。

CHART 5-6 契約の解除と第三者

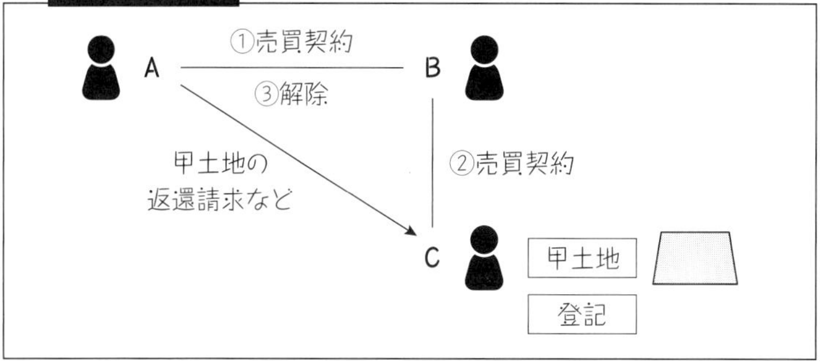

の権利を害することはできない。」（545条1項ただし書）として，第三者の保護を図っています。なお，この趣旨から，同項ただし書にいう第三者とは，解除されると取引の安全が害される者，つまり，解除前に権利を取得した者をいうと考えられています（大判明治42・5・14民録15輯490頁）。錯誤（さくご）や詐欺（さぎ）による意思表示の取消しの場合（95条4項・96条3項）と異なり（これについて，第3章参照 →106頁），第三者が保護されるために，第三者の善意や無過失は要求されません。

もっとも，判例（はんれい）は，CASE 5-5 のように，第三者が不動産を購入しその所有権を取得した場合には，第三者は，所有権の移転について登記をしていなければ保護されないとしています（最判昭和33・6・14民集12巻9号1449頁。登記については，第7章Ⅲ参照 →256頁）。

(3) CASE 5-5 ではどうなるか

CASE 5-5 では，Cは，AB間の売買契約が解除される前に甲土地について所有権を取得していますし，登記もすませていますから，Aは，Cの権利を害することはできません。ですから，AがCに対して甲土地や登記の返還を請求しても，Cは，Aに対して，それらを返還する必要はありません発展（次頁）。

契約を解除しても損害の賠償を請求することができます

債務不履行が債務者の責めに帰することができない事由によるものでなければ，債権者は，債務不履行による損害賠償を請求することができます（415条）。この場合に，債権者は，損害賠償を請求するか，それとも，契約を解除するかのいずれかを選択しなければならないでしょうか。

この問題について，民法は，債権者は，契約を解除しても，債務不履行による損害賠償を請求することができるとしています（545条4項。大判昭和8・2・24民集12巻251頁）。ですから，債権者は，契約を解除して，自己の給付義務を免れ，または，すでに給付した目的物の返還を請求するとともに，それによって埋め合わせることができない損害の賠償を請求することができます。

V 契約不適合給付における買主の救済手段
——買主のさらなる救済手段

これまでみてきた債権者の救済手段は，売買契約の債務不履行においてだけでなく，そのほかの契約においても認められます。たとえば，賃料をとって家を貸す契約（賃貸借契約）において，借主が賃料の支払期日になっても賃料を支払ってくれない場合など，そのほかの契約の債務不履行においても認められます。

民法は，さらに売買契約において売主が，種類，品質または数量に

notes

発展(前頁) Aは，Bに対して，債務不履行による損害（未払代金1,000万円相当）の賠償を請求することができます（415条1項）。

CHART 5-7 不完全履行と契約不適合給付の関係

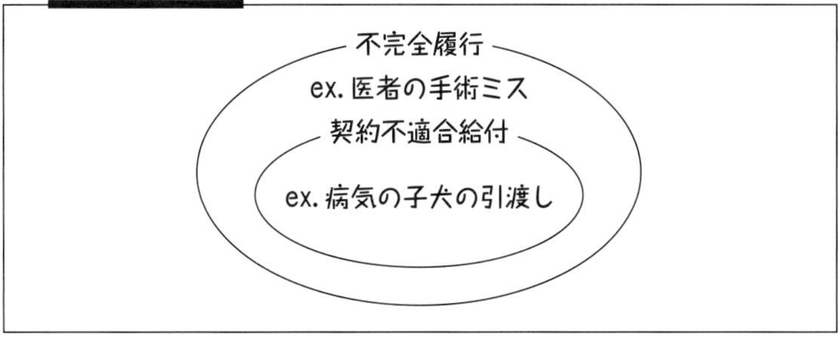

関して契約の内容に適合しない目的物を買主に引き渡した場合（これを**契約不適合給付**といいます）について，買主のためにいくつかの救済手段を用意しています（CHART 5-7 参照）[発展]。

売主が契約の内容に適合しない目的物を引き渡した場合はどうなるか

CASE 5-6

Aは，Bから大人気アニメの主人公のフィギュアを1万円で購入しました。ところが，AがBからフィギュアの引渡しを受けて，家に帰って箱から取り出してみたところ，フィギュアの足が折れていることに気づきました。この場合，Aは，Bに対して，どういう請求をすることができるでしょうか。

notes

[発展] 契約不適合給付は，不完全履行（167頁）の一種です。不完全履行のうち，売主が種類，品質または数量に関して契約の内容に適合しない目的物を買主に引き渡した場合が契約不適合給付になります。ですから，契約不適合給付に基づく売主の責任の法的性質は，売主の債務不履行責任ということになります。契約不適合給付にあたる場合には，不完全履行に関する規定ではなく，契約不適合給付に関する規定が適用されます。

(1) 代替物の引渡しや修理を請求できます

562条（買主の追完請求権）
1 引き渡された目的物が種類，品質又は数量に関して契約の内容に適合しないものであるときは，買主は，売主に対し，目的物の修補，代替物の引渡し又は不足分の引渡しによる履行の追完を請求することができる。ただし，売主は，買主に不相当な負担を課するものでないときは，買主が請求した方法と異なる方法による履行の追完をすることができる。
2 前項の不適合が買主の責めに帰すべき事由によるものであるときは，買主は，同項の規定による履行の追完の請求をすることができない。

(a) 買主は追完を請求できます

売主が，種類，品質または数量に関して契約の内容に適合しない目的物を買主に引き渡した場合，買主は，売主に対して，目的物の修理，目的物の取替えや不足分の引渡しによる履行の追完を請求することができます（562条1項本文）。この追完を求める権利を**追完請求権**といいます。追完とは，不完全な給付を，あとの給付（目的物の修理，目的物の取替えや不足分の引渡し）によって完全なものとすることをいいます。

CASE 5-6 では，A に引き渡されたフィギュアの足が折れていたわけですから，B が行った給付は，契約の内容に適合した給付であるとはいえません。そのため，A は，B に対して，フィギュアの足の修理やフィギュアを新しいものに取り替えるよう請求することができます。

(b) 修理ですませられるか

それでは，A がフィギュアを新しいものに取り替えるよう請求しているにもかかわらず，B は，折れていた足の修理ですますことができるでしょうか。

民法は，買主に不相当な負担を課すものでないときは，売主は，買主が請求した方法と異なる方法による履行の追完をすることができるとしています（562条1項ただし書）。ですから，フィギュアの足の修理がAに不相当な負担を課すものでないときは，Bは，フィギュアを新しいものに取り替えるのではなく，折れていた足の修理ですますことができます。たとえば，そのフィギュアが大人気アニメの主人公であるため，もう手に入らず，しかも，修理をすれば，足が折れていたことがわからないようになる場合には，フィギュアの修理は，Aにとって不相当な負担であるとまではいえないでしょう。

（c） 追完を請求できない場合もあります

なお，引き渡された目的物の不適合が買主の責めに帰すべき事由によるものであるときは，買主は，売主に対して，履行の追完を請求することができません（562条2項）。たとえば，CASE 5–6で，AがBからフィギュアの引渡しを受ける前に，A自身がフィギュアの足を折ったような場合には，Aは，Bに対して，フィギュアの取替えや修理を請求することはできません。

(2) 代金を減額してもらうこともできます

563条（買主の代金減額請求権（だいきんげんがくせいきゅうけん））

1 前条第1項本文に規定する場合において，買主が相当の期間を定めて履行の追完の催告をし，その期間内に履行の追完がないときは，買主は，その不適合の程度に応じて代金の減額を請求することができる。

2 前項の規定にかかわらず，次に掲げる場合には，買主は，同項の催告をすることなく，直ち（ただ）に代金の減額を請求することができる。

一 履行の追完が不能であるとき。

二 売主が履行の追完を拒絶する意思を明確に表示したとき。

三 契約の性質又は当事者の意思表示により，特定の日時又は一定の期間内に履行をしなければ契約をした目的を達することができない場合において，売主が履行の追完をしないでその時期を経過したとき。

四　前3号に掲げる場合のほか，買主が前項の催告をしても履行の追完を受ける見込みがないことが明らかであるとき。
3　第1項の不適合が買主の責めに帰すべき事由によるものであるときは，買主は，前2項の規定による代金の減額の請求をすることができない。

(a) 代金の減額を請求できるのは

買主は，履行の追完のために相当の期間を定めて催告をして，その期間内に履行の追完がない場合には，不適合の程度に応じて代金の減額を請求することもできます（563条1項）。これを**代金減額請求権**（だいきんげんがくせいきゅうけん）といいます。

CASE 5-6において，AがBに対してフィギュアの足の修理やフィギュアの取替えを相当の期間を定めて請求したにもかかわらず，Bがその期間内に修理や取替えをしてくれないときは，Aは，Bに対して，フィギュアの足が折れていることによってフィギュアの価値が下がった分に応じて売買代金の減額を請求することができます。

(b) 催告をしなくても代金の減額を請求できる場合もあります

代金の減額請求に催告を要求するのは，契約不適合給付をした売主に追完の機会を与えることにあります。しかし，そうであれば，売主が履行の追完をできない場合には，買主に追完の催告を求めることは意味がありません。たとえば，「A倉庫」の米30袋を指定して売買しましたが，A倉庫で火災が発生し，そのため，売主が焼け残った20袋しか買主に引き渡すことができなかったような場合です。この場合，買主が足りない10袋を請求しても，「A倉庫」の米は焼け残った20袋以外燃えてしまったので，売主はもはや追完をすることができません。ですから，買主は，追完の催告をすることなく，ただちに代金の減額を請求することができます（563条2項1号。CHART 5-8参照）。

また，買主がウエディングドレスを購入して引渡しを受けたところ，

CHART 5-8 追完の催告をしなくても代金減額請求ができる場合（563条2項）

1号	履行の追完が不能であるとき
2号	売主が履行の追完を拒絶する意思を明確に表示したとき
3号	契約の性質または当事者の意思表示により，特定の日時または一定の期間内に履行をしなければ契約目的を達成できない場合に，売主が履行の追完をしないでその時期を経過したとき
4号	買主が催告をしても履行の追完を受ける見込みがないことが明らかであるとき

ドレスの一部が破れていたが，結婚式までにその修繕も取替えも間に合わない場合のように，決められた日時または期間内に履行をしてもらわないと契約を結んだ意味がないときにも，買主に追完の催告を求めることは意味がありませんから，買主は，追完の催告をすることなく，ただちに代金の減額を請求することができます（同項3号。CHART 5-8参照）。

(c) 代金の減額を請求できない場合もあります

追完請求権と同じく，引き渡された目的物の不適合が買主の責めに帰すべき事由によるものであるときは，買主は，代金の減額を請求することもできません（563条3項）。

(3) 損害賠償請求および契約の解除もできます

564条（買主の損害賠償請求及び解除権の行使）
前2条の規定は，第415条の規定による損害賠償の請求並（なら）びに第541条及び第542条の規定による解除権の行使を妨げない。

売主が契約の内容に適合しない目的物を引き渡したということは，売主の債務不履行にほかなりません。ですから，買主は，債務不履行の一般規定の定めるところに従い，損害賠償を請求したり（→165頁）（564条・

CHART 5-9 契約不適合給付における買主の救済手段

①	追完請求権（562条）
②	代金減額請求権（563条）
③	損害賠償請求権（564条による415条の準用）
④	解除権（564条による541条と542条の準用）

415条），契約の解除をしたりすることができます（→176頁）（564条・541条・542条。CHART 5-9 参照）。

移転した権利が契約の内容に適合しない場合は

565条（移転した権利が契約の内容に適合しない場合における売主の担保責任）
前3条の規定は，売主が買主に移転した権利が契約の内容に適合しないものである場合（権利の一部が他人に属する場合においてその権利の一部を移転しないときを含む。）について準用する。

(1) 物の契約不適合給付と同様の救済手段が与えられます

CASE 5-7

Aは，Bから甲建物を購入しました。この売買契約では，甲建物のために甲建物がたっている土地に賃借権が設定されていることになっていました。しかし，実際には賃借権は設定されていませんでした。この場合に，Aにはどのような救済手段が与えられるでしょうか。

CASE 5-7 では，Aが購入した甲建物それ自体は，契約の内容に適合しています。しかし，売買契約において設定されているとされていた賃借権が実際には設定されていませんでした。これでは，Aは，甲建物を購入しても，土地を利用する（借りる）権利がないわけです

CHART 5-10 権利に関する契約不適合給付における買主の救済手段

①	追完請求権（565条による562条の準用）
②	代金減額請求権（565条による563条の準用）
③	損害賠償請求権（565条による564条の準用，564条による415条の準用
④	解除権（565条による564条の準用，564条による541条・542条の準用）

から，甲建物を利用することはできません。

そこで，民法は，移転した権利が契約の内容に適合しない場合や権利の一部が他人に属する場合にも，売買目的物に関する契約不適合給付がなされた場合と同様の救済手段（追完請求権→186頁，代金減額請求権→187頁，損害賠償請求権→189頁，解除権→189頁）を買主に与えることによって，買主の保護を図っています（565条。CHART 5-10 参照）。

(2) 他人の物の引渡しは契約不適合給付ではありません

権利の全部が他人に属する目的物の売買，つまり，他人の所有物を目的物とする売買を**他人物売買**といいます。他人物売買も有効に成立します。もっとも，他人物の買主（他人物買主）は，売買契約によってただちに買った目的物の所有権を取得できるわけではありません。他人物売買では，他人物の売主（他人物売主）は，売買した目的物の所有者から所有権を取得して買主に移転する義務を負います（561条）。

しかし，他人物売主が所有者から所有権を取得できない場合もあり，その結果，他人物買主が買った目的物を取得できない場合もでてきます。たとえば，目的物の所有者が所有権の移転を拒絶しているため，売主が目的物の引渡しができない場合や，売主が買主に目的物を引き渡したものの，あとから所有者から目的物の返還を請求されたため

(所有権に基づく返還請求権については，第7章Ⅰ参照 →242頁)，買主が所有者に目的物を返した場合です。

このように，他人物売主が他人物買主に所有権を移転できない場合には，買主の救済は，債務不履行に関する規定によって処理され，565条は適用されません。

買主の権利行使には期間制限があります

> 566条（目的物の種類又は品質に関する担保責任（たんぽせきにん）の期間の制限）
> 売主が種類又は品質に関して契約の内容に適合しない目的物を買主に引き渡した場合において，買主がその不適合を知った時から1年以内にその旨を売主に通知しないときは，買主は，その不適合を理由として，履行の追完の請求，代金の減額の請求，損害賠償の請求及び契約の解除をすることができない。ただし，売主が引渡しの時にその不適合を知り，又は重大な過失によって知らなかったときは，この限りでない。

(1)　1年以内の通知が必要です

売主が種類または品質に関して契約の内容に適合しない目的物を買主に引き渡した場合には，買主は，売主に対し，履行の追完の請求 →186頁，代金の減額の請求 →187頁，損害賠償の請求 →189頁および契約の解除 →189頁をすることができます（562条～564条）。しかし，買主がその不適合の事実を知った時から1年以内にその旨を売主に通知しなければ，買主は，これらの権利を行使することができなくなります（566条本文）。通常，売主は，目的物を引き渡したあとは，履行が終了したという期待をもつので，その期待を保護する必要があります。また，目的物が契約の内容に適合するものであるかどうかの判断は，目的物の使用や時間的経過による劣化（れっか）（品質が低下して劣（おと）ってくることです）により比較的短期間で困難となるので，短期の期間制限を設けることで法律関係を早期に安定させる必要があるからです。

もっとも，売主が引渡しの時に目的物が契約の内容に適合しないものであることを知っていたり，知らなかったことにつき重大な過失があるときは，買主が不適合の事実を知ってから1年以内に通知をしなくても，買主は，契約不適合給付に基づく権利を行使することができます（同条ただし書）。

買主が契約不適合の通知をした場合や売主が契約不適合について知っていたり，知らないことについて重大な過失がある場合には，買主の契約不適合給付に基づく権利は，その権利を行使できることを知った時から5年または権利を行使することができる時から10年で時効によって消滅します（166条1項）発展。

(2) 数量に関する契約不適合給付では通知は不要です

これに対して，「数量」に関する契約不適合給付には，566条は適用されません。566条は「売主が種類又は品質に関して契約の内容に適合しない目的物を買主に引き渡した場合」と規定しており，同条の適用を種類・品質に関する契約不適合給付に限定しています。「数量」に関する契約不適合給付は，売主にとって比較的簡単に判断できることから，引渡しにより履行が終了したという期待が売主に生ずるとは考えにくく，買主の権利に期間制限をしてまで売主を保護する必要がないからです。「数量」に関する契約不適合給付を理由とする買主の権利行使については，消滅時効（しょうめつじこう）の原則的な期間によって処理されます

notes

発展 買主が権利を行使することができる時については，目的物の引渡し時とする考え方と履行請求権の履行期とする考え方があります。2017年改正前民法570条・566条の権利（現行法の契約不適合給付に基づく権利にあたるものです）の行使について，判例は，目的物の引渡し時から10年の消滅時効に服するとしていました（最判平成13・11・27民集55巻6号1311頁）。

(166条1項。消滅時効については，第4章Ⅳ参照)。移転した権利に関する契約不適合給付を理由とする買主の権利行使についても同様です。

→152頁

Ⅵ 受領遅滞——債権者が給付を受け取ってくれないときは

413条（受領遅滞）

1 債権者が債務の履行を受けることを拒み，又は受けることができない場合において，その債務の目的が特定物の引渡しであるときは，債務者は，履行の提供をした時からその引渡しをするまで，自己の財産に対するのと同一の注意をもって，その物を保存すれば足りる。

2 債権者が債務の履行を受けることを拒み，又は受けることができないことによって，その履行の費用が増加したときは，その増加額は，債権者の負担とする。

CASE 5-8

Aは，新車を買うことにしたので，それまで使用していた甲自動車をBに30万円で売却することにしました。Aは，決められた日に甲自動車をBに引き渡そうと，B宅に向かいましたが，Bは留守で甲自動車の引渡しをすることはできませんでした。この場合に，①Aは，その後甲自動車をどのように保管すればよいでしょうか。また，②Aが甲自動車を保管するために別に駐車場を借りなければならなかった場合，その費用をBに請求できるでしょうか。

自分の物と同様に保管すれば足ります

債務者（CASE 5-8では，A）の債務の履行が債務の本旨に従ったものでない場合には，債権者（CASE 5–8 では，B）は，給付の受領（給付を受けることです）を拒むことができます。

それでは，債務者が債務の本旨に従って債務の履行をした（CASE 5–8 では，A が売却した甲自動車を決められた日に B 宅までもっていった）にもかかわらず，債権者がそれを受領してくれない（CASE 5–8 では，B が留守だった）とか，受領できない場合（これらを**受領遅滞**といいます）には，どうなるでしょうか。

まず，債務者は，弁済の提供の効果として，債務不履行によって生じる責任を免れます→144頁（492 条）。その結果，債務者は，債権者から損害賠償を請求されたり，契約を解除されたりしません。また，債務者は，弁済の目的物を供託して債務を免れることができます→145頁（494 条）。

これに加えて，債権者が受領遅滞にあるときは，債務者の目的物の保存義務が軽減（程度が軽くなることです）されます。債務者は，債権者の受領遅滞前には目的物の保存につき**善管注意義務**[用語]を負いますが（400 条），受領遅滞後は，自己の財産に対する保存と同一の注意をもって，物を保存すれば足ります（413 条 1 項）。

たとえば，CASE 5–8 ①では，B（買主）の受領遅滞後に A（売主）が甲自動車をどのように保管すればよいかが問題とされています。A は，買主 B の受領遅滞前には，甲自動車を風雨にさらされないように保管しなければなりませんが，受領遅滞後は，屋根のない場所で保管しても責任を負いません。

notes

[用語] 善管注意義務とは，善良な管理者が負う注意義務のことで，契約その他の債権の発生原因および取引の社会通念に照らして，その状況にいる人が通常負う注意義務のことです。

受領遅滞によってかかった費用は請求できます

CASE 5–8 ②のように，Bが甲自動車を受領してくれるまで甲自動車をとめておくために駐車場を借りなければならず，駐車場代がかかった場合，その費用（増加費用）は，債権者（B）の負担になります（413条2項）。

Ⅶ 危険負担（きけんふたん）
——反対給付義務の運命は

危険負担とは

536条（債務者の危険負担等）
1　当事者双方（そうほう）の責（せ）めに帰（き）することができない事由によって債務を履行することができなくなったときは，債権者は，反対給付の履行を拒むことができる。
2　債権者の責めに帰すべき事由によって債務を履行することができなくなったときは，債権者は，反対給付の履行を拒むことができない。この場合において，債務者は，自己の債務を免れたことによって利益を得たときは，これを債権者に償還（しょうかん）しなければならない。

CASE 5–9

Aは，BからB所有の有名な画家が描（か）いた甲絵画を購入しました。ところが，その引渡し前に大地震が起こり，その際起こった火災により甲絵画は燃えてしまいました。その結果，Bは，甲絵画の引渡しの日に甲絵画を引き渡すことができなくなりました。それでは，Aは，甲絵画の引渡しを受けられないにもかかわらず，売買代金を支払わなければならないでしょうか。

債務の履行が不能になった場合には，債権者は，債務の履行を請求できません（412条の2第1項）。[→132頁] CASE 5–9では，甲絵画は火災により燃えてしまったわけですから，Bは，甲絵画の引渡しの日に甲絵画をAに引き渡すことができません。Bの甲絵画の引渡債務（甲絵画をAに引き渡す債務）は，履行不能になりましたから，Aは，甲絵画の引渡しを請求できません。

ところで，双務契約では，契約当事者は，お互いに相手方に対して債務を負（お）います。そこで，CASE 5–9のように，一方の債務（Bの引渡債務）が債務者（CASE 5–9では，B）・債権者（CASE 5–9では，A）双方の責めに帰することができない事由によって履行ができなくなった場合，他方の債務（Aの代金支払債務）がどうなるかという問題が生じます。つまり，Bの引渡債務の履行不能にともなうリスク（Bからみれば，代金を支払ってもらえないリスク，Aからみれば，物の引渡しを受けられないにもかかわらず，代金を支払わなければならないリスク）をAとBのいずれが負担するかが問題となります。これを**危険負担**の問題といいます。

一方の債務が履行不能のとき他方の債務はどうなるか

(1) 履行不能が双方の責めに帰することができない事由による場合

民法は，一方の債務が履行不能になったとしても，他方の債務には影響を及ぼさないという立場をとっています。他方の債務は，契約を解除しないかぎり，消滅しません。CASE 5–9では，Aは，Bの引渡債務の履行不能を理由として，売買契約を解除することによって，代金の支払債務を免れます（542条1項1号）。

しかし，だからといって，CASE 5–9で，Aが契約を解除しないかぎり，BのAに対する売買代金の支払請求が認められるわけではありません。民法は，債務者・債権者双方の責めに帰することができない事由によって債務を履行することができなくなったときは，引渡債権の債権者（CASE 5–9では，A）は，反対給付の履行（CASE 5–9では，甲絵画の代金の支払）を拒むことができる（これを**履行拒絶権**（りこうきょぜつけん）といいます）としています（536条1項）注意。

CASE 5–9では，大地震による火災のために甲絵画は燃えてしまったわけですから，AB双方の責めに帰することができない事由によって甲絵画の引渡しができなくなっています。ですから，Aは，Bから甲絵画の代金の支払を請求されても，その支払を拒むことができます発展。

(2) 履行不能が債権者の責めに帰すべき事由による場合

これに対して，債権者（CASE 5–9では，A）の責めに帰すべき事由によって債務者（CASE 5–9では，B）の債務の履行をすることができなくなったときは，債権者は，代金の支払を拒むことができません（536条2項前段）。たとえば，CASE 5–9で，大地震でなく，Aが甲絵画を見に行った際，Aがたばこを吸（す）っていて，その吸（す）い殻（がら）の火がまわりに燃え移り，甲絵画が燃えてしまったような場合には，Aの責めに帰すべき事由によってBの債務の履行ができなくなったわけ

notes

注意 536条には「債権者」「債務者」ということばが出てきます。もっとも，双務契約では，契約当事者は，お互いに債権・債務を負います。たとえば，CASE 5–9では，甲絵画の引渡債務についてみると，Aは，債権者であり，Bは，債務者です。他方，代金の支払債務についてみると，Aは，債務者であり，Bは，債権者になります。

536条は，引渡債務について，債権者・債務者を規定しています。そのため，CASE 5–9では，536条の債権者は，A，債務者は，Bということになります。

発展 536条1項では，債権者（CASE 5–9では，A）は，あくまで代金の支払を拒むことができるだけで，代金の支払債務が消滅するわけではありません。代金の支払債務を消滅させるためには，売買契約を解除することが必要です（542条1項1号）。

ですから，Aは，Bからの代金の支払請求を拒むことはできません。

もっとも，この場合に，債務者（B）が甲絵画の引渡債務を免れたことによって利益を得たときは，これを債権者（A）に償還（しょうかん）用語しなければなりません（同項後段）。

CASE 5–9で，売買代金のなかに甲絵画の運送費が含まれていたような場合には，甲絵画の引渡しはもはやできず，運送費はかからないわけですから，Aは，運送費の額を売買代金の額から差し引いて支払うことになります。

(3) 受領遅滞中に履行不能になったら

CASE 5–10

Aは，BからB所有の有名な画家が描いた甲絵画を購入しました。Bは，甲絵画の引渡しの日に約束どおりにA宅に甲絵画を届けましたが，Aが留守だったため，仕方なく甲絵画をもち帰りました。ところが，その夜大地震が起こり，その際起こった火災によりB宅にあった甲絵画は燃えてしまいました。Bは，Aに対して，甲絵画の代金の支払を請求することができるでしょうか。

CASE 5–10では，甲絵画は，火災で燃えてしまいましたから，Bは，甲絵画をAに引き渡すことができません。そのため，Bの甲絵画の引渡債務は，履行不能になっています。また，この履行不能は，大地震による火災というAB双方の責めに帰することができない事由によって発生しています。そのため，Aは，甲絵画の売買契約を解除したり（542条1項1号）→179頁，代金の支払を拒むことができる（536条1項）→197頁ように思われます。

しかし，CASE 5–10では，Bは，甲絵画の引渡しの日に約束どお

notes

用語 償還とは，返す，返還することです。

りにA宅に甲絵画を届けたにもかかわらず，Aが留守だったため，甲絵画を引き渡すことができなかったわけですから，Aは受領遅滞になっています。

このように，債権者（CASE 5−10では，A）の受領遅滞中に債務者（CASE 5−10では，B）の債務の履行が不能になった場合には，たとえその履行不能が債権者（A）・債務者（B）双方の責めに帰することができない事由によるもの（CASE 5−10では，大地震の火災による焼失）であっても，その履行不能は，債権者（A）の責めに帰すべき事由によるものとみなされます（413条の2第2項）発展。

CASE 5−10では，たしかに，Bの甲絵画の引渡債務は，AB双方の責めに帰することができない事由によって履行不能になっていますが，この履行不能は，Aの受領遅滞中に発生していますから，債権者Aの責めに帰すべき事由によるものとみなされます。その結果，Aは，売買契約を解除することもできません→179頁し（543条），代金の支払を拒むこともできなくなります→198頁（536条2項前段）。

Aは，甲絵画も受け取れないし，代金も払わなければならないということになりますが，これもAのせい（甲絵画の引渡しの日に自宅にいなかった）で起きたことなので仕方ないことです。

notes

発展　これに対して，債務者（CASE 5−10では，B）の履行遅滞（りこうちたい）（債務者が，履行期に履行が可能であるにもかかわらず履行をしないことです）中に当事者双方の責めに帰することができない事由によって債務の履行が不能となった場合には，その履行不能は，債務者の責めに帰すべき事由によるものとみなされます（413条の2第1項）。その結果，債務者は，415条1項ただし書の免責事由を主張できなくなります（170頁参照）。

第 6 章

しっかり債権回収

債権の対外的効力，債権担保（さいけんたんぽ）

第5章Ⅱ→162頁でみましたが，物の引渡債務など金銭の支払を目的としない債務が履行されない場合，債権者は，直接強制，間接強制または代替執行の方法でその内容を実現します（414条1項）。それでは，金銭の支払債務を負っている債務者が金銭の支払をしない場合，債権者は，どのように債権を回収したらよいでしょうか。また，金銭債権の債権者は，最終的には債務者の財産から債権を回収することになりますが，債務者が事業に失敗したり，会社を解雇されたりして，資力（債務を弁済する財力のことです）を失うこともあります。債務者に資力がなければ，債権者は，債権をもっていても，債権を回収することができません。それでは，このような場合に備えて，債権者は，どのような手段をとることができるでしょうか。

そこで，第6章では，金銭債権の債権者が債権を回収するために，どのような手段があるかについてみていきましょう。

Ⅰ　強制執行による債権回収
——金銭債権はどのように回収するか

(1)　強制執行

債務者が債務の履行をしてくれない場合，債権者は，強制執行によって，債権の内容を実現します（これについては，第5章Ⅱ→162頁参照）。

強制執行には，売買代金の支払や貸したお金の返還を請求する権利のように，金銭の支払を受けることを目的とする請求権を実現するための金銭執行と，物の引渡しやある行為を請求する権利のように，金銭の支払を受けることを目的としない請求権を実現するための非金銭執行があります（CHART 6-1 参照）。

CHART 6–1 強制執行の種類

- 強制執行
  - 金銭執行
    - 不動産執行
      - 強制競売
      - 強制管理
    - 船舶執行
    - 動産執行
    - 債権執行など
  - 非金銭執行

(2) 金銭執行

AがBに対して100万円の貸金債権をもっている場合に，Bが返済期日になっても貸したお金を返してくれないとき，Aは，金銭執行によって債権を回収します。

金銭執行の手続は，民事執行法に規定されています。金銭執行の手続は，その対象となる債務者の財産の種類，すなわち，不動産（86条1項）か動産（同条2項）か，それとも，債権その他の財産権（たとえば，著作権，特許権など）かによって異なります（CHART 6–1 参照）。

(a) 不動産執行

不動産に対する強制執行の手続を**不動産執行**といいます。不動産執行は，さらに強制競売と強制管理にわかれます。

強制競売は，執行の目的物である不動産を競売 用語 にかけて，得られた売却代金から債権者が債権の回収を図る制度です（民事執行法45条以下）。他方，**強制管理**は，強制競売と異なり，執行の対象である不動産を売却するのではなく，目的不動産について，裁判所が管理人を任命して不動産を管理させ，そこから得られる収益（賃料など）から債権者が債権の回収を図る制度です（民事執行法93条以下）。

notes

用語 競売とは，要するにセリのことです。この場合，裁判所がその不動産をセリにかけ，多くの人たちが競争で値づけをし，そのなかで最高の値段をつけた人に売却する方法で行うことになります。一般的には「きょうばい」といわれることもありますが，法律では，「けいばい」と読みます。

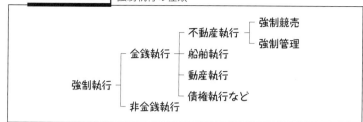

(b) 動産執行と債権執行

動産に対する強制執行の手続を**動産執行**といいます。動産執行は，執行の目的物である動産を売却して，得られた売却代金から債権者が債権の回収を図る制度です（民事執行法 122 条以下）。

債権に対する強制執行の手続を**債権執行**といいます。債権執行は，債権者が債務者の第三債務者（債務者がもつ債権の債務者）に対する債権を差し押さえて[用語]直接取り立てたり（債権者が第三債務者に請求して支払ってもらう），転付命令[用語]を受けたりすることによって，債権者が債権の回収を図る制度です（民事執行法 143 条以下）。

II 責任財産の保全
――債務者の財産を確保しよう

債務者に財産がないと債権は回収できません

債務者が金銭の支払債務を負っているにもかかわらず，お金を支払ってくれない場合，債権者は，強制執行によって債権を回収します。債権の強制的実現の対象となる財産（不動産，動産，債権など）を**責任財産**といいます。しかし，いくら債権者が強制執行によって債権を回収するといっても，債務者に責任財産がなければ，強制執行をしても債権者は債権を回収することができません。ですから，債権を回収す

notes

[用語] 差押えとは，債権者の権利を実現するために，裁判所が債務者に財産の処分（売却など）を禁止することです。

[用語] 転付命令とは，債権者の申立てにより，支払に代えて差し押さえられた金銭債権（債務者の第三債務者に対する債権）を債権者に転付（移転）する命令のことです（民事執行法 159 条 1 項）。

るためには，まず債務者の責任財産を確保することが重要となります。

もっとも，責任財産は，債務者のものですから，債務者がそれをどのように利用するかは債務者の判断にゆだねられます。このことは，債務者に資力がない→202頁場合でも基本的には変わりません。ただ，債務者の財産は，あくまで債務者のものであるから，債務者に資力がない場合にまで債務者が自由に財産を処分できるとすると，反対に債権者の利益が不当に害されます。

そこで，民法は，一定の要件のもとで，債権者が債務者の財産の管理に介入することを認めています。それが債権者代位権と詐害行為取消権です。

債権者は債務者にかわって債務者の権利を行使できます
——債権者代位権

423条（債権者代位権の要件）

1　債権者は，自己の債権を保全するため必要があるときは，債務者に属する権利（以下「被代位権利」という。）を行使することができる。ただし，債務者の一身に専属する権利及び差押えを禁じられた権利は，この限りでない。

2　債権者は，その債権の期限が到来しない間は，被代位権利を行使することができない。ただし，保存行為は，この限りでない。

3　略

CASE 6-1

Aは，Bに対して，返済期限がすぎている100万円の貸金債権をもっています。また，Bは，Cに対して，支払期限がすぎている50万円の代金債権をもっています。ところが，Bは債務超過の状態（負債の額が資産の額を上回る状態のことです）にあるにもかかわらず，Cに対して債権を行使して，代金を回収しようとしません。この場合，Aは，どうしたらよいでしょうか。

CHART 6-2 債権者代位権の行使における当事者の関係

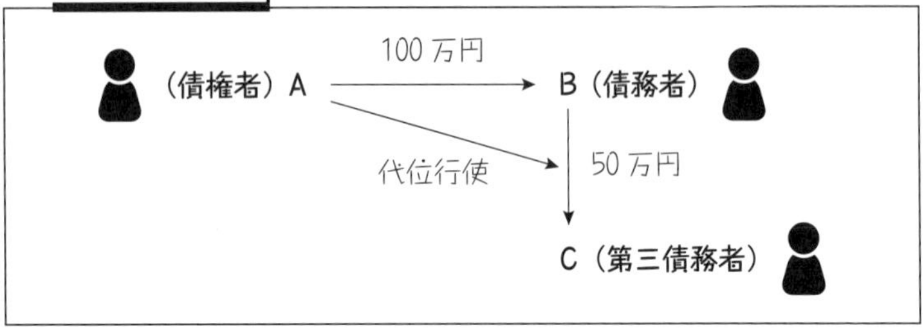

まず債権者代位権からみていきましょう。CASE 6-1 で，B の C（A との関係で，B の債務者 C を第三債務者といいます）に対する代金債権は，B のものです。そのため，その債権を行使するかどうかは，本来 B の自由です。しかし，それを無制限に認めると，A としては，B が C から債権を回収してくれれば，債権全額ではなくても，いくらかは自分の債権の支払に回してもらえるのに，B が債権の行使をしないと，A はまったく債権を回収することができません。

そこで，民法は，債務者に資力がない場合のように，債権者が債務者に対する債権を保全[用語]する必要があるときは，債権者が債務者に代わって，債務者の第三債務者に対する権利を行使することができるとしています（423 条 1 項本文）。これを**債権者代位権**といいます。

CASE 6-1 のように，B が A に弁済をするのに十分な資力がないにもかかわらず，B が C に対する代金債権を行使しない場合には，A は，B の C に対する代金債権を B に代わって行使することができます（CHART 6-2 参照）[発展]。

notes

[用語] 保全とは，保護して安全にすることです。

[発展] A が C に権利行使できるのは，A の B に対する債権の額に限られます（423 条の 2）。CASE 6-1 で，かりに B が C に対して 200 万円の債権をもっていたとしても，A が C に対して権利行使できるのは，A の B に対する債権の額である 100 万円までです。

債権者は債務者のした行為を取り消すことができます
——詐害行為取消権

424条（詐害行為取消請求）

1　債権者は，債務者が債権者を害することを知ってした行為の取消しを裁判所に請求することができる。ただし，その行為によって利益を受けた者（以下……「受益者」という。）がその行為の時において債権者を害することを知らなかったときは，この限りでない。

2　前項の規定は，財産権を目的としない行為については，適用しない。

3　債権者は，その債権が第1項に規定する行為の前の原因に基づいて生じたものである場合に限り，同項の規定による請求（以下「詐害行為取消請求」という。）をすることができる。

4　略

CASE 6-2

Aは，Bに対して，500万円の貸金債権をもっており，Bは，甲土地（時価500万円）をもっています。Bは，債務超過の状態にあるにもかかわらず，甲土地をCに贈与（タダであげることです）しました。この場合，Aは，どうしたらよいでしょうか。

つぎに，詐害行為取消権についてみていきましょう。CASE 6-2で，Bが返済期限をすぎても借りたお金を返してくれない場合，Aは，甲土地に強制執行をして貸金債権の回収を図ることになります。そのため，債務超過の状態にあるBが甲土地をCに贈与すると，Aは，貸金債権の回収ができなくなります。

そこで，民法は，債務者が債権者を害する行為をした場合には，債権者は，債務者のした行為を取り消して，受益者（債務者の行為によって利益を受けた人のことです）または転得者（受益者からの譲受人のことです）に移転した財産の返還を裁判所に請求することができるとしています（424条1項・424条の5第1号・424条の6第1項前段・2項前段）。これを**詐害行為取消権**といいます。

CHART 6-3 詐害行為取消権の行使における当事者の関係

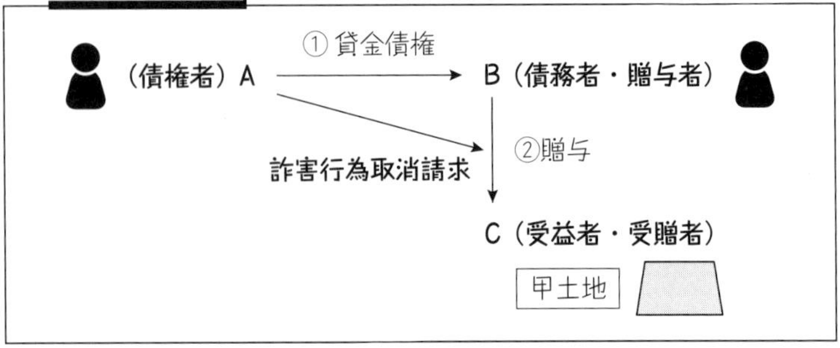

CASE 6-2のように，Bが債務超過の状態にあるにもかかわらず，甲土地をCに贈与してしまうと，Aは，Bから貸金債権を回収することができなくなります。この場合，Aは，BC間の贈与契約を取り消して，Cに移転した甲土地の返還を請求することができます（CHART 6-3参照）。

債権者を害する行為とは

詐害行為取消権は，債務者が債権者を害する行為（これを**詐害行為**といいます）をした場合に行使することができます（424条1項本文）。債権者を害する行為（詐害行為）とは，債務者の責任財産を減少させる行為です。CASE 6-2のように，Bが債務超過の状態であるにもかかわらず，甲土地をCに贈与する行為は詐害行為となります。

これに対して，債務者（CASE 6-2のB）が適正な価格で受益者（CASE 6-2のC）に財産を売却（ばいきゃく）した場合や債務者が詐害行為取消権を行使している債権者（CASE 6-2のA）以外の債権者に債務の弁済をした場合には，その売却や弁済は，原則として，詐害行為にはなりません（424条の2・424条の3参照）。

また，債務者の行為が財産権を目的としない行為である場合には，詐害行為取消権の行使は認められません（424条2項）。たとえ債務者が金づかいのあらい人と結婚をしたり，養子縁組（ようしえんぐみ）【用語】をしたりしても，その結婚や養子縁組を詐害行為として取り消すことはできません。

詐害行為がされただけでは取り消せません

もっとも，債務者が詐害行為をすれば，ただちに詐害行為取消権を行使できるわけではありません。詐害行為取消権を行使するには，債務者が債権者を害することを知って行為をすること（これを**詐害意思**（さがいいし）といいます。424条1項本文），および受益者（CASE 6–2では，C）が詐害行為時に債権者を害することを知っていたこと（これを**悪意**といいます）が必要です（同項ただし書（がき））。さらに，転得者に対して詐害行為取消権を行使するときは，その転得者（たとえば，CASE 6–2で，Cがさらに甲土地をDに譲（ゆず）り渡（わた）した場合のD）も転得の当時債権者を害することを知っていたこと（悪意）が必要です（424条の5第1号）【発展】。

CASE 6–2で，CがBから甲土地の贈与を受ける際，この贈与がAを害するものであることを知らなかった場合には，AはCに対して，詐害行為取消権を行使できないことになります。

notes

【用語】 養子縁組とは，親子関係にない者同士に，法律上親子関係を成立させることです。詳しくは，**第3部**第9章（346頁）参照。

【発展】 なお，転得者からさらに転得した者に対して詐害行為取消権を行使する場合（たとえば，CASE 6–2で，Cが甲土地をDに譲り渡し，さらに，DがEに甲土地を譲り渡した場合）には，その転得者（E）およびその前に転得したすべての転得者（D）も，それぞれの転得の当時，債権者を害することを知っていたこと（悪意）が必要となります（424条の5第2号）。

Ⅲ 債権担保 ——担保の必要性と種類

強制執行をすればつねに債権を回収できるわけではありません

担保とは，債務者が債務の履行をしなかった場合における債権者の債権回収のリスクを考えて，あらかじめ債務の弁済を確保し，債務の履行を確実にするために提供される手段をいいます。なぜ担保が必要なのでしょうか。つぎの CASE 6–3 で考えてみましょう。

> **CASE 6–3**
>
> ABCは，Dに対して，それぞれ150万円・100万円・50万円の金銭債権をもっています。しかし，Dの財産に強制執行をしても，売却代金は合計で150万円にしかなりません。この場合，ABCはそれぞれいくら債権を回収できるでしょうか。

債務者が金銭債務の履行をしない場合，債権者は，債務者の財産に対する強制執行によって債権を回収します（→202頁）。もっとも，CASE 6–3 では，Dの財産に強制執行をしても，売却代金は合計で150万円ですから，ABC全員が債権全額を回収することはできません（CHART 6–4 参照）。

このように，債務者の財産の売却代金が債務者のすべての債務を弁済するのに足りない場合には，債権者は，強制執行手続において，平等の扱いを受け，債権の発生原因や債権の発生時期に関係なく，債権額に応じて配当（売却代金を分配することです）を受けます。これを**債権者平等の原則**といいます。

CASE 6–3 では，強制執行手続において，ABCは，それぞれ75万円・50万円・25万円の配当を受けます。しかし，ABCは，もと

CHART 6-4 債務者Dに債権者ABCがいる場合

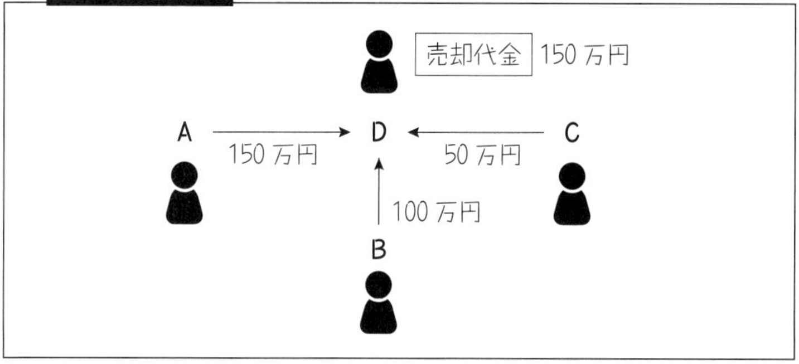

もと150万円・100万円・50万円の金銭債権をもっていますから，債権額の半分しか債権を回収できないことになります。このような場合に備えて，債務の弁済を確保するための手段が担保です。ですから，担保とは，債権者平等の原則から生ずる債権者の不利益から債権者を保護するためのものであるということができます。

担保手段もいろいろです

一口に担保といっても，いろいろな手段がありますが，大きくわけると，人的担保（じんてきたんぽ）と物的担保（ぶってきたんぽ）にわけられます（CHART 6-5 参照）。

人的担保とは，債務者が債務の弁済をしないときに債務者以外の人から支払を受けることによって，債務の弁済を確保する手段をいいます。保証がこれにあたります。他方，**物的担保**とは，債務者あるいは債務者以外の人の所有物や権利から他の債権者よりも先に弁済を確保する手段です。抵当権（ていとうけん）などの担保物権（たんぽぶっけん）がこれにあたります。

人的担保と物的担保には，それぞれ担保手段として一長一短があります。物的担保は，担保に適した物（たとえば，不動産）がないと設定できませんが，人的担保は，人の資力を債権回収の対象としますから，物的担保と比較して，比較的容易に設定することができます。他方，

CHART 6-5 担保の種類

債権の担保 ─┬ 人的担保
　　　　　　└ 物的担保

人的担保は，人の資力に依存しますから，財産を処分するなどして財産を減らしてしまい，資力を失うと，担保としての意味がなくなります。これに対して，物的担保は，担保の目的となっている財産の価値が維持されるかぎり，債権の回収を図ることができます。

Ⅳ 人的担保
――債務者以外の人に支払ってもらいます

債務者が支払えない場合に債務者にかわって支払います

446条（保証人の責任等）
1 保証人は，主たる債務者がその債務を履行しないときに，その履行をする責任を負う。
2 保証契約は，書面でしなければ，その効力を生じない。
3 保証契約がその内容を記録した電磁的記録によってされたときは，その保証契約は，書面によってされたものとみなして，前項の規定を適用する。

(1) 保証とは

債権者Ａが債務者Ｂに対して金銭債権をもっている場合に，第三者ＣがＡとの間で，Ｂが債務を履行しないときにＣがＢに代わってその履行をする旨を約束することがあります。この場合のＣとＡの約束を**保証契約**といいます（446条1項）。また，保証契約から生ずるＣのＡに対する債務を**保証債務**といいます。そして，保証を受ける

CHART 6-6 保証における当事者の関係

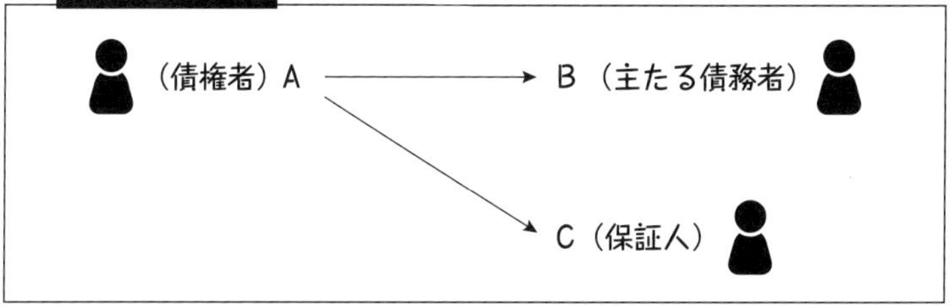

債務の債務者Bを**主たる債務者**（主債務者ともいいます），Cを**保証人**といいます（CHART 6-6 参照）。保証契約を締結すると，Bが債務の履行をしない場合，Aは，保証債務の履行をCに請求することができ，これによって，Aは，金銭の支払を受けることができます。

(2) 書面でしなければ効力がありません

保証契約は，債権者と保証人との間で結びますが，**書面**でしなければその効力を生じません（446条2項・3項）。保証契約が安易に結ばれ，保証人があとで大きな負担に苦しめられるのを防止するためです。

(3) 保証債務はどのような性質をもっているか

(a) 保証債務は，主たる債務とは別な債務です

保証債務は，主たる債務とは別個の独立した債務です。これを**保証債務の別個債務性**といいます。そのため，保証債務自体について，これを主たる債務として，さらに保証することができます。たとえば，CHART 6-6 でいえば，CがAに対する保証債務を履行しない場合に備えてDがCの保証債務の保証人になることができます。また，保証債務自体について，違約金や損害賠償の額を合意することもできます（447条2項）。

(b) 保証債務は主たる債務に付従します

保証債務は，主たる債務の履行を担保（確実に）するものです。で

すから，主たる債務の存在や内容に影響を受けます。これを**保証債務の付従性**といいます。

まず，主たる債務が存在しない場合には，保証債務は成立しませんし，主たる債務が消滅した場合には，保証債務も消滅します。

保証債務の内容は，保証契約の趣旨（しゅし）によって決まります。主たる債務が物の引渡債務であるときは，その債務不履行による損害賠償債務を保証したことになるとされています。また，保証債務には付従性がありますから，保証契約を結ぶ時点で保証債務の内容が主たる債務よりも重い場合には，保証債務の内容は，主たる債務の限度に減らされます（448条1項）。たとえば，保証債務の弁済期が主たる債務の弁済期よりも先に到来する合意がされた場合でも，保証債務の弁済期は，主たる債務の弁済期と同じになります。さらに，保証人は，債権者からの保証債務の履行請求に対して，主たる債務者が主張することができる抗弁（こうべん）[用語]を債権者に主張することができます（457条2項）。たとえば，主たる債務者が債権者に消滅時効（しょうめつじこう）→152頁による主たる債務の消滅の抗弁や相殺（そうさい）→146頁の抗弁を主張できる場合には，保証人も，これらの抗弁を債権者に主張することができます。

(c)　保証債務は主たる債務といっしょに移転します

債権者が主たる債務者に対してもっている債権を譲渡（じょうと）すると，保証債務も，それといっしょに移転し，保証人は，債権の譲受人に対して，保証債務を負います。これを**保証債務の随伴性**（ずいはんせい）といいます。

notes

[用語]　抗弁とは，裁判において，相手方の主張する事実を認めたうえで，その主張事実から発生する法律効果の発生を阻止するために，あらたな事実を主張することです。たとえば，「消滅時効による主債務の消滅の抗弁」というのは，債権者から保証債務の履行を求められた保証人が，主たる債務が発生したこと自体は認めつつ，「主たる債務は消滅時効でなくなった」ということを債権者に対して主張するということです。保証人としては，主たる債務が消滅時効でなくなったことで，付従性により，保証債務もなくなった，だから，保証債務を履行する必要はないということを主張していることになります。

(d) 保証債務は主たる債務を補充するものです

保証人は，主たる債務者が債務の履行をしないときにはじめて履行の責任を負います（446条1項）。これを**保証債務の補充性**といいます。

この補充性から保証人には2つの権利が与えられます。まず，債権者が債務者に請求しないでいきなり保証人に請求してきたときは，保証人は，まず主たる債務者に催告（一定の行為を相手方に請求することです）するよう請求することができます（452条）。これを**催告の抗弁**といいます。また，保証人が，主たる債務者に弁済の資力があり，かつ，その執行の容易なことを証明したときは，債権者は，まず主たる債務者の財産について執行しなければなりません（453条）。これを**検索の抗弁**といいます。

(4) 連帯保証には補充性がありません

(a) 連帯保証とは

取引においては，これまでみてきた保証よりも債権者に有利な連帯保証がしばしば用いられます。**連帯保証**とは，保証人が主たる債務者と連帯して（いっしょに）債務を負担する保証です。

連帯保証も，保証債務の一種ですから，主たる債務に付従します。ですから，付従性から生じる効果については，通常の保証と同様に認められます。

(b) 通常の保証人に認められて連帯保証人に認められないものは

しかし，連帯保証は，通常の保証と異なり，保証人が主たる債務者と連帯していることから，補充性がありません。そのため，**(3)** (d) で説明したように，債権者がいきなり連帯保証人に対して請求をしてきた場合には，通常の保証人であれば，「まずは主債務者に請求してください」と主張することができますが（催告の抗弁。452条），連帯保証人は，そのような主張をすることができません（454条）。また，主たる債務者が弁済できる資力があるにもかかわらず弁済を拒否した場合，通常の保証人であれば，主たる債務者に資力があることを理由に，債権者に対して主債務者の財産に強制執行をするように主張することができますが（検索の抗弁。453条），連帯保証人は，このような主張をすることができず，主たる債務者に資力があっても強制執行を免(まぬが)れることができません（454条）。

このように，保証人に比べて連帯保証人には，より重い責任が課(か)せられています 発展 。

債権譲渡(さいけんじょうと)も重要な債権の回収手段です

466条（債権の譲渡性）

1 債権は，譲(ゆず)り渡(わた)すことができる。ただし，その性質がこれを許さないときは，この限りでない。

2 当事者が債権の譲渡を禁止し，又は制限する旨の意思表示(いしひょうじ)（以下「譲渡制限の意思表示」という。）をしたときであっても，債権の譲渡は，その効力を妨(さまた)げられない。

3 前項に規定する場合には，譲渡制限の意思表示がされたことを知り，又は重大な過失によって知らなかった譲受人(ゆずりうけにん)その他の第三者に対しては，債務者は，その債務の履行を拒むことができ，かつ，譲渡人(じょうとにん)に対する弁済その他の債務を消滅させる事由をもってその第三者に対抗することができる。

4 略

notes

発展 もちろん，連帯保証人が債権者に債務の弁済をしたあと，弁済をした連帯保証人は，それを本来の債務者に請求することができます（459条・459条の2・462条）。

CHART 6-7 債権譲渡における当事者の関係

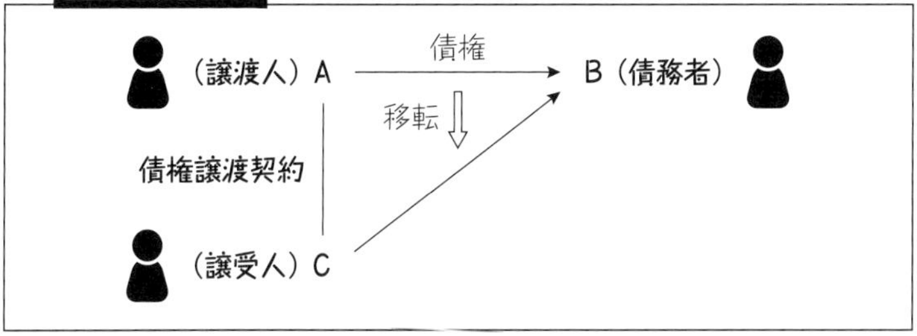

(1) 債権も譲渡できます

(a) 債権譲渡とは

今日では，債権も取引の対象になります（466条1項本文）。CがAに100万円の金銭債権をもっている場合に，Aが100万円をCに支払うかわりに，Bに対してもっている100万円の金銭債権をCに譲渡することがあります（CHART 6-7参照）。このように，AC間の合意によって，AのBに対する債権をCに移転させることを**債権譲渡**といいます。このとき，債権を譲り渡す人（A）を譲渡人（じょうとにん）（「ゆずりわたしにん」と読む人もいます）といい，債権を譲り受ける人（C）を譲受人（ゆずりうけにん）といいます。

なお，AとBが債権の譲渡を禁止・制限する（たとえば，債権譲渡にBの承諾を要求する）合意（これを譲渡制限の意思表示といいます）をしたにもかかわらず，AがBに無断で債権をCに譲渡したとしても，AC間の債権譲渡の効力に影響はありません（466条2項。債権譲渡は有効です）。もっとも，Cが譲渡制限の意思表示があることを知っているか，重大な過失によって知らなかったときは，Bは，債務の履行を拒（こば）んだり，Aに対する弁済などによる債権の消滅をCに対抗する（主張することです）ことができます（同条3項）。

(b) 債権が譲渡されると

債権譲渡によって，Cは，Aにかわって Bの債権者になり，Bに対して，債務の履行を請求することができます。たとえば，CがAに金銭債権をもっているとしましょう。この場合に，Aが無資力（債務を弁済する財力がないことです）になると，Cは，債権の回収ができなくなります。このような場合に備えて，Cが，Aから，AのBに対する金銭債権をあらかじめ譲り受けておくと，Cは，Bに対して，支払を請求できますから，たとえAが無資力になったとしても，Bに資力があれば，金銭の支払を受けることができます。

なお，将来債権（債権譲渡の時点ではまだ発生していないが，債権譲渡後に発生する債権）も譲渡することができます（466条の6第1項）。

(2) 債権譲渡を主張するには――債権譲渡の対抗要件

467条（債権の譲渡の対抗要件）

1 債権の譲渡（現に発生していない債権の譲渡を含む。）は，譲渡人が債務者に通知をし，又は債務者が承諾をしなければ，債務者その他の第三者に対抗することができない。

2 前項の通知又は承諾は，確定日付のある証書によってしなければ，債務者以外の第三者に対抗することができない。

(a) 債務者は関与しません

債権譲渡は，債権の譲渡人Aと譲受人Cとの間の契約で行われます（CHART 6-7参照）。債権譲渡に債務者Bがかかわる必要はありません。そのため，債務者Bやこれから AB間の債権を譲り受けようとする第三者（ABC以外の者）は，実際に債権が譲渡されたかを知ることができません。したがって，債権を譲り受けたと主張する人に債務者Bが弁済をしたら，実は譲渡の事実はなかったとか，第三者が債権を譲り受けたと思ったところ，すでにその債権はほかに譲渡されていたということも起こります。

(b)　債務者に対する通知か債務者の承諾が必要です

そこで，このような事態が生じることから債務者やその他の第三者を保護するために，民法は，**債務者に対する通知**または**債務者の承諾**がなければ，債権譲渡を債務者やその他の第三者に対抗（主張）することができないとしています（467条1項）。債務者に対する通知または債務者の承諾によって，債務者は，債権が譲渡されたことを知ることができますし，これから債権を譲り受けようとする者は，債務者に問い合わせれば，債権が譲渡されているかどうかを確認することができ，債務者やその他の第三者が予測しなかった事態から不利益を受けることを防ぐことができるからです。

(c)　債務者以外の人には確定日付のある証書によることが必要です

債務者に対する通知または債務者の承諾は，**確定日付のある証書**によってしなければ，債務者以外の第三者に対抗（主張）することができません（467条2項）。確定日付とは，それがあるとその証書がその日に存在したことが完全な証拠力をもって証明されるものです。確定日付の種類はいくつかありますが（民法施行法5条），通知の場合には，内容証明郵便（同法同条1項6号）が，承諾の場合には，債権譲渡契約書に，債務者の承諾印をもらったうえで，公証人役場で公証印（日付印）をもらう方法（同法同項2号）がよく使われます。

(d)　登記を利用することもできます

法人がする金銭債権の譲渡については，**登記**を利用することもできます。「動産及び債権の譲渡の対抗要件に関する民法の特例等に関する法律」（以下，「動産債権譲渡特例法」といいます）によれば，第三者との関係では，債権譲渡登記ファイルに譲渡の登記がなされたときに，467条の確定日付のある通知があったものとみなされます（第三者に対する対抗要件。同法4条1項）。また，債務者との関係では，債務者に登記事項証明書を交付して（渡して）通知したときに，467条の確定

CHART 6-8 併存的債務引受と免責的債務引受

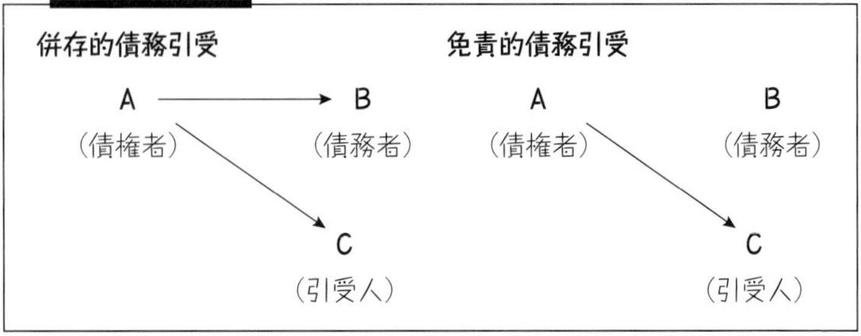

日付のある通知があったものとみなされます（債務者に対する対抗要件。同法同条2項）。

債務引受も債権の重要な回収手段です

今日では，債権の移転だけでなく，債務の引受け（第三者に債務者の債務を負担してもらう）も認められています。債務引受には，引受人（債務者の債務を引き受ける人のことです）が債務者と併存して（いっしょに）債務を負担する**併存的債務引受**（470条1項）と，引受けによって債務者が債務を免れる**免責的債務引受**（472条1項）があります（CHART 6-8参照）。かりに債務者が無資力になったとしても，債務の引受人に十分な資力があれば，債権者は，債務の引受人に対して，債務の履行を請求できますから，それによって債権の回収を図ることができます。

CHART 6-9 物的担保の種類

- 物的担保（担保物権）
  - 民法上の典型担保
    - 法定担保　例：留置権，先取特権
    - 約定担保　例：質権，抵当権
  - 非典型担保　例：譲渡担保権，所有権留保

V 物的担保
——物や権利から債権を回収します

物的担保もいろいろです

つぎに，物的担保についてみていきましょう。**物的担保**とは，債務者や債務者以外の人の所有物や権利から他の債権者より先に弁済を確保する手段です。**担保物権**という用語とほぼ同じ意味で用いられます。

物的担保（担保物権）は，典型担保と非典型担保にわけることができます（CHART 6-9 参照）。**典型担保**とは，法律が規定している担保をいいます。典型担保は，さらに法定担保と約定担保にわけることができます。**法定担保**とは，法律が定める要件が充足された場合に当然に発生する担保をいいます。留置権や先取特権がその例です。**約定担保**とは，当事者の合意によって発生する担保をいいます。質権や抵当権がその例です。

他方，**非典型担保**とは，法律が規定していない担保をいいます。譲渡担保権や所有権留保がその例です。

典型担保では，競売手続によって債権の回収が行われます。これに対して，非典型担保では，債権者が担保権の設定を受けた目的物（これを担保目的物といいます）やそれを売却した代金を自分のものとすることにより（これを**私的実行**といいます）債権の回収がなされます。

担保権者は担保目的物からほかの債権者よりも先に債権を回収できます

担保権の権利者（担保権者といいます），なかでも典型担保の権利者は，債務者の財産が全債務を弁済するのに足りない場合に，担保権の設定を受けた目的物を換価（金銭にかえることです）して，その金銭からほかの債権者よりも先に配当（分配）を受けることができます。これを**担保物権の優先弁済的効力**といいます。担保物権は，債権を担保するためのものですから，担保物権の優先弁済的効力は，担保物権の最も重要な効力です。ただし，典型担保でも，留置権は，物を留置（債権者のもとに物をとどめおくことです）することで弁済を促す効力しかなく，優先弁済的効力は認められません。

担保物権の優先弁済的効力について，典型担保の代表例である抵当権を例にもう少し考えてみましょう。

CASE 6-4

ABCは，Dに対して，それぞれ1,500万円・1,000万円・500万円の金銭債権をもっています。しかし，Dには甲土地（時価1,500万円）以外に財産がありません。この場合に，①甲土地についてABCのだれも抵当権の設定を受けていないとき，②Aが甲土地に抵当権の設定を受けているとき，Aは，執行手続において，それぞれいくらの配当を受けることができるでしょうか。

(1) だれも抵当権の設定を受けていない場合

CASE 6-4 ①の場合，ABCのだれも抵当権の設定を受けていないので（担保権をもたない債権者を**一般債権者**といいます。CHART 6-10参照），ABCの間では債権者平等の原則がはたらきます。そのため，ABCはそれぞれ債権額に応じて配当を受けます（A：B：C＝750万円：500万円：250万円）。

CHART 6-10 だれも抵当権の設定を受けていない場合

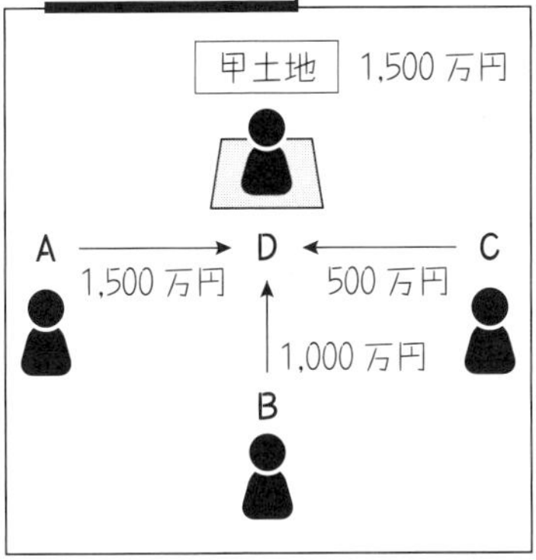

CHART 6-11 Aが甲土地に抵当権の設定を受けている場合

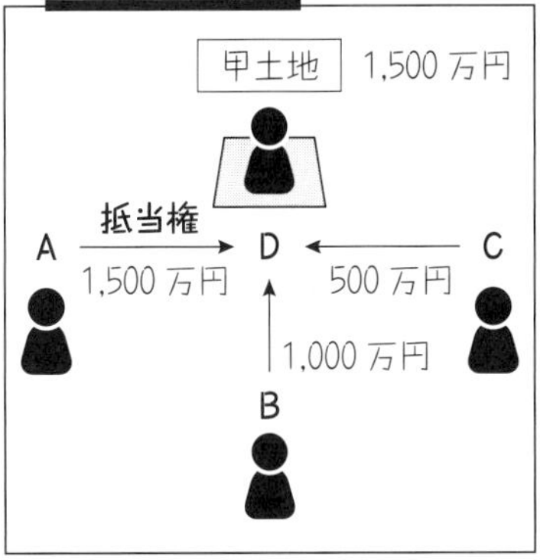

(2) Aが甲土地に抵当権の設定を受けている場合

これに対して，CASE 6-4 ②のように，AがDの甲土地に抵当権の設定を受けている場合はどうでしょうか（CHART 6-11 参照）。抵当権は担保物権ですから，抵当権には優先弁済的効力があります。ですから，抵当権者は，ほかの債権者よりも先に自分の債権を回収することができます（369条）。Aは，Dの甲土地の売却代金からBCよりも先に債権額の1,500万円の配当を受けることができます。そして，甲土地の価値は1,500万円しかありませんから，Aが1,500万円の配当を受けると，BCは，もはや配当を受けることができません（A：B：C＝1,500万円：0円：0円）。

このように，債権者が抵当権の設定を受けていない場合と抵当権の設定を受けている場合を比較してみると，抵当権の設定を受けているほうが債権の回収という点でたいへん有利であることがわかります。

担保物権にはいくつかの共通する性質があります

担保物権は，債権の回収を確実にするためのものです（担保物権によって担保される債権を**被担保債権**（ひたんぽさいけん）といいます）。そのため，担保物権にはいくつかの共通する性質があります。

(1) 被担保債権がないと担保物権は成立しません

担保物権は，債権の回収を確実にするためのものですから，被担保債権が存在しないと，担保物権は成立しません。また，被担保債権が弁済などによって消滅したときは，担保物権も消滅します。このような性質を**担保物権の付従性**といいます。ただし，例外として，根抵当権には付従性がありません（根抵当権については，228 頁参照）。

(2) 担保物権は被担保債権といっしょに移転します

被担保債権が債権譲渡→216頁などによって第三者に移転した場合には，担保物権も，原則として，それにともなって第三者に移転します。このような性質を**担保物権の随伴性**といいます。ですから，被担保債権が譲渡された場合には，その譲受人が担保物権の権利者となります。

(3) 担保物権の効力は担保目的物全体に及びます

担保権者は，原則として，被担保債権の全部の弁済を受けるまで目的物のうえに権利を行使することができます。ですから，担保権者は，被担保債権の一部の弁済を受けたとしても，担保権の設定を受けた目的物全体について担保権を行使することができます（296 条・305 条・350 条・372 条）。このような性質を**担保物権の不可分性**といいます。

(4) 担保目的物に代わるものに権利行使できます

担保物権を設定した家屋が火災で燃えてしまったことによって債務者が火災保険金請求権を取得した場合のように，債務者が担保目的物に代わるもの（これを価値代替物といいます）を取得したときは，担保物権をもつ債権者は，その価値代替物から債権を回収することができます（304条・350条・372条）。この性質を**担保物権の物上代位性**（ぶつじょうだいいせい）といいます。ただし，留置権には優先弁済的効力がありませんから，物上代位性も認められません。

Ⅵ 典型担保
――まずは民法が規定している担保から

抵当権（ていとうけん）は担保の女王です

369条（抵当権の内容）
1　抵当権者は，債務者又は第三者が占有を移転しないで債務の担保に供した不動産について，他の債権者に先立って自己の債権の弁済を受ける権利を有する。
2　地上権及び永小作権（えいこさくけん）も，抵当権の目的とすることができる。この場合においては，この章の規定を準用（じゅんよう）する。

(1)　抵当権とは

抵当権は，担保物権のなかでも最も利用されることの多い，重要な担保です。債務者が債権者からお金を借りる際に，債務者や第三者が債権者との間で自分の所有する土地や建物に抵当権を設定する契約を結びます。これを**抵当権設定契約**（ていとうけんせっていけいやく）といい，抵当権の設定を受ける債権者を**抵当権者**，抵当権を設定する債務者や第三者を**抵当権設定者**といいます。また，抵当権を設定する土地や建物（不動産）を**抵当不動産**といいます。

抵当権設定後も債務者や第三者は抵当権を設定した土地や建物をそのまま利用することができます（**非占有担保**（ひせんゆうたんぽ））。しかし，債務者が弁済期に債務の弁済ができない場合には，抵当権者は，抵当権を実行して抵当権の目的である土地や建物を競売(けいばい)して，その売却代金から優先弁済を受けることができます（369条1項）。これを**抵当権**といいます。

抵当権を設定した債務者にとっては，抵当権設定後も土地や建物を利用し続けることができ，また，債権者にとっては，土地や建物を自分で管理する必要がないというメリットがあります。

(2) 抵当権を設定するには――抵当権の設定，対抗要件の具備(ぐび) 用語

(a) 抵当権は合意で設定できます

抵当権は，債権者と債務者または第三者との間の合意で設定することができます（約定担保物権(やくじょうたんぽぶっけん)→221頁）。たとえば，債務者の親や兄弟のように，債務者でない人も，債務者の債務のために自分の所有している土地や建物に抵当権を設定することができます。このような第三者を**物上保証人(ぶつじょうほしょうにん)**といいます。

(b) 登記をしないと抵当権の設定を第三者に主張できません

抵当権は，債権者と債務者または第三者（物上保証人）の合意で設定できますが，登記をしなければ，抵当権の設定を第三者に対抗（主張）することができません（177条。登記については，第7章→256頁参照）。登記をしておけば，土地や建物の所有者が変わっても，抵当権には影響はありません。また，同じ土地や建物に対して，複数の抵当権を設定することが可能です。同じ土地や建物に複数の抵当権が設定されている場合，抵当権者同士の配当の優先順位は，登記の順番で決まります（373条）。

(c) 抵当権を設定できる権利は

抵当権は，民法上，不動産（土地や建物）の所有権および地上権 用語（次頁），

notes

用語 具備とは，必要なものやことがらを十分に備えることです。

永小作権用語に設定することができます（369条）。

（d）　抵当権で担保される債権は

抵当権の被担保債権は，通常，金銭債権ですが，物の引渡債権も，債務不履行があるときは，損害賠償債権に変わりますから，これを抵当権によって担保することができます。将来発生する債権のために抵当権を設定することもできます。

（3）　抵当権によってどのように債権を回収するか

（a）　抵当不動産の競売代金からほかの債権者よりも先に債権を回収できます

抵当権には優先弁済的効力があります（369条1項）。債務者が弁済期に債務の弁済をしない場合，抵当権者は，抵当権の目的である土地や建物を競売して，その売却代金からほかの債権者よりも先に債権を回収することができます（民事執行法180条1号）。抵当権による**担保不動産競売手続**（たんぽふどうさんけいばいてつづき）は，基本的には金銭債権の強制執行手続と同じ手続によることになります→202頁。もっとも，執行の迅速性（じんそくせい）（進みぐあいがとても速いことです）を確保する要請から，担保不動産競売手続では，強制競売手続で必要とされる債務名義（さいむめいぎ）用語の提出や執行文（しっこうぶん）用語の付与は必要とされません。担保不動産競売手続では，抵当権の実行は，抵当権の存在を証（しょう）する文書（通常，「登記事項証明書（とうきじこうしょうめいしょ）」によります）を裁判所に提出することで開始されます（民事執行法181条1項3号）。なお，2023

notes

用語（前頁）　地上権とは，他人の土地において工作物または竹木を所有するため，その土地を使用する権利（265条）のことです。

用語　永小作権とは，小作料を支払って他人の土地において耕作または牧畜をする権利（270条）のことです。

用語　債務名義とは，強制執行によって実現されることが予定される請求権の存在，範囲，債権者を表示した公の文書のことです（民事執行法22条参照）。

用語　執行文とは，強制執行できる状態であることを公証（公に証明することです）するために，債務名義の末尾に裁判所書記官が付与する文言のことです。通常は，「債権者○○は，債務者××に対し，この債務名義に基づき強制執行することができる。」という文言です。

年の民事執行法改正により，インターネットでの不動産担保権の実行の申立てが可能になります。改正法施行後は，法務局と裁判所が登記情報を共有し，登記事項証明書の提出は不要となります。

(b) 担保不動産の収益から債権を回収する方法もあります

抵当権者には，このほかに**担保不動産収益執行制度**を利用して，債権の回収を図る方法もあります。これは，抵当不動産の管理を第三者にゆだね，その不動産からあがる収益（たとえば，賃料）を抵当権者に配当（分配）する方法です（民事執行法 180 条 2 号）。

(c) 抵当目的物に代わるものに対して権利行使できます

さらに，**物上代位権**の行使によって債権を回収する方法もあります（372 条による 304 条の準用）。たとえば，抵当権が設定された家屋が第三者によって放火され燃えてしまった場合，家屋の所有者である抵当権設定者は，放火した第三者に対して，不法行為による損害賠償請求権をもちます（不法行為による損害賠償請求権については，第 *8* 章参照）。→280頁この場合に，抵当権者は，物上代位権の行使として，抵当権設定者が第三者に対してもつ損害賠償請求権を差し押さえて債権の回収を図ることができます（民事執行法 193 条 1 項後段・143 条）。

不特定の債権を担保する抵当権もあります

398 条の 2（根抵当権）

1 抵当権は，設定行為で定めるところにより，一定の範囲に属する不特定の債権を極度額の限度において担保するためにも設定することができる。

2 前項の規定による抵当権（以下「根抵当権」という。）の担保すべき不特定の債権の範囲は，債務者との特定の継続的取引契約によって生ずるものその他債務者との一定の種類の取引によって生ずるものに限定して，定めなければならない。

3 略

CASE 6-5

AとBとの間で，Aが取り扱っている甲商品を継続的にBに供給するという契約（このような契約を継続的商品供給契約といいます）が成立しました。1回目の取引で300万円の代金債権（これを甲債権といいます）が発生し，2回目の取引で300万円の代金債権（これを乙債権といいます）が発生しました。Aは，甲債権および乙債権が発生するたびに抵当権の設定を受けなければならないでしょうか。

(1) 根抵当権（ねていとうけん）とは

抵当権は，債権が発生するごとに設定しなければなりません。ですから，CASE 6-5において，通常の抵当権では，Aは，甲債権および乙債権が発生するたびに抵当権の設定を受けなければなりません。しかし，これでは手間がかかりますし，登記等の費用もかかります。また，甲債権の発生後乙債権が発生するまでの間に第三者が抵当権の設定を受ける場合のように，債権者にとっては，債権回収の優先順位を確保できないおそれもでてきます。

そこで，民法は，一定の範囲に属する不特定の債権を一定額（これを**極度額**（きょくどがく）といいます。最高額のことです）の限度で担保するためにも抵当権を設定することができるとしています。これを**根抵当権**といいます（398条の2第1項）。

(2) 根抵当権が設定されると

たとえば，CASE 6-5で，AとBが継続的な取引から発生する代金債権を担保するために，AがB所有の土地（時価1,000万円）に極度額1,000万円の根抵当権の設定を受けると，Aは，甲債権および乙債権が発生するたびに抵当権の設定を受ける必要はなく，この根抵当権によって甲債権も乙債権も担保することができます。そのため，甲債権の発生後乙債権が発生するまでの間に第三者が同じ土地に抵当権の設定を受けたとしても，Aは，乙債権についても，この第三者よりも先に乙債権を回収することができます。

債権者が目的物を占有する担保もあります

> 342条（質権の内容）
> 質権者は，その債権の担保として債務者又は第三者から受け取った物を占有し，かつ，その物について他の債権者に先立って自己の債権の弁済を受ける権利を有する。

(1) 質権とは

これまでみてきた抵当権は，抵当権を設定した土地や建物の占有を抵当権設定者（債務者や物上保証人→226頁）にとどめるものですが，担保権者が担保目的物を占有する担保手段もあります。それが**質権**です（342条）。

債務者が債権者からお金を借りる際に，債務者や第三者（質権を設定する人を**質権設定者**といいます）が債権者（質権の設定を受ける人を**質権者**といいます）との間で質権を設定する契約（これを**質権設定契約**といいます）を結び，それとともに質権の目的物（これを**質物**といいます）を債権者に引き渡します。債権者は，債務者から債務の弁済があるまで質物を自分の占有にとどめます。これによって質物を返してもらいたい債務者に対して債務の弁済を促すことができます。また，債務者が債務の弁済をしない場合には，債権者は，質物を競売してその売却代金からほかの債権者よりも先に自分の債権を回収することができます。

(2) 質権を設定するには

質権の設定には，債務者や第三者が債権者との間で質権設定契約を結ぶほかに，原則として，目的物の引渡しが必要です（344条）。第三者（たとえば，債務者の親や友人など）も，債務者の債務のために自分の所有物に質権を設定することができます（342条）。この第三者を**物上保証人**(ぶつじょうほしょうにん)といいます。

質権は，譲渡が可能な動産，不動産，債権その他の財産権に設定することができます（343条・352条・356条・362条）。

一定の債権については法律上当然に優先権が与えられます

303条（先取特権(さきどりとっけん)の内容）
先取特権者は，この法律その他の法律の規定に従い，その債務者の財産について，他の債権者に先立って自己の債権の弁済を受ける権利を有する。

(1) 先取特権(さきどりとっけん)とは

当事者間に担保権設定の合意がなくても，法律上自動的に担保権が発生する場合（法定担保物権 →221頁）があります。それが先取特権と留置権(りゅうちけん)です。

まず先取特権からみていきましょう。一定の債権については，法律上当然にほかの債権者よりも先に債務者の財産（の売却代金）から債権を回収する権利が与えられます（303条）。これを**先取特権**といいます。

たとえば，被用者(ひようしゃ)（会社などで使用者に雇(やと)われている人）が使用者に対して給料債権（給料の支払を請求する債権のことです）をもっている場合，被用者は，使用者の総財産（の売却代金）から，ほかの債権者よりも先に給料債権を回収することができます（306条2号・308条）。また，不動産や動産の売主は，自分が売却した不動産や動産（の売却代金）から，ほかの債権者よりも先に売買代金債権を回収することができま

CHART 6-12 民法上の先取特権の種類

	一般の先取特権（306条）	特別の先取特権	
		動産先取特権（311条）	不動産先取特権（325条）
被担保債権の発生原因	①共益の費用 ②雇用関係 ③葬式の費用 ④日用品の供給	①不動産の賃貸借 ②旅館の宿泊 ③旅客（りょきゃく）または荷物の運輸 ④動産の保存 ⑤動産の売買 ⑥種苗（しゅびょう）または肥料（ひりょう）（蚕種（さんしゅ）または蚕（かいこ）の飼養（しよう）に供した桑葉（そうよう）を含む）の供給 ⑦農業の労務 ⑧工業の労務	①不動産の保存 ②不動産の工事 ③不動産の売買

す（311条5号・321条・325条3号・328条）。どのような債権に先取特権が与えられるかは，民法その他の法律に規定されています（306条・311条・325条，商法802条・842条など）。

(2) 先取特権にはいろいろな種類があります

先取特権は，先取特権を行使できる財産に応じて，一般（いっぱん）の先取特権（さきどりとっけん）と特別（とくべつ）の先取特権（さきどりとっけん）にわけることができます（CHART 6-12参照）。先取特権者が債務者の総財産について先取特権をもつものを**一般の先取特権**といいます（306条）。たとえば，雇用関係に関する債権，すなわち，給料債権をもっている人は，債務者である使用者の総財産（の売却代金）から，ほかの債権者よりも先に給料債権を回収することができます。

先取特権者が債務者の特定の動産または不動産について先取特権をもつものを**特別の先取特権**といいます（311条・325条）。たとえば，不動産賃料債権をもつ人は，借主の動産（の売却代金）から，不動産，動産の売買代金債権をもつ人は，買主に売却した不動産や動産（の売却代金）から，ほかの債権者よりも先に賃料債権や売却代金債権を回収することができます。

返してほしかったらお金を支払え

> 295条（留置権の内容）
> 1　他人の物の占有者は，その物に関して生じた債権を有するときは，その債権の弁済を受けるまで，その物を留置することができる。ただし，その債権が弁済期にないときは，この限りでない。
> 2　前項の規定は，占有が不法行為によって始まった場合には，適用しない。

(1)　留置権とは

たとえば，自転車がパンクしたので，自転車の所有者ＢがＡに自転車の修理を依頼し，パンクが直ったとしましょう。この場合，Ａは，Ｂに対して，パンクの修理代金債権をもちます。しかし，ＡがＢに修理した自転車を引き渡しても，Ｂがきちんと修理代金を支払ってくれるとはかぎりません。

そこで，民法は，債権者が債権の弁済を受けるまで，債務者から引渡しを受けた物を留置（自分の支配下にとどめ置くことです）すること，すなわち，その返還を拒むことができるとしています（295条1項本文）。これを**留置権**といいます。Ａは，Ｂが修理代金を支払ってくれるまで，自転車の返還を拒むことができます。Ｂが自転車を返してほしければ，ＢはＡに修理代金を支払わなければなりません。このように，留置権は，債務者の債務の弁済を促進する（速くはかどるよううながすことです）機能をもちます。しかし，通常の担保物権と異なり，留置権には優先弁済的効力はありません。

なお，上記の例では，ＡとＢとの間には請負契約（建物の建築契約のように，仕事の完成に対して報酬が支払われる契約のことです）があるので，Ａは，同時履行の抗弁権を用いてＢに対する自転車の引渡しを拒むこともできます→133頁（533条）。しかし，たとえば，Ｃが自転車をＢから買い受けて，Ａにその引渡しを求めた場合には，ＡとＣとの間には契約がないので，Ａは，Ｃに対して，同時履行の抗弁権を用いることはできません。これに対し，留置権は，物権であり，だれに対しても主張できます。そのため，Ａは，修理代金が支払われるまで，Ｃからの自転車の引渡請求を拒むことができます。

(2)　留置権が認められない場合もあります

物を盗んだ者が盗んだ物に修理代を支出した場合のように，不法行為（不法行為については，**第２部**第*8*章参照→280頁）によって占有を始めた者が物に費用を支出しても，所有者に対する費用償還請求権（196条。支出した費用を返してもらう権利のことです）をもつからといって，それを理由に所有者からの物の引渡請求に対して留置権を行使することはできません（295条２項）。

Ⅶ　非典型担保
――法律に規定のない担保もあります

なぜ非典型担保が必要か

(1)　典型担保では十分ではありません

債権の担保手段として法律に規定がない担保（これを非典型担保といいます）もしばしば利用されます。なぜそのような担保が利用されるのでしょうか。

たとえば，ビルの一室を借りてITビジネスを営んでいるBがAから融資を受けて営業を拡大したいと考えているとしましょう。民法の抵当権は，不動産にしか設定することができません→226頁から，Bが不動産をもっていないと抵当権を設定することはできません。また，質権は，質物の占有を債権者に移転する必要があります→230頁。ですから，Bが仕事に利用しているパソコンに質権を設定すると，Bは，パソコンをAに引き渡さなければならず，パソコンを利用できなくなります。このように，法律が規定している担保（典型担保）では十分でない場合があります。

(2)　費用や時間がかかります

非典型担保が利用されるもう1つの理由は，競売手続をめぐる問題があるからです。担保物権の目的物から債権を回収するには，競売手続が必要です。もっとも，競売手続では，費用もかかりますし，時間もかかります。また，担保目的物の売却代金が安くなりがちです（時価の50%～70%といわれています）。ですから，債権者にとっては，担保目的物やそれを売却した代金を自分のものとすることにより債権の回収を図ったほうがよい場合があるからです。

以下では，実務的にも理論的にも重要な譲渡担保権と所有権留保についてみることにしましょう。

権利を譲渡する方法があります――譲渡担保権

(1)　あらかじめ権利を譲渡しておきます

AがBにお金を貸す際，Bが借りたお金を返済しない場合に備えて，Bの所有物の所有権や債権などをあらかじめAに譲渡しておくことがあります。Bが借りたお金を約束どおり返せば，Aに移転した

CHART 6–13　譲渡担保権における当事者の関係

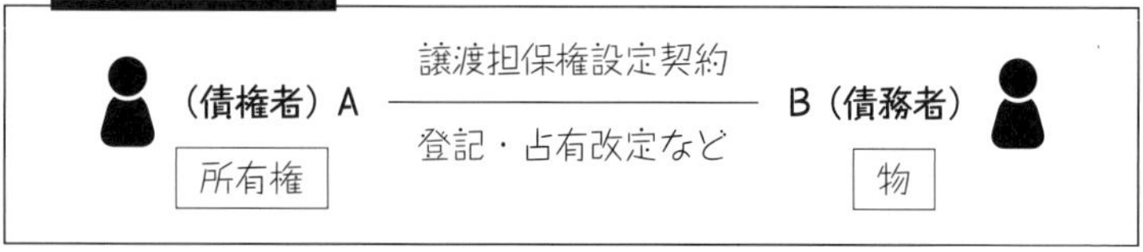

権利はBに戻りますが，Bが借りたお金を返せないと，Aは，Bのもとから譲渡担保権の目的物を引きあげて確定的に自分のものとしたり，第三者に売却してその売却代金から債権を回収したりすることができます（CHART 6–13 参照）。このような担保を**譲渡担保権**といいます。

なお，現在，担保物権法の改正作業が進んでおり，譲渡担保権について明文の規定が設けられる予定です。そこで，以下では，現在，取引で用いられている譲渡担保権について説明します。

譲渡担保権は，債権者（譲渡担保権の設定を受ける人を**譲渡担保権者**といいます）と債務者または第三者（譲渡担保権を設定する人を**譲渡担保権設定者**といいます）との間の合意（これを**譲渡担保権設定契約**といいます）で設定することができます。譲渡担保権の被担保債権は，通常，金銭債権です。将来債権→218頁も被担保債権とすることができます。また，譲渡担保権を設定できる目的物は，不動産，動産，債権であるかを問いません。店の倉庫内にある在庫全体（これを**集合動産**といいます）や債務者が第三債務者（債務者Bの債務者）に対してもっている債権全部（これを**集合債権**といいます）にも譲渡担保権を設定することができます。

(2)　譲渡担保権による債権の回収方法は

譲渡担保権の設定を第三者（たとえば，Bから譲渡担保権の目的物を譲り受けた人です）に対抗（主張）するには，不動産の場合には登記（177条），動産の場合には引渡し（178条）が必要です（不動産，動産の対抗要件については，第7章参照（→256頁））。もっとも，動産については，通常，占有改定（せんゆうかいてい）か（183条），動産債権譲渡特例法（→264頁）上の登記が利用されます（同法3条1項）。また，債権に対する譲渡担保権の設定を債務者（譲渡担保権の目的である債権の債務者のことです）に対抗（主張）するには，債務者に対する通知または債務者の承諾が必要ですし（467条1項），債務者以外の第三者に譲渡担保権の設定を対抗するには，その通知または承諾が確定日付（かくていひづけ）のある証書によってなされることが必要となりますが（同条2項）。動産債権譲渡特例法（→219頁）上の登記を利用することもできます（同法4条（→219頁））。

譲渡担保権の実行は，典型担保と異なって，債務者が借りたお金を返さない場合，競売手続によらず，債権者が債務者のもとから譲渡担保権の目的物を引きあげて確定的に自分のものとしたり，第三者に売却してその売却代金から債権を回収したりすることによって行われます。

所有権を譲渡しない方法もあります――所有権留保

取引においては，AがBに物を売る際，Aが売買目的物の所有権を留保（りゅうほ）して（自分のもとに残すことです）目的物をBに引き渡すことがあります。これを**所有権留保**といいます。Bが約束どおりに代金を支払うと，Aが留保していた所有権はBに移転します。他方，Bが代金を支払わない場合には，Aは，目的物の売買契約を解除して，Bのもとから目的物を引きあげて確定的に自分のものとしたり，第三者に売却してその売却代金から債権を回収します。割賦販売[用語]の方法で売買された商品については，販売業者に所有権が留保されたものと推

notes

[用語] 割賦販売とは，売買代金を分割して支払うことを条件とした販売方法のことです。

定されています（割賦販売法7条）。

なお，所有権留保についても，担保物権法の改正の中で規定が設けられる予定です。

第 7 章

所有権を守るには

物権的請求権，占有，物権変動

ここまでは，財産法の柱の１つである契約を中心にみてきました。契約は，契約を結んだ人がもつ財産の交換にかかわる制度でした。他方，私たちは，日常生活において自分の所有する物を，だれかと交換するのではなく，使用したり処分したりすることにより，自ら支配しています。それでは，物の所有者はどのように決まるのでしょうか。また，物の所有者は，たとえば，他人に自分の物を奪われた場合に，どのような救済を求めることができるでしょうか。第７章では，これらの点を中心にみていきましょう。

I　物権的請求権
――倒れた木の後始末は

近年，激しい暴風雨をともなう台風や低気圧が各地で猛威をふるい，強風で木が根こそぎ倒れる光景もみられます。もしあなたの家の庭に，強風で隣の家の庭から木が倒れてきたら，どう後始末すればよいのでしょうか。とくに倒れた木が人の力では動かない大木であった場合，後片づけについて隣人との間でもめ事が起きるかもしれません。

物権的請求権には３種類あります

206条（所有権の内容）
所有者は，法令の制限内において，自由にその所有物の使用，収益及び処分をする権利を有する。

CASE 7-1

Bの所有する乙土地の庭に立っていた大木が，台風により，Aの所有する甲土地の庭に倒れました。AはBに，なにを請求できるでしょうか。

CHART 7-1 土地所有者の妨害排除請求権

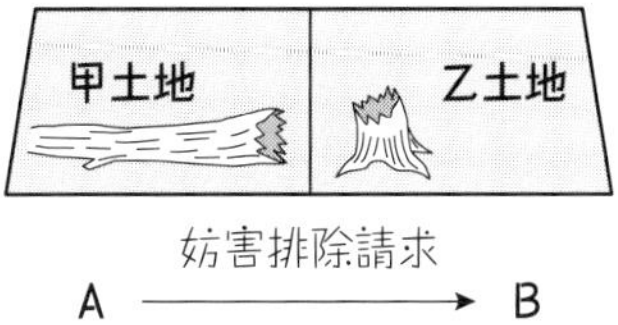

(1) 妨害を取り除くには

CASE 7-1で，Aは甲土地の所有者であり，甲土地の**所有権**をもっています。所有権の内容は206条が定めています。同条によると，所有権とは，目的物を使用し，収益し，処分することができる権利です。つまり，所有者は，その所有物を，原則として，他人からの干渉を受けずに自由に使い，他人に貸して賃料を得たり，売ったりすることができます。したがって，Aは，本来，自分の所有物である庭を自由に使えるはずです。

しかし，CASE 7-1で，倒れた木が放置されたままだと，たとえば，ガーデニング好きのAが花を植えることができないというように，Aは庭を自由に使えません。つまり，倒木が放置されることにより，Aは，庭の所有権の行使を妨げられています。このとき，Aが，庭の使用を妨げている大木の持ち主Bに対してなにもいえなければ，Aは本当の意味で自分の所有物である庭を自由に使えるとはいえません。そこで，民法に明文規定はありませんが，このような場合にAはBに対して，妨害状態を取りのぞくことを求める権利があると一般に考えられています。Aのこの権利を，**妨害排除請求権**(ぼうがいはいじょせいきゅうけん)といいます（CHART 7-1 参照）。もう少し抽象的にいえば，所有者の妨害排除請求権とは，所有物の使用・収益・処分が妨げられているとき，その妨害を取りのぞく権利です。

この場合，AはBに対して，Bの木を甲土地から撤去するように要求することができます。

(2) 返還を求めるには

また，所有者がその所有物の使用・収益・処分を妨げられている場合，とくに他人が自分の所有物をもち去ったとき，所有者にはその物を返還してもらう権利が認められます。これを**返還請求権**(へんかんせいきゅうけん)といいます。

(3) 妨害をあらかじめ防ぐには

さらに，現時点では所有物の使用・収益・処分が妨げられていませんが，放っておくとそのうち妨げられるおそれがある場合，所有者には，将来妨害が生じないように予防措置を講じることを求める権利も認められます。これを**妨害予防請求権**(ぼうがいよぼうせいきゅうけん)といいます。たとえば，隣(となり)の土地から自分の土地に今にも木が倒れてきそうなとき，倒れてこないようあらかじめ切り倒してもらう，といった場面で問題となります。

(4) 返還請求権などが認められるのは所有権だけではありません

なお，所有権のように，物に対する権利であって，他人の意思を介することなく権利者の意思だけでその内容を実現できる（所有権でいえば，自分の所有物を使用し，収益し，処分できる）権利を，**物権**といいます。債権が，債務者という人に対する権利であり，債務者が自発的に履行(りこう)してくれなければ裁判所に訴えて強制執行してもらわなければ

コラム⑪　木の除去費用はだれが払うか

本文では，次に述べる行為請求権説に立ち，庭の所有者Aに妨害排除請求権が認められると述べました。しかし，CASE 7-1 のAは，妨害排除請求権を行使して，Bに木を取りのぞいてもらい費用も払わなくてすむかというと，実は問題はそれほど簡単ではありません。

たしかに，物権的請求権とは，相手方に物の返還・妨害の排除・妨害の予防をしてもらう権利だとする考え（行為請求権説）に従えば，妨害排除請求権を行使したAは，Bに，たとえば，クレーン車をよんで木を取りのぞいてもらうように求めることができ，その費用もBに負担してもらうことができます。しかし，これに対して，物権的請求権とは，たとえば，土地の所有者自らが妨害の排除などを実現するとき，相手方（妨害物の所有者）に手出しをさせない権利にすぎないという考え（忍容(にんよう)請求権説）もあります。妨害物である木の所有者Bがわざと木を切り倒したなどの理由からBが費用負担すべきだとしても，それは物権的請求権とは別の問題（不法行為(ふほうこうい)による損害賠償請求。→279頁 第8章参照）であるという考えです。この考えに従えば，CASE 7-1 では，Aは自分の費用でクレーン車をよぶことになります。木が倒れたのはBのせいではないため，AはBにクレーン車の費用を請求することができません。

さらに，CASE 7-1 の状況は，見方を変えると，Bの所有物である樹木[用語]がAの庭にあるとみることもでき，BがAに，木について返還請求権を行使することも考えられます。この場合，行為請求権説に従うとき，Aが妨害排除請求権を行使する前に返還請求権を行使したBは，クレーン車の費用をAに負担させることができることになります。結果として，AかBのいずれか早く物権的請求権を行使したほうが，相手に費用を押しつけることができ，いわば早い者勝ちとなります（CHART 7-2 参照）。このことから，行為請求権説に立ち，かつBにも

notes

[用語] 法律の本では，樹木の意味で「立木」という言葉が使われることが少なくありません。「立木」は，樹木の集団をさす場合，とくに「立木ニ関スル法律」が適用されるときには，「りゅうぼく」と読み，それ以外は「たちき」と読むことがあります。

CHART 7-2 土地所有者の妨害排除請求権と樹木所有者の返還請求権

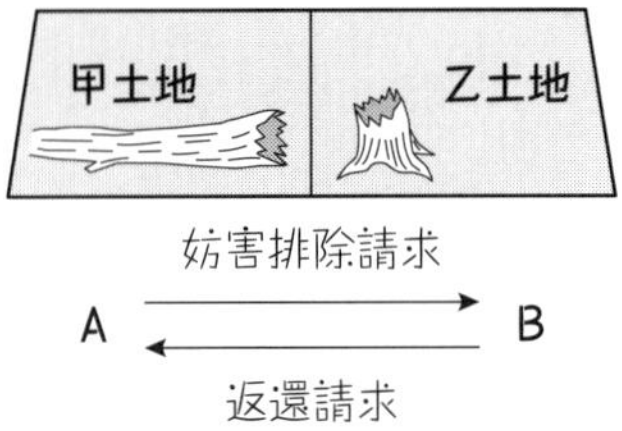

Aに対する行為請求権があるとすることは妥当ではありません。また，忍容請求権説にも，CASE 7-1のような場合に，権利者が権利行使を控え，Bの木がAの庭にある状態が続いてしまうなどの批判があります。

そこで，最近では，CASE 7-1のような場合，Bの木がAの庭を侵害していると評価すべきであり，AがBの木を侵害していると評価すべきではないから，Aが妨害排除請求権をもつだけで，Bは返還請求権をもたないという立場が有力です。

ならないことと比べてみてください。

返還請求権・妨害排除請求権・妨害予防請求権は，原則として所有権以外の物権にも認められます（ただし，物権でも，たとえば，留置権（りゅうちけん）のようにこれらの請求権が認められないものもあります〔302条参照〕）。そこで，この3つをまとめて**物権的請求権**といいます。

II 占　有 ——所有者でなくとも物を支配する者は守られます

以上のように，所有者は，物権的請求権によって，所有権行使を妨げる（おそれのある）者に対して，物の返還・妨害の排除・妨害の予防をするように求めることができます。しかし，物の返還などを要求できるのは，所有権などの権利をもつ者にかぎりません。

実力行使は許されません——自力救済（じりききゅうさい）の禁止と占有回収（せんゆうかいしゅう）の訴え

180条（占有権の取得）
　占有権は，自己のためにする意思をもって物を所持することによって取得する。
200条（占有回収の訴え）
1　占有者がその占有を奪われたときは，占有回収の訴えにより，その物の返還及び損害の賠償を請求することができる。
2　略
202条（本権の訴えとの関係）
1　占有の訴えは本権の訴えを妨げ……ない。
2　略

CASE 7-2

　駅前にとめていた自転車を盗まれたBは，1か月後，同じ駅前で自分の自転車に乗るAを見つけ，抵抗するAから無理やり自転車を取り返しました。AはBに，どのような請求ができるでしょうか。

(1)　自力救済（じりききゅうさい）の禁止とは

　CASE 7-2で，Aの乗る自転車をBが取り返す行為は，Bの実力による権利行使です。Bによるこの実力行使を許すと，場合によっては暴力が用（もち）いられるなどして，社会秩序が保たれません。そこで，法の世界では，実力による権利行使（**自力救済**）は，たとえ真の権利者によるものでも，許されないとされます。権利に基づいて物の返還などを求める者は，裁判所を通してそれを求めなければなりません。
　自力救済をした者は，場合によっては，それにより生じた損害について損害賠償責任を負わされます。さらに，CASE 7–2 で，取り返した自転車をBがそのまま保持できるのであれば，結果的にBの自力救済が認められてしまうため，民法は，Aが自転車を取り戻すための訴えについて定めています。

(2) 自力救済への対抗手段は

物の支配を奪われた者は，その者が，たとえば，所有者であるかどうかを問わず，物の返還を請求することができます（200条1項）。CASE 7–2 では，たとえBが自転車の所有者であっても，AはBに，自転車の返還を求めることができます。これを**占有回収の訴え**といいます（CHART 7–3 参照）。これにより，Bに所有権があるかどうかを問わず，Aが自転車を事実上支配しているという状態それ自体（占有）が守られます。ただし，Aが返還を請求することができるのは，自転車を奪われたときから1年以内にかぎります（201条3項）。

所有者のBにAが自転車を返せといえるのは，おかしいのではないかと思われるかもしれません。しかし，占有回収の訴えは，先ほど説明したように，実力行使を封じて社会秩序を保つ役割をはたします。BがAに所有権に基づく訴えを起こすことは可能ですが，このBの訴えとAの占有回収の訴えはあくまで別々の訴えです。

(3) 権利者による訴えとの関係

CASE 7–2 でBは，Aの占有回収の訴えに対して，その裁判のなかでBのもつ所有権に基づく訴えによっていわばAを訴え返すこと（反訴[用語]）もできます（妨害の予防を求める占有者からの訴えと目的物の

notes

[用語] 反訴とは，すでに行われている裁判のなかで，被告が原告を相手に起こす訴えのこと（要するに訴え返すこと）をいいます。

CHART 7-3 自力救済と占有回収の訴え

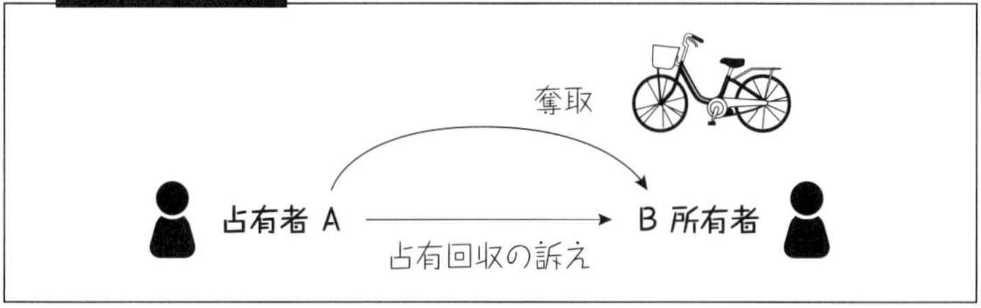

返還を求める所有者からの反訴についてのものですが，最判昭和 40・3・4 日民集 19 巻 2 号 197 頁参照)。ただし，AB 双方の訴えがともに認容されると，たとえば「B は A に自転車を引き渡せ」(A の訴えの判決) と，「A は B に自転車を返還しろ」(B の訴えの判決) という 2 つの矛盾した判決が下されることになります。そこで，この 2 つの関係をどう考えるか (具体的には，それぞれの判決をどうやって強制執行→162頁·202頁するか) が問題になります。

第 1 に，占有者 A の訴えの判決に基づいて強制執行が行われて A に自転車が引き渡された後に，所有者 B の訴えの判決が強制執行できるようになるとすることが考えられます。しかし，このような考えに対しては，A は一時的に自転車を取り戻すだけとなり，A の占有回収の訴えが無意味になるといえます。

第 2 に，所有者 B の訴えの判決を (「A は B に自転車を返還しろ」ではなく)「A は B の自転車を奪ってはならない」という形にし，占有者 A が自分の訴えの判決に基づいて強制執行をして自転車を取り戻そうとしても，(A は B の自転車を奪えないわけですから) A の判決の効力を消滅させることも考えられます。この立場に従うと，結局，占有者 A は自転車を取り戻せません。しかし，A の占有の訴えが一応認められることで自力救済の禁止が示される点に，占有の訴えの意味があるとされます。

コラム⑫　自力救済が許される場合

本文で述べたように，法の世界では自力救済は許されないというのが原則です。しかし，たとえば，CASE 7–2 において，A がカギを掛け（か）ずに自転車をとめてどこかへ行ってしまったような場合に，B がそのまま自転車をもち帰ることも許されないとすると，B は権利行使の機会を失うおそれがあり，また B が自転車をもち帰ることを許したとしても社会秩序が著（いちじる）しく害されるおそれもありません。判例（はんれい）も，一般論としてですが，「法律に定める手続によったのでは，権利に対する違法な侵害に対抗して現状を維持することが不可能又は著しく困難であると認められる緊急やむを得ない特別の事情が存する場合においてのみ，その必要の限度を超えない範囲内で，例外的に許される」とします。（最判昭和40・12・7 民集 19 巻 9 号 2101 頁）。

ただし，たとえば，所有者 B が目の前で A に奪われそうな自転車を取り戻すケースについては，A に占有は成立しておらず，B が自分の占有を維持するにすぎないケースとみることができます。このような場合，自転車を奪おうとした A には，占有を奪われたことを理由とする占有回収の訴えは認められないといえます。

占有とは物を事実上支配していることです

(1)　自己のためにする意思とは

200 条 1 項は，「占有者（せんゆうしゃ）がその占有を奪われたとき」に占有回収の訴えができるとします。また，**占有**とは，180 条によれば，「自己のためにする意思をもって物を所持（しょじ）することによって取得」することができるものとされます。したがって，条文からは，占有とそれに基づく占有回収の訴えが認められるには，物の所持に加え，所持者に「自己のためにする意思」のあることが必要だといえます。

もっとも，物をもつ者に占有が認められるために，「自己のためにする意思」のあることが必要かどうかについては，考えが分かれています。一方では，この意思が必要であるとしつつも「潜在的・一般的」にあればよいとして広くこの意思を認め，たとえば本人の知らない間に郵便受けに入れられた手紙についてもこの意思を認めるとする考えがあります。他方で，物をもつ者に「自己のためにする意思」，ひいては占有が認められるかどうかの判断は，次に述べる「所持」が認められるかどうかで判断すればよいなどとして，「自己のためにする意思」を不要とする立場も有力です。

(2) 所持とは

占有のもう1つの要素である「所持」は，占有者が直接物を支配していることを必ずしも必要としません。たとえば，隣の家から空家の出入口を監視したりする者にも，その空家の占有が認められます（最判昭和27・2・19民集6巻2号95頁）。また，貸主（かしぬし）は，貸した物について，借主の支配を介して間接的に支配しているといえ，貸主には賃した物の占有が認められます。

占有にはさまざまな機能があります――占有訴権（せんゆうそけん）と権利推定

188条（占有物について行使する権利の適法の推定）
占有者が占有物について行使する権利は，適法に有するものと推定する。

CASE 7–3

Aは C から買った建物に住みはじめましたが，その建物は登記（とうき）のない建物でした。間もなくAは，隣人Bから，建物の一部を壊されるなどの嫌がらせを受けるようになりました。そこで，Aが，建物の破壊をやめるようBに抗議したところ，Bは，「お前の建物だという証拠がどこにある」と開き直りました。Aは，どのようにして建物についての自分の所有権を明らかにすればよいのでしょうか。

(1) 占有訴権とは

すでにみたように（→246頁），占有回収の訴えは，ある者が所持する物につき，その者に，所有権などがあるかどうかを問わず，（間接的なものであれ）物の事実上の支配それ自体を守る制度です。このような制度としてほかに，占有保持の訴え（198条），占有保全（せんゆうほぜん）の訴え（199条）が定められています。これらは，物権的請求権（→240頁）でいえば，それぞれ妨害排除請求権，妨害予防請求権に相当するものです。そして，これらの訴えと占有回収の訴えをまとめて，**占有訴権**といいます 発展 。なお，占有者が同時に所有者でもある場合，占有者は，占有訴権と所有権による返還請求権のいずれを行使してもかまいません。

(2) 占有は所有権などの権利を保護する機能もはたします

このように，占有は，一方で，所有権などの権利の保護と切り離された，物の支配の保護という機能をはたします。しかし，他方で，占有は，その背後にある所有権などの権利を保護する機能をはたすこともあります。たとえば，CASE 7-3で，Aが所有権を証明しなければならないとすると，その証明は困難です。かりにAが，Cから建物を買ったことを売買契約書（ばいばいけいやくしょ）などによって証明したとしても，Cが契約締結当時，所有権をもっていた証明とはならないからです（Aは，所有者ではないCから買った可能性もあります）。そこで，民法は，占有者が占有する権利を適法に有しているものと推定しています（188条）。

notes

発展 占有訴権の存在意義については，物の支配の保護という理解と異なる理解をする学説もみられます。

たとえば，買主として買った物を占有している場合，その物を所有権に基づいて占有しているものと推定されます。このことは，占有者の多くは適法な権利者でもあるという事実に基づくものです。

なお，判例は，登記→256頁のある不動産（土地建物）には188条を適用しません（最判昭和34・1・8民集13巻1号1頁）。登記のある不動産については，登記簿の登記名義が真実の権利関係を反映しているとみられるため，登記名義人が適法な権利者であるという推定がなされます。

III 物権変動 ——買っただけでは所有者になれないかも

所有者は，I→240頁でみた物権的請求権や，目的物を占有するときは，II→250頁でみた占有訴権を行使して，その地位を守ることができます。それでは，そもそも所有権を取得するにはどうすればよいのでしょうか。

所有権の取得方法は２種類あります

所有権の取得方法には，大きくわけて２つの方法があります。１つは，売買や相続に代表される**承継取得**という方法であり，もう１つは，あとで説明する即時取得→265頁や時効取得→273頁のような，**原始取得**という方法です。やや抽象的にいえば，承継取得とは，他人のもつ既存の所有権がある者に承継されることにより，その者が所有権を取得することです。これに対して原始取得とは，社会に１つの新しい所有権が発生することにより，ある者が所有権を取得することです。以下，とくに承継取得について，売買を例に説明していくこととします。

不動産は動産と区別して取り扱われます

86条（不動産及び動産）
1　土地及びその定着物は，不動産とする。
2　不動産以外の物は，すべて動産とする。

承継取得に関する説明の前に，不動産と動産の区別について説明しておきます。民法は，所有権の対象である物（有体物。85条）について，土地および「その定着物」を**不動産**とし（86条1項），それ以外の物を**動産**とします（同条2項）。ただし，「定着物」のなかには，たとえば，石垣のように土地と一体として扱われる物と，建物のように土地とは別個の不動産として取り扱われるものがあります。

民法が動産と不動産を区別する理由は，一般に不動産のほうがより重要な財産であることから，不動産と動産とで異なる取扱いをすることが少なくないためです。たとえば，所有者のない不動産は国のものとなる（239条2項）のに対して，所有権のない動産は所有の意思をもって占有をはじめた者のものとなります（同条1項）。とくに，Ⅳ→265頁で説明する即時取得（そくじしゅとく）は動産についてのみ認められます。

土地・建物などの所有権を得るには
――不動産の物権変動（177条）

176条（物権の設定及び移転）
物権の設定及び移転は，当事者の意思表示のみによって，その効力を生ずる。
177条（不動産に関する物権の変動の対抗要件（たいこうようけん））
不動産に関する物権の得喪及び変更は，不動産登記法……の定めるところに従いその登記をしなければ，第三者に対抗することができない。

CASE 7-4

Aは，所有する土地をBに売って代金を受け取ったあと，同じ土地をCにも売って代金を受け取り，土地をCに引き渡しました。BはCに，Aとの売買によって土地の所有権を得たことを理由として，土地の明渡（あけわた）しを請求することができるでしょうか。

(1) 物権変動とは

物権の発生（所有権の移転，抵当権の設定など），変更（抵当権の順位の変更など）および消滅（目的物の滅失による所有権の消滅など）を，**物権変動**といいます。物権変動は，それが契約のような法律行為に基づくものであるとき，契約を結んだ者の間の意思表示だけでその効力を生じます（176条）。たとえば，CASE 7-4 では，AB間の土地所有権移転という不動産の物権変動は，AB間の意思表示，つまり売買契約によって効力を生じます。このように，物権変動は意思表示だけで効力を生じるとする立場を，**意思主義**といいます。これに対して，物権変動が生じるには意思表示に加えて，登記の移転などの一定の方式を備（そな）える必要があるとする立場を，**形式主義**といいます。

ただし，意思主義は，法律行為に基づく物権変動について意思表示以外の要件を不要とするにすぎず，意思表示があれば，ただちに物権変動が生じるとするものではありません。物権変動がいつ生じるか（物権変動の時期）は，行われた意思表示の解釈により定まります。たとえば，CASE 7-4 において，AB間の契約で，「代金支払時に所有権がBに移転する」という取決めがされたときは，売買契約時ではなく代金支払時に所有権が移転することとなります。土地と建物の売買に関する判例（最判昭和33・6・20民集12巻10号1585頁）が，「特にその所有権の移転が将来なされるべき約旨（やくし）用語（次頁）に出たものでないかぎり，買主に対し直ちに所有権移転の効力を生ずるものと解（かい）するを相当」とするのも，物権変動（所有権移転）の時期が売主と買主の意思に従うものであることを明らかにするものとみることができます。

コラム⑬　土地所有権の放棄と相続土地国庫帰属法

176条は，所有権などの物権の設定や移転の効力は，当事者の意思表示のみによって生じるとします。それでは，所有権の放棄は，所有者がその意思表示のみによって自由にできるのでしょうか。

たとえば，都会に暮らす子が，田舎の親が所有していた土地を相続した場合に，自由に土地所有権を放棄できるとすれば，土地が荒れることによって生じる周辺住民などへの危険（たとえば，土地上に立つ木が倒れる危険）を防止するための負担を，新たに土地所有者となる国（→252頁前述のように所有者のいない土地は国のものになります。239条2項参照）に押し付けることができることにもなりかねません。したがって，たとえば，土地の所有に伴う負担（固定資産税，管理費用の支払など）を免れることだけを目的とする土地所有権の放棄を，所有者が自由に行えるとすべきではないでしょう。裁判例にも，土地所有に伴う負担を避けるために所有権放棄の意思表示をした所有者Aが，この土地の所有権登記を国に移転するよう求めた事案で，Aによる所有権放棄を権利濫用としたものがあります（広島高裁松江支判平成28・12・21訟務月報64巻6号863頁。判例にも，借地権の事案に関するものですが，放棄によって損害を受ける者に放棄の効果を主張できないとしたものがあります〔大判大正11・11・24民集1巻738頁〕)。

他方で，近年，人口減少から土地の需要が減り土地価格が下落しつつあることから，土地を相続したものの手放したいと考える人や，適切な管理の行われない土地が増えており，これらの土地が将来，所有者不明→271頁土地となるおそれが指摘されていました。そこで，土地所有権の放棄を望む者のためにその制度を整備し，土地所有権を国のものとして所有者不明土地の発生を抑制するため，相続等により取得した土地所有権の国庫への帰属に関する法律（**相続土地国庫帰属法**。以下，単に「法」とします）

notes

用語(前頁)　約旨とは，契約の内容のことをいいます。

が2021年4月に制定されました（所有者不明土地の発生原因や対策について，**コラム⑭**参照 →270頁）。

相続土地国庫帰属法の下では，相続などによって土地を取得した者が，土地所有権を国に帰属させることについて承認を求めて法務大臣に申請をすることができます（法2条1項）。ただし，土地上に建物がある場合や，担保権などが設定されている土地，境界線が明らかでないか権利関係について争いのある土地などについては，申請することができません（同条3項）。事実の調査（法6条）を経て法務大臣の承認（法5条）があった場合，申請をした者は，10年分の標準的な土地管理費用を基に算定された負担金を国に納付しなければなりません（法10条1項）。この負担金が納付された時点で，土地所有権は国のものとなります（法11条1項）。

(2) 不動産所有権の取得を第三者に主張するには公示（こうじ）が必要です

以上のように，CASE 7-4において買主Bは，売主Aとの意思表示のみによってAから土地の所有権を取得することができます。しかし，Bが，売買契約の相手方ではない第三者Cに対して，所有権を取得したことを主張できるかどうかは別問題です。たとえば，CASE 7-4で，Cが，AB間の土地の所有権移転を外部から認識できない場合に，それにもかかわらずBが自分の所有権取得をCに対しても主張できるとすれば，AB間に土地の売買はないと誤信（ごしん）してAと取引したCが予想外の損害を受けるおそれがあります。そこで，AB間の所有権移転を認識させるシンボル（表象（ひょうしょう））がない場合，Cとの関係では，Bが自分の所有権取得を主張できないものとする必要があります。外界（がいかい）から認識できるシンボルを用いて物権変動を公に知らせることを**公示**といい，公示がなければ物権変動を第三者に主張できないとする考えを**公示の原則**といいます（CHART 7-4参照）。また，この第三者に対する主張を**対抗**といいます。

CHART 7-4 公示の原則

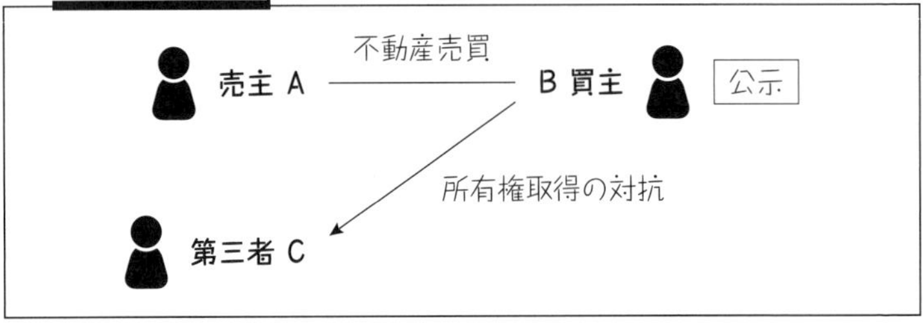

(3) 不動産物権変動の公示は登記です

民法は，土地のような不動産について，物権を取得した者が，そのことを第三者に対抗するには，それを**登記**しなければならないとします（177条）。なお，177条にある「物権の得喪（とくそう）」とは，物権の取得と喪失（なくなること）をさします。

(a) 登記とは

登記とは，各地の法務局（登記所）が取り扱う登記事務（とうきじむ）において，1つの不動産に1つずつ作成される登記簿（とうきぼ）に，登記官（とうきかん）によってなされる記録のことです（不動産登記法（ふどうさんとうきほう）11条参照）。「登記簿」というと，紙の帳簿を想像しますが，現在では原則としてオンラインで処理されています（同法2条9号参照）。登記には，たとえば，ある不動産について売買により所有権が買主に移転したことが記録されます（同法3条1号・59条）。登記に記録された事項を証明する登記事項証明書は，だれでも法務局でもらうことができます（同法119条）。登記をすれば，所有権の取得などが第三者に対抗できるものとなるため，登記を，不動産物権変動の**対抗要件**といいます。

(b) 177条の対抗要件

177条は，登記という公示がなければ物権変動を第三者に対抗できないとして，公示の原則を明らかにしています。つまり，177条の趣旨は，物権変動を公示することにより，その物権変動の存在を知らず

CHART 7-5 不動産二重譲渡と177条

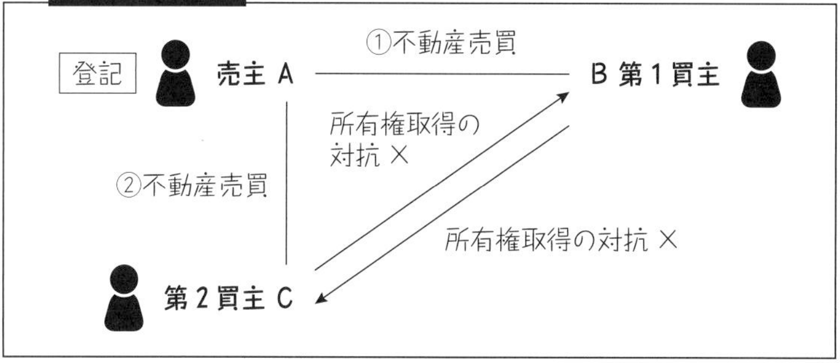

に利害関係をもつにいたった第三者（CASE 7-4のC）が不利益を受けることを防止すること（取引の安全）にあります。

見方を変えると，177条は，物権変動を公示しない者に，物権変動を第三者に対抗できないという不利益を課（か）す規定だとみることもできます。なお，念のためにいえば，物権変動の当事者（たとえば，不動産の売主と買主）の間では，公示がなくとも物権変動を対抗できます。

(4) 不動産が二重に譲渡されたときは

ここまで述べてきたように，CASE 7-4のような不動産の二重譲渡では，売主Aと第1買主Bの間の土地所有権移転からみたとき，第2買主Cは第三者です。Bは，たとえCより先にAと契約しても，登記がなければCに所有権取得を対抗できません。反対に，登記さえすればCに対抗できます。他方，AC間の所有権移転からみたときは，Bのほうが第三者となります。したがって，Cも登記がなければBに所有権取得を対抗できません（CHART 7-5参照）。そして，所有権移転登記は，1つの不動産につき同時に2つ行うことはできません。したがって，不動産が二重譲渡された場合，先に登記をしたほうが所有権取得を他方の譲受人（ゆずりうけにん）に対抗でき，自分の所有権を確かなものとすることができます。

(5) 所有権取得を知る第三者にも公示が必要か

(a) 悪意の第三者

物権変動を公に示すことにより第三者の取引の安全を図るという177条の趣旨に照らせば，物権変動の事実をすでに知る悪意の第三者には，その事実を公示する必要がなく，177条による保護は必要がないことになりそうです。たとえば，CASE 7–4で，Cが，AB間ですでに売買がなされたことを知りながらAと売買契約を締結した場合，たとえAB間の所有権移転の公示（所有権移転登記）がなかったとしても，そのことによってCが不利益を受けることはありません。だとすれば，Bは，AB間の所有権移転を知る悪意のCに，登記がなくとも所有権取得を対抗できてよさそうです。

(b) 判例の立場

しかし，判例は，物権変動について，悪意の第三者にも177条の保護を認めています（最判昭和32・9・19民集11巻9号1574頁など）。その理由として，学説は，たとえば，CASE 7–4で，単にAB間の第1契約の存在を知るCが第2契約を締結して登記を備え，自らの所有権を確固たるものとすることは，「自由競争」の範囲内のふるまいであるとします 発展 。

また，第三者が善意か悪意かで177条の適用の有無が変わるとすれば，登記の有無による画一的処理という登記制度の利点が失われるともいえます。これらの考えに従えば，悪意のCも177条の「第三者」として，所有権移転登記のないBから所有権の取得を対抗されません。Cは，Bの所有権に基づく明渡請求を拒めます。ただし，判例は，ここに述べた単なる悪意者（**単純悪意者**）と，**背信的悪意者**を区別し，

notes

発展 もっとも，現在ではこの説明には，自由競争原理がはたらくのは第1契約締結前だけであるなどの批判がなされます。

背信的悪意者には177条の保護を認めません。この点はあとで説明します。→261頁

(c) CASE 7-4の結論

以上より，CASE 7-4でBがCに，自分の所有権を主張して土地の明渡しを請求することができるのは，原則として，Cが先行するAB間の売買契約の存在を知っていたかどうかを問わず，その土地の所有権移転登記をBが備えていた場合にかぎられます。Cが登記を備えている場合だけでなく，BCともに登記を備えていない場合にも，BはCに，明渡しを請求することができません。もちろん，BCいずれも登記を備えていない場合，CもまたBに対して所有権取得を対抗できず，所有権に基づく請求をすることができません（CHART 7-5参照）。

(6) 取消し後の第三者との関係でも登記が必要です

CASE 7-5

Aが，Bの詐欺(さぎ)により，その所有地をBに売って所有権移転登記(しょゆうけんいてんとうき)をしたのち，だまされたことに気づき，Bとの売買を取り消しました（96条1項参照）が，登記をA名義に戻していませんでした。その後，BはCにその土地を売って引き渡しました。AはCに，所有者として土地の返還を請求できるでしょうか。

第3章Ⅳで述べたように，→108頁詐欺に基づいて意思表示をした表意者がこの意思表示を取り消したのちに，詐欺に基づく法律関係について利害関係をもつにいたった取消し後の第三者には，96条3項は適用されません。したがって，CASE 7-5のCに96条3項は適用されず，Cは，AB間の売買の有効を主張することができません。

しかし，判例は，この場合，AとCの関係に177条を適用します（大判昭和17・9・30民集21巻911頁など）。つまり，判例は，まず，A

CHART 7–6 詐欺取消し後の第三者と 177 条

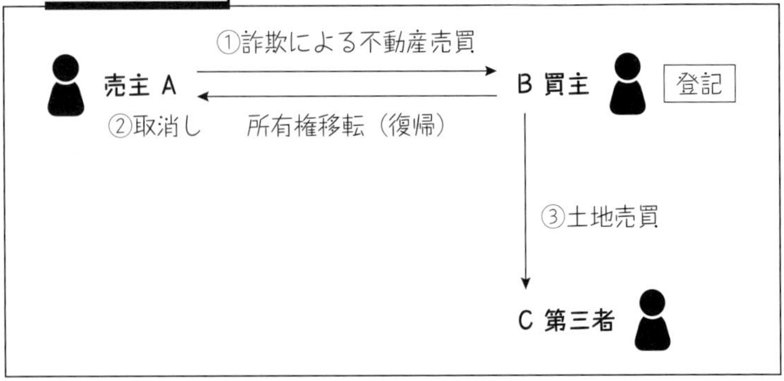

B 間の詐欺に基づく売買でBに移転していた土地所有権が，Aの取消しによってAに復帰するとします。そして，このBからAへの所有権移転（復帰）と，その後のBC間の売買による所有権移転が，Bを起点とする二重譲渡と同様の関係になると考えます（CHART 7–6 参照）。その結果，Cは，Bから所有権移転登記を備えた場合，Aに対して所有権取得を対抗できます。同様に，Aが取消しの結果として所有権取得を主張するには，登記を備えなければなりません。つまり CASE 7–5 の場合，もしCが登記を備えていたらAはCに土地の返還を請求することはできません。

(7) 177 条が適用される「第三者」とは

CASE 7–6

Bは，Aから土地を買い，代金を支払いましたが，所有権移転登記を備えていませんでした。Bが，買った土地を見に行くと，Cが土地を不法占拠していました。Bは，所有権移転登記をしなければ，Cに，あらたな土地所有者として明渡しを請求することができないのでしょうか。

(a)　正当な利益をもつ第三者

CASE 7-6 では，177 条をそのまま適用すれば，A から所有権を取得したBは，所有権移転登記をしないかぎり，第三者Cに，自分が所有者であることを対抗できません。したがって，Cに，所有者として明渡しを請求することもできません。しかし，不法占拠者（ふほうせんきょしゃ）であるCが，Bから明渡しの請求を受けた場合に，相手方Bに登記がないことを理由として明渡しを拒めるとすることは，不当です。

そこで，判例は，177 条により相手方（たとえば，CASE 7-6 のB）の所有権取得などを否定することができる「第三者」を，相手方（B）に登記が存在しないこと（欠缺（けんけつ））を主張することについて正当な利益をもつ第三者とします（大連判明治 41・12・15 民録 14 輯 1276 頁）。つまり，この正当な利益のない者は，177 条により相手方の登記の不存在を主張してその所有権取得などを否定することができません。判例は，CASE 7-6 のCのような不法占拠者にこの利益はなく，177 条の「第三者」ではないとします（前掲大連判明治 41・12・15，最判昭和 25・12・19 民集 4 巻 12 号 660 頁など）。

したがって，CASE 7-6 では，Cに 177 条が適用されない結果，Bは，登記がなくとも，Cに所有権取得を対抗でき，あらたな土地所有者として明渡しを請求できます。

(b)　背信的悪意者

CASE 7-7

→253頁

CASE 7-4 で，Cは，AB 間ですでに売買契約が締結されていることを知っていました。しかし，Cは，登記のないBより先に自分が登記を備えたうえで不当に高価な値でBに買い取らせようと考え，Aと土地の売買契約を締結しました。Bは，登記をしなければ，自分が土地の所有権を得たことを理由として，Cに明渡しを請求することができないのでしょうか。

すでに説明したように（→258頁），177条は悪意の第三者にも適用されます。CASE 7-7で，AB間の所有権移転につき悪意のCに177条が適用されると，登記のないBから明渡請求を受けたCは，明渡しを拒めます。しかし，Bの弱みに付け込むCに明渡しの拒絶を認めるこの結論は不当です。そこで，判例は，このCのような第三者には177条の適用を認めません（最判昭和43・8・2民集22巻8号1571頁など参照）。学説は，このCのように，物権変動があった事実を知り，この物権変動についての登記の欠缺を主張することが信義（しんぎ）に反すると認められる事情がある者を**背信的悪意者**といい，たんに物権変動の存在を知るだけの**単純悪意者**と区別します。そして，背信的悪意者には，相手方の登記の不存在を主張して所有権取得などを否定する正当な利益がなく，177条の保護を受ける「第三者」にあたらないとします。

(c)　背信的悪意者の事例

判例で177条の適用が否定されたケースのうち，一般に背信的悪意者の事例とされるものとして，ほかに，たとえば，第2譲受人（ゆずりうけにん）が，第1譲受人への復讐（ふくしゅう）目的でかつ時価より著しく安い値段で買い受けた事例（最判昭和36・4・27民集15巻4号901頁）や，第2譲受人が，第1譲受人が登記することを妨げたうえで自ら登記を備えた事例（最判昭和44・4・25民集23巻4号904頁）などがあります。CASE 7-7のCも，背信的悪意者として177条の適用を受けないため，Bは，（Cが登記を備えていた場合を含め）自ら登記を備えていなくても，Aからの土地所有権の取得をCに対抗でき，Cに明渡しを請求できます。

動産の所有権を得るには――動産の物権の譲渡（178条）

178条（動産に関する物権の譲渡の対抗要件）
動産に関する物権の譲渡は，その動産の引渡しがなければ，第三者に対抗することができない。

CASE 7-8

Aは，自分が所有する図鑑15冊を，3日後にAの家で引き渡す約束の下，Bに売り，代金を受け取りました。その際，Bから蔵書印（ぞうしょいん）（ハンコ）を渡され，図鑑に押しておくよう頼まれたAは，これを押したものの，翌日，同じ図鑑を，2日後にAの家で引き渡す約束の下，Cにも売りました。BはCに，図鑑は自分の物だと主張できるでしょうか。

(1) 動産所有権の取得を第三者に対抗するには

(a) 動産譲渡の対抗要件

当事者間の物権変動に関する176条は，目的物が不動産か動産かを問わず適用されます。したがって，CASE 7-8で，AB間の図鑑の所有権移転は，AB間の売買契約によりその効力を生じます。そして，物権の譲渡をその当事者以外の第三者に対抗するには，その旨の公示を必要とすることも，目的物が不動産か動産かも問いません。民法は，動産の譲渡について，不動産に関する177条に類似した規定を，178条においています。ただし，178条は，動産の譲渡については，登記に代えて，「**引渡し**」を対抗要件としています。

178条の趣旨は，177条のそれと同様，動産の譲渡を公示することにより第三者の取引の安全を図る点にあります。他方，178条が公示方法（対抗要件）を「引渡し」とするのは，動産については原則として登記制度が存在しないことや，「引渡し」を受けて動産を占有する者は，通常，たとえば所有権などの，なんらかの正当な原因に基づいて占有しているという推測がはたらくことによります。

(b) 「引渡し」とは

「引渡し」というと，たとえば，売主が買主に商品を手渡すことのように，通常，目的物を譲受人の直接の支配下におくことがイメージされます。たしかに，これも**現実の引渡し**（182条1項）といって，178条の「引渡し」の1つです。しかし，「引渡し」の結果生じる占有が，物を直接支配しない者にも認められること（Ⅱ参照 →249頁）からもわかるように，「引渡し」は，目的物を譲受人の直接の支配下におく必要はありません。たとえば，CASE 7-8 のAB間，またはAC間で行われているように，譲渡人が，目的物を所持したまま，それを以後譲受人のために占有する意思を表示することによっても，「引渡し」は行われます。これを**占有改定**（183条）といいます。「引渡し」には，このほかに，**簡易の引渡し**用語（182条2項）と，**指図（さしず）による占有移転**（184条）用語があります。

(2) 「引渡し」を受けた者が複数いるときは

以上のように，動産譲渡発展の対抗要件である引渡しは，譲受人が物を直接支配していなくとも認められることから，動産の譲渡では，不動産物権変動の対抗要件である登記の場合と異なり，複数の譲受人がいずれも引渡しを受けることが起こりえます。CASE 7-8 のBCが，ともにAとの売買契約時に占有改定による引渡しを受けている場合がその例です。しかし，CASE 7-8 では，Bが先に引渡し（占有

notes

用語　簡易の引渡しとは，たとえば物の借主Bがその物を気に入ったので貸主Aから買い取るときのように，譲受人Bがその物をすでに占有している場合に，当事者ABによる，引渡しが行われたことにするとの意思表示だけで行われる引渡しのことをいいます。

用語　指図による占有移転とは，たとえば売主Aが第三者C（倉庫業者）の倉庫内の商品を倉庫に保管したまま買主Bに売るときのように，第三者Cが物を占有している場合に，AがCに対して以後Bのために保管することを命じ，Bがこれを承諾することにより行われる引渡しのことをいいます。

発展　178条が，「引渡し」があれば第三者に対抗できる物権変動を「譲渡」に限定しているのは，たとえば，動産上の質権の「変更」（質権者と質権設定者の合意による被担保債権額の変更など）を，質権者が質物の「引渡し」を受けていることで公示することは困難なことなどによります。

CHART 7-7 動産二重譲渡と178条

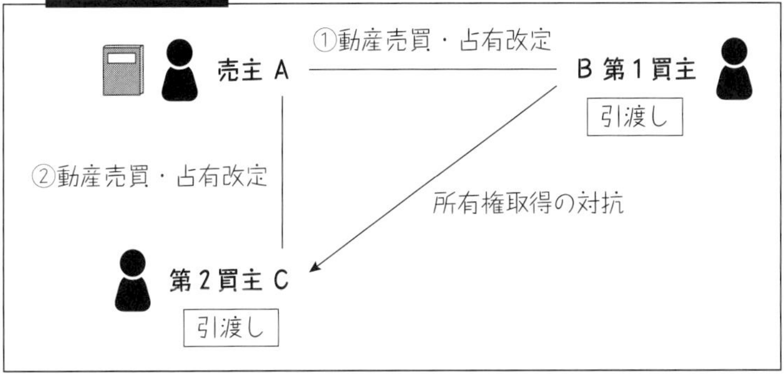

改定）を受けた時点で，Bの所有権が確定し，Aは完全に無権利者となります。そのため，その後にAと売買をして引渡し（占有改定）を受けたCは，無権利者Aから譲り受けたことになり，図鑑の所有権を取得できません（CHART 7-7参照）。このように，動産が複数の譲受人に譲渡された場合には，先に引渡しを受けた者が所有権取得を他の譲受人に対抗できます。

CASE 7-8の場合，Bが先に占有改定による引渡しを受けたものとみることができ，Bは本の所有権の取得をCに対抗できます。

ただし，動産の譲渡（じょうと）の事案では，例外的に，先に引渡しを受けた者の所有権が否定される場合があります。この点は，つぎのⅣで述べます。

Ⅳ 即時取得（192条）——所有者以外の者から物を買ったら

192条（即時取得（そくじしゅとく））

取引行為によって，平穏（へいおん）に，かつ，公然と動産の占有を始めた者は，善意であり，かつ，過失がないときは，即時にその動産について行使する権利を取得する。

CASE 7-9

友人Bからパソコンを借りていたAは，パソコンを自分の物だとうそをついてCに売りました。BはCに，パソコンが自分の物だと主張できるでしょうか。

Ⅲの初めで説明したように→251頁，所有権の取得には承継取得と原始取得の2つの方法があります。ここでは，原始取得のうち**即時取得**を取り上げます。

公示（こうじ）が正しいとはかぎりません――公信（こうしん）の原則

動産譲渡（じょうと）の対抗要件（たいこうようけん）である引渡し（178条）に関して説明したように→263頁，動産では通常，占有者（せんゆうしゃ）は，たとえば，その動産の所有者であるという推測がはたらきます。しかし，現実には，占有者が所有者とはかぎりません。CASE 7-9のAは，パソコンを占有していても，貸主Bに対して賃借権をもっているだけで，所有権をもっていません。このように，物の占有という公示と，現実の権利関係が一致しない場合，公示を信頼して取引関係に入った者の取引の安全が害されるおそれがあります。CASE 7-9では，パソコンを占有するAをその所有者であると信じたCは，Aが所有者でないことにより，たとえば，Aに代金を払ったにもかかわらずパソコンの所有権を承継取得することができません。

そこで，民法は，公示を信頼して取引関係に入った者の取引の安全を図るため，たとえば，相手方が動産を占有することから相手方に所有権などがあると過失なく信じて（善意無過失（ぜんいむかしつ）で）取引した者が，一

CHART 7-8 公信の原則

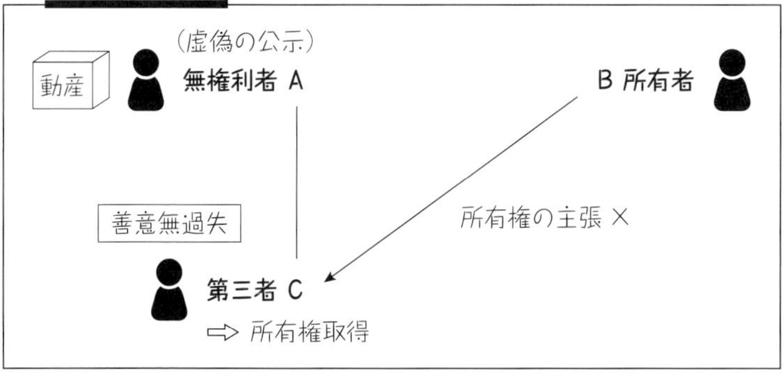

定の要件のもとで，その動産の所有権など（他に質権が考えられます）を取得することを認めます（192 条）。これを**即時取得**，または**善意取得**といいます。これは，物権の存在を推測させる公示を信頼した者は，その公示が実質的権利をともなわない場合にも，その信頼が保護され，公示どおりの権利を取得することができるという考え方のあらわれです（CHART 7-8 参照）。この考え方を，**公信の原則**といいます。

即時取得が成立するには――動産取引と占有開始

(1) 即時取得成立の要件は

即時取得の成立には，①取引行為により，②平穏かつ公然と，③動産の占有をはじめたこと，および，④占有をはじめた者が善意でかつ過失（かしつ）のないことが必要です（192 条）。他人の所有物を自分の所有物と勘違（かんちが）いして持ち帰った場合（取引行為によらない場合）や，暴力を用（もち）いて他人の物の占有を開始した場合（平穏に占有開始したのではない場合），または他人の物を隠しもっていた場合（公然と占有開始したのではない場合），即時取得は成立しません。また，即時取得の成立には，占有をはじめた者が，取引行為の相手方に，所有権のような，その物を処分する権限がないことを知らず，かつ注意しても知ることのできなかったこと（無過失）が必要です（最判昭和26・11・27民集5巻13号775頁）。

(2) 「動産の占有を始めた」とは

③の動産の占有をはじめたことという要件については，少し詳しく説明しましょう。

(a) 対象が動産であること

第1に，即時取得は動産にしか認められません。

CASE 7-9で，Cに即時取得を認めると，その反面として，Bは所有権を失います。そのため，即時取得が成立するかどうかを考える際には，真の権利者が簡単には権利を奪われないように考慮する必要もあります。これを**静的安全**（せいてき）用語といいます。しかし，動産取引では，それが社会において頻繁に行われていることから，即時取得の成立により権利を失う本来の権利者の静的安全を犠牲にしてでも，取引の安全を図ることがとくに要請されます。そうでなければ，だれも安心して動産の取引をすることができなくなるからです。

また，即時取得が動産にだけ認められる背景として，不動産登記が，現実には真の権利関係を正確に反映していない場合があることが指摘されます（これについては，**コラム⑭**→270頁も参照）。このような真の所有者ではない者が所有者として記載されている登記を信頼した者にまで即時取得を認めると，一般に重要な財産である不動産を真の所有者が失うという形で，真の所有者の静的安全を著（いちじる）しく害するというわけです。

(b) 即時取得者自身の占有取得

第2に，即時取得は，取引相手による動産の占有への信頼に加え，

notes

用語 静的安全に対して，取引の安全のことを動的安全といいます。

CHART 7-9 占有改定と即時取得①

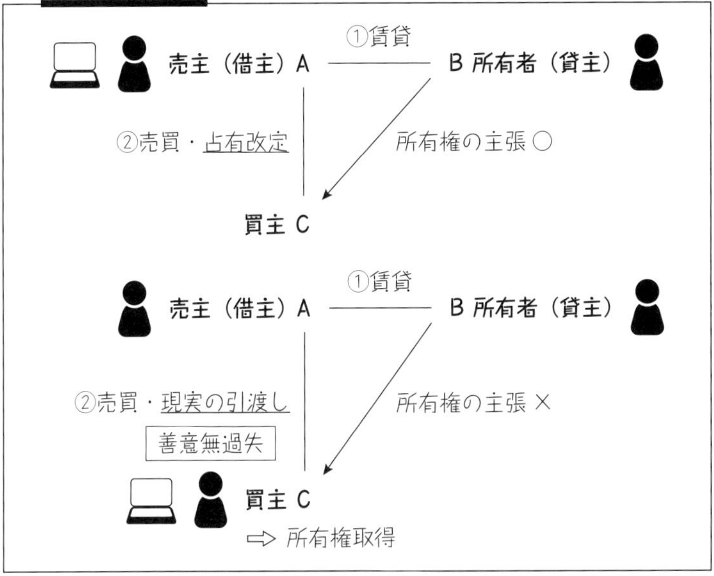

即時取得者自身も占有をはじめることを必要とします。即時取得者は，取引により動産の引渡しを受けて占有をはじめるので，占有開始の方法として，動産譲渡の対抗要件である「引渡し」同様，現実の引渡しのほか，占有改定などが考えられます。しかし，判例は，占有改定による即時取得を認めません（大判大正5・5・16民録22輯961頁，最判昭和35・2・11民集14巻2号168頁）。占有改定では引き続き取引相手が動産を直接占有するため，真の権利者の静的安全が害されるおそれがあるからです。たとえば，CASE 7-9 で，パソコンが依然として A のもとにある場合に，A がパソコンを所持する状況に変化がないにもかかわらず B が所有権を失うことを避けるためです（CHART 7-9 上の図参照）。

(c) CASE 7-9 の結論

CASE 7-9 では，所有権をもたない A と取引した C は，原則としてパソコンの所有権を取得できません。しかし，動産であるパソコンをAが占有していることから，Aがパソコンの所有者であると過失なく信じたCは，パソコンについて現実の引渡しを受けていた場合，192条によりパソコンの所有権を取得できます（CHART 7-9 下図参照）。したがって，BはCに，パソコンが自分の所有物であることを主張できません。

これに対し，Cが，パソコンについて占有改定による引渡ししか受けていなかった場合には，Cにパソコンの即時取得は認められないため，BはCに，パソコンが自分の所有物であることを主張できます（CHART 7-9 上図参照）。

コラム⑭　不動産登記と権利関係

①登記と真の権利関係の不一致が生じる背景

不動産登記が真の権利関係を反映していないことがある背景として，いくつかの点が指摘されています。ここでは２点を取り上げましょう。

第１に，登記申請を受け付ける登記官は，誤記や書き漏らしがないかどうかといった手続上の要件がみたされているかどうかの審査しか行わず，その記載が真実の権利関係に合致しているかどうかの審査はしない点（登記官の審査範囲に関するこのような立場を**形式審査主義**といいます）があります。これは，登記官の審査を迅速にするためです。その結果，真実の権利関係に合致しない登記が行われることがあります。

第２に，わが国では登記は対抗要件にすぎない点です。つまり，売買であれば，売主・買主間の合意により所有権が買主に移転するものの，登記は売主の名義のままであるということが起こりえます。

もっとも，立法論として不動産について即時取得を認めるかどうかは，登記が真の権利関係を反映しているかどうかだけでは決まりません。動産の占有もその動産に関する真実の権利関係を反映しているとはかぎりませんが，動産の即時取得が認められていることは，そのことを示しています。本文で説明したように，動産取引では，社会におけるその頻度から取引の安全がとくに要請されるという点も，即時取得を認める理由となっています。

②不一致の解消に向けた動き

不動産に物権変動が生じても登記が行われない代表的な場面は，相続による所有権移転登記（相続登記）の場合です。たとえば，遺産に含まれている土地についてある共同相続人が相続登記をしても，後の遺産分割によってその土地が他の相続人の単独所有になると，結果的に相続登記にかかった登記費用は無駄になります。また，地方に住む親が死亡し，子どもたちがすでに都市部で生活基盤を築いている場合，土地を自ら利用する者がいなくなります（土地の価値が低ければ，売ることもできません）。これらの事情から，相続財産に含まれる不動産については，相続登記が（場合によっては遺産分割さえも）行われないままでいることが少なくありません。このような状況において相続が数世代繰り返されれば，相続人の数が膨大となることもあり，その不動産の権利者がだれであるのかが，明らかでなくなります。また，かりに権利者が判明しても，所在を探し出すことが容易でなくなります。このようにして，**所有者不明土地**が生じます。

所有者不明土地は，放置されることによって隣の土地に，例えばその上に立つ朽ちた木が倒れる危険が生じるといった，悪影響を及ぼすおそれがあります。また，その土地を取引の対象とすることができず，公共事業などの妨げになるおそれもあります（東日本大震災の復興事業では，所有者不明土地の存在が事業の妨げとなりました）。このことから，2021 年に不動産登記法が改正され，76 条の 2 において，相続人に，相続による不動産所有権の取得を知った日から 3 年以内に相続による所有権移転の登記をすることが義務づけられることになりました。

第三者の取引の安全の補充

(1) 第三者を保護するには

動産である図鑑の譲渡に関するCASE 7–8（→263頁）では，Ⅲ（→264頁）の終わりで説明したように，原則として先に引渡しを受けたＢがＣに，売買による所有権取得を対抗できます。ただし，この場合，のちにＡから同じ本を譲り受けたＣは，すでに所有権を失ったＡからの譲受人となります。したがって，Ａに所有権がないことにつき善意無過失のＣが仮に現実の引渡しを受けていたとすれば，Ｃに即時取得が成立します（CHART 7–10 参照）。このように，即時取得は，動産譲渡の対抗要件である「引渡し」が，とりわけ占有改定によるときのように，公示として不十分であり，第三者（Ｃ）の取引の安全を十分に図ることができない場合に，補充的にこれを図ることがあります。

(2) CASE 7–8 の結論

もっとも，CASE 7–8 ではＢの蔵書印がすでに押してあり，本がＡの所有物だとＣが信じたとしても，そのことについてＣに過失があるといえること，またＣの占有開始が占有改定によることから，Ｃに即時取得は認められません（CHART 7–10 参照）。

不動産取引では第三者の取引の安全はどう図られるか

不動産には192条の適用はありませんが，94条2項またはその類推適用（るいすいてきよう）（コラム⑦（→105頁））が192条と類似の機能をはたします。たとえば，所有者Ｂの土地の登記名義がＡ名義となっていたところ，Ａに所有権のないことを知らない第三者ＣがＡからその土地を買い受けたような場合です。この場合，善意（場合によってはさらに無過失）の第三

CHART 7-10 占有改定と即時取得②

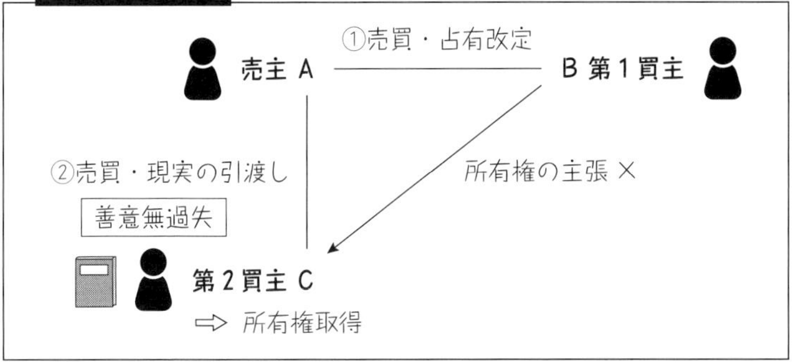

者Cに，買い受けた土地の所有権が認められるため，あたかもCが土地を即時取得したかのような結果が生じます。しかし，94条2項またはその類推適用では，BがAと示し合わせて虚偽（きょぎ）（うそ）の意思表示をしたこと，またはそれにかわるBの帰責性（104頁参照）が要求されます。このように，第三者の信頼だけに着目するのではない点で，94条2項の背後にある権利外観法理（けんりがいかんほうり）は，192条の背後にある公信の原則と異なるものといえます。また，次のVで述べる取得時効（しゅとくじこう）も，無権利者からの不動産買主などの取引の安全を図ることがあります。

V 取得時効
——他人の物を使い続けたら……

162条（所有権の取得時効）
1　20年間，所有の意思をもって，平穏に，かつ，公然と他人の物を占有した者は，その所有権を取得する。
2　10年間，所有の意思をもって，平穏に，かつ，公然と他人の物を占有した者は，その占有の開始の時に，善意であり，かつ，過失がなかったときは，その所有権を取得する。

CASE 7-11

Aは自分の所有する土地の上に建てた建物に住んでいましたが，のちに，建物の一部が隣の土地にはみ出していたことが判明しました。隣の土地の所有者Bは，Aに対して，土地の所有権に基づいて，はみ出している部分の建物の取壊しとその敷地部分の明渡しを請求することができるでしょうか。

民法上の時効のうち，消滅時効についてはすでに第4章Ⅳ（→152頁）で述べました。ここでは，原始取得の1つである**取得時効**について述べます。

取得時効が成立するには——占有継続・自主占有・占有期間

(1) 占有を続ける必要があります

民法は，20年以上「所有の意思をもって」他人の物を平穏・公然と占有した者は，その物の所有権を取得するとします（162条1項）。平穏・公然の占有とは，暴力によることなく・隠しもったりせずに占有することです。また，20年間継続してその物を占有しなければならず，途中で占有を失うと，それまで経過した期間は意味を失い，更新（こうしん）と異なり再進行はしません。これを**中断**といいます。占有を要件とする取得時効に特有の制度です（164条）。

(2) 自主占有（じしゅせんゆう）が必要です

そのほかに，取得時効が成立するには，他人の物の占有者が，その物を「所有の意思をもって」占有することが必要です。これを**自主占有**といいます。もっとも，判例は，占有が自主占有かどうかは，占有者の内心の意思により定まるのではなく，占有を取得した原因の性質に応じて客観的に定まるとします（最判昭和45・6・18判時600号83頁）。たとえば，賃貸借契約に基づいて土地を占有する借主は，客観的にみれば，他人の土地の利用者であり所有の意思をもちません。借主がたとえ内心において自らその土地の所有者となる意思をもっていたとしても，その意思を土地所有者（貸主）に表示するなどした場合をのぞき，自主占有は認められません（185条参照）。したがって，貸した土地について取得時効は成立しないと考えていた貸主が，単に借主が自ら土地の所有者になろうと心変わりしただけで，自主占有が認められて借主の取得時効が成立することによって，土地所有権を奪われることはありません。

(3)　10年の場合と20年の場合があります

また，取得時効が成立するには，原則として，占有者が占有開始時（起算日）から起算して20年間その物を占有する必要があります。ただし，例外的に10年で成立する場合もあります。占有者が，占有開始時に「善意であり，かつ，過失がなかったとき」です。ここでいう「善意」とは，自分に所有権がないことを知らなかったことをさします。つまり，自分が所有者だと信じていた場合です（最判昭和43・12・24民集22巻13号3366頁）。

所有権取得には意思表示が必要です――消滅時効との共通点

消滅時効による債権の消滅に→154頁援用を必要とするのと同様に，取得時効により占有者が所有権を得るには援用が必要です（145条）。また，一定の事由が発生した場合，時効の完成が一定期間→155頁猶予され（完成猶予。147条1項・148条1項・149条～151条・158条～161条），すでに経過した時効期間がリセットされてあらたに時効期間が進行する点→155頁（更新。

147条2項・148条2項），占有者が所有者の所有権を承認することによりそれまで経過していた期間がリセットされる点（152条1項），時効の効果が起算日にさかのぼる点（144条）も，消滅時効と同様です。→153頁取得時効では，効果が起算日にさかのぼることにより，占有者が起算日からすでに所有権を取得していたことになります。そのため，たとえば，起算日以後時効完成時まで目的物を権限なしに占有していた者の損害賠償債務も，さかのぼって発生しなかったことになります。

CASE 7−11の結論

CASE 7−11で，Aは，Bの所有地の一部を自分の所有地として建物の敷地に使用していたため，その部分の土地についてAには所有の意思が認められます。したがって，Aが平穏・公然に20年間占有していた場合，Aはその所有権を時効により取得できます。占有開始時に，Aが善意無過失（ぜんいむかしつ），つまりはみ出している部分が自分の土地であると過失なく信じていた場合には，10年間で所有権を取得できます。Bから明渡請求（あけわたしせいきゅう）を受けたAが取得時効を援用すると，Aがその土地の所有権を取得し，その効果としてBは所有権を失うので，Bは所有者として土地の明渡しを求めることができなくなります。

VI 相隣関係（そうりんかんけい）と共有（きょうゆう）

お隣（となり）さんとの間では，所有権の内容が調整されます

隣り合う土地の所有者が，それぞれ自分の土地を完全に自由に使用

できるとすると，互いに土地を利用しにくくなることがあります。そこで民法は，隣地の所有者との法律関係（**相隣関係**）について規定を置いています（209 条以下）。

たとえば，国道や県道などの公道に面しない甲土地の所有者 A は，公道に行くため隣の乙土地を通る権利をもちます（210 条 1 項）。ただし，A は，乙土地のため損害がもっとも少ない場所と方法で通る必要があり（211 条 1 項），乙土地の損害に対してお金を払う必要があります（212 条）。

複数の人が 1 つの物を所有することがあります

所有権は，物を全面的に使用・収益・処分できる権利なので（206 条），1 つの物の上には 1 つの所有権しか認められません。これを，**一物一権主義**（いちぶついっけんしゅぎ）といいます。しかし，たとえば，ABC が 1 つの建物をいっしょに購入したり，相続したり，時効取得（→273頁）するなどして，複数の人が 1 つの物を所有（**共有**）する場合があります。そこでは，各共有者は，目的物（共有物）についてそれぞれ**持分権**を割合的にもちます。

民法は，共有物の使用や管理などについて規定を置いています（249 条以下）。たとえば，ABC が 1/3 ずつ持分権をもち，それまで駐車場として自分たちで使っていた土地を，だれかに貸すかどうかを決めることは，管理行為（共有物の性質を変えない範囲内でその利用または改良を目的とする行為）にあたると解され，持分権の価格の過半数をもつ者（つまり，ABC のうち 2 人）の賛成が必要です（252 条 1 項本文）。

各共有者は，他の共有者に対して共有物の分割（256 条 1 項）を求めることによって，共有関係を解消することができます。他の共有者が分割に応じない場合，分割を望む者は，裁判所に分割を請求することができます（258 条）。

第8章

事件・事故の後始末は

不法行為とその周辺

ここまで，財産法の柱である契約と所有の話をみてきましたが，たとえば，契約関係のない者の間で突然起こる交通事故のように，日常生活で起こる紛争のすべてを契約の問題として扱うことができるわけではありません。また，事故の被害者が，たとえば，精神的苦痛を受けた場合，その被害の回復を所有の問題として扱うこともできません。そこで，第*8*章では，契約も所有も問題とならない権利義務関係（法定債権関係）のうち，とくに**不法行為**の問題を取り上げ，不法行為の被害者にどのような救済が与えられるかをみていきましょう。

I　不法行為責任が認められる場面

新聞の社会面ではほぼ毎日のように，窃盗（せっとう）や強盗，傷害事件などの記事を目にします。これらの事件で逮捕され刑事裁判にかけられた者は，有罪になると，罰金や懲役（ちょうえき）などの刑罰を科されます。しかし，被告人に罰金刑が科されても，物を盗まれ，あるいは殴られるなどした被害者の損害が償（つぐな）われるわけではありません。

刑事責任では被害者の損害は償われません

CASE 8–1

自宅の屋根の修理のためハンマーを手に持って屋根に上ったBは，ハンマーを落とし，これにより通行人Aが負傷しました。Bは，法的にどのような責任を負（お）うでしょうか。

CASE 8–1 のBが，傷害（刑法204条）や過失傷害（同法209条）の罪を問われ，刑事裁判で科された罰金を納付しても，納付された罰金は国に納められ，Aの手に渡りません。刑事責任は，もっぱら犯罪者の更生（こうせい）や犯罪抑止を目的とし，被害者の損害を埋め合わせること（**損害の塡補**（てんぽ））を直接の目的としません。自発的に損害を償わない加害者に，法の力によってこれを償わせるには，わが国では，原則として，刑事裁判とは別に民事裁判で，加害者の民事責任を追及する必要があります。

コラム⑮　損害賠償命令制度（そんがいばいしょうめいれいせいど）

「犯罪被害者等の権利利益の保護を図るための刑事手続に付随する措置に関する法律」の改正により，刑事手続の成果を利用して損害賠償請求にかかる紛争を簡易迅速に解決することを目的として，2008年12月から損害賠償命令制度が施行（しこう）されました。

この制度は，故意の犯罪により人を死傷させた罪などにかかる刑事事件の被害者が，その刑事事件を担当している裁判所に，刑事事件の審理が終わる前に申立てをすることによって，その犯罪によって生じた損害の賠償を被告人に請求するものです。申立てを受けた裁判所は，刑事事件の有罪判決ののち，刑事裁判の記録をもとに短期間のうちに審理し，申立てに理由があると認めるときは，被告人に損害賠償を命じます。申立てを受けた裁判所は，賠償命令を下すかどうかを審理するなかで，刑事裁判の記録を利用することができ，その結果，被害者らにとって被害事実の証明が容易になるなど，被害者らの負担の軽減が図られています。

ただし，この制度では，申立てができるのは故意による特定の犯罪の被害者だけであり，また，控訴審以後は申立てができないといった制限があるほか，とくに被害者や被告人から異議申立てがあったときは民事裁判所での通常の民事訴訟手続に移り（刑事裁判の記録は民事裁判所に送付されます），命令は失効します。最後の点から明らかなように，この損害賠償命令制度は，以下本文で説明する，民事訴訟における不法行為による損害賠償請求訴訟と異なります。しかし，被害者や被告人から異議がないかぎり，刑事裁判手続の延長で損害賠償請求にかかる紛争を処理できる点で，刑事手続と民事手続の架け橋となりうるものです。

賠償責任は債務不履行の場合にかぎりません

すでに第5章Ⅲ→165頁で，債務不履行による損害賠償責任の説明をしました。債務不履行による損害賠償責任は，契約などの債権債務関係という特別な結びつきがある当事者の間で，債務を履行しない債務者が負うものでした。しかし，民事責任の１つである損害賠償責任は，債務不履行から生じるとはかぎりません。CASE 8-1 のＡＢのように，加害者と被害者の間に特別な結びつきがない場合にも，ともに社会生活を送る者が相互に負う一般的義務（たとえば，他人を傷つけない義務，他人の物を盗まない義務）の違反を理由として，損害賠償責任を課されることがあります。これが，**不法行為**による損害賠償責任です。

Ⅱ　不法行為の成立要件
――不法行為責任を負う場合とは

709条（不法行為による損害賠償）
　故意又は過失によって他人の権利又は法律上保護される利益を侵害した者は，これによって生じた損害を賠償する責任を負う。

不法行為に関して基本となる条文は709条です。同条は，①他人の権利または法律上保護される利益の侵害，②加害者の故意または過失，③損害の発生，④加害行為と損害発生の間の因果関係（条文中２か所にある，「によって」の部分がこの要件をあらわしています）の要件をみたすとき，加害者は不法行為責任としての損害賠償責任を負うとします。

原告である被害者は，これらの要件をみたすことを裁判所で証明しなければなりません。

他人の利益を害してもつねに不法行為とはかぎりません

CASE 8-2

居酒屋を経営するCはAの酒店からビールを仕入れていましたが，Cに食肉を納めていたBが，知人であるDの酒店からの仕入れをCに勧めました。その結果，CはDからビールを仕入れるようになりました。AはBに，Cに納めていたビールの代金に相当する売上の減少を理由として損害賠償請求できるでしょうか。

CASE 8-3

Bの放火によりAの所有する建物が焼失（しょうしつ）しました。AはBに，建物の焼失を理由として損害賠償請求できるでしょうか。

(1) 法律上保護される利益の侵害が必要です

CASE 8-2で，Bが，CにD酒店からの仕入れを勧めるにあたり，Aの売上が減少することを認識していたとすれば，Bには，A酒店の売上の減少について故意があるといえます。しかし，Bが，A酒店の売上の減少についてただちに不法行為責任を負うとすれば，Bの，行動の自由が不当に妨（さまた）げられます。そこで，709条は，加害者が不法行為責任を負うのは，その者が他人の「権利」または「**法律上保護される利益**」を侵害した場合に限定しています。BがAの建物の所有権を侵害したCASE 8-3のように，被害者の権利が侵害されたといえるときは，原則として，BはAに対して損害賠償責任を負うことになります。

(2) 判断にあたっては対立する利益などの考慮が必要です

CASE 8-4

赤と緑の水玉模様が大好きなBは，落ち着いた雰囲気の建物が並ぶ閑静な住宅街に引っ越すため，この住宅街のなかに，屋根と外壁を赤と緑の水玉模様に塗装した建物を建築しました。Bの建物の近所に住むAはBに，Bの建物により「景観利益」が害されたことを理由として損害賠償請求できるでしょうか。

侵害される利益（被侵害利益）が，とくに法律上，「保護される利益」といえるかどうかの判断にあたっては，行為者の行為態様，あるいは被侵害利益と対立する他の利益の考慮が問題となります。たとえば，CASE 8-2 →283頁 のBが，Aに個人的に恨みをもち，Aの営業を妨害する目的で，その評価を低下させるようなうその言動によってAの顧客（C）を奪ったのであれば，もはやBの行動の自由の保障を図る必要はないとして，Aの営業上の利益の侵害を理由とするBの不法行為が認められる可能性があります（なお，BがAの同業者であれば，不正競争防止法2条1項21号・4条などの適用が問題となります）。また，CASE 8-4 の「景観利益」（最判平成18・3・30民集60巻3号948頁参照）は，その内容やどのような場合にその侵害が認められるかの境界線が明確ではありません（「景観」とは何かということ自体あいまいであり，だれのものであるかも不明確です。また，Aの「景観利益」を認めると，他方でBの土地所有権の行使を制限することにつながることにも注意が必要です）。したがって，CASE 8-3 のような所有権侵害に比べ，侵害があるかどうかの判断は難しいものとなります。

加害者は「故意又は過失」があるときだけ責任を負います

(1) 故意とは結果発生の認識・認容です

不法行為責任の発生には，加害者の故意または過失が必要です。**故意**とは，一般に，結果発生を認識し認容すること（結果が発生してもかまわないと考えることです）と定義されます。たとえば，CASE 8-1 →280頁 のBが，普段から仲の悪い隣人（りんじん）Aが下を歩いているのを見つけ，「ハンマーでケガをさせてやろう」と考えてハンマーを落としたところ，これが命中してAが負傷した場合です。故意と過失を区別するのは，不法行為の成立に故意が要求される場面があるほか，加害者に故意があるとき，損害賠償の範囲や金額に影響を及ぼすことがあるためだとされます。

(2) 過失とは行為すべき義務の違反です

過失とは，一般に，ある状況下で，予想（予見）される結果を回避するために一定の行為をすべきであったのにそれをしなかったこととされます。また，ある状況下で一定の行為をすべきでなかったのにそれをしたことも過失とされます。つまり，過失とは，行為すべき義務，またはすべきでない義務の違反（**行為義務違反**）です。CASE 8-1 で，通行人にケガをさせようとか，ケガをさせてもよいなどとは考えていなかったBが，たとえば，屋根の端にハンマーをおくなど，通常の人であればしないような取扱いをしたことによりハンマーが落下し，Aが負傷したような場合，Bに過失があるといえます。

709条は，故意または過失ある加害者だけが損害賠償責任を負うとします。このような考えを**過失責任主義**（かしつせきにんしゅぎ）または**過失責任の原則**といいます。そして，過失責任の原則には，すでに**第1部** →9頁 でみた私的自治の原則と共通の思想的背景があります。つまり，私的自治の原則が，ある者が義務を負う根拠をその意思に求めるように，過失責任の原則は，不法行為の加害者が賠償責任を負う根拠を，その加害者の意思における非難されるべき要素（＝故意または過失）に求めるものといえます。

過失責任の原則は，他方で，他人に損害を及ぼした者も，そのことにつき故意・過失がないかぎり，損害賠償責任を負わないことを意味します。そのかぎりで，行為者は，賠償責任をおそれることなく自由に行動できます。民法が過失責任の原則を採用した背景には，この**行動自由の確保**と，それ（とくに企業の行動自由の確保）を通した産業育成という政策的意図があるといえます。

(3) 「行為義務」とはなにか

行為義務違反を過失とするとき，どのような場合に行為者に行為義務が課される（行為義務が設定される）かが問題となりますが，この問題を考える前提として，行為義務設定の基準となる行為者についてみておきましょう。

(a) 基準としての「通常人」

行為義務設定の基準となる行為者として想定されるのは，現実の行為者や現実に存在する通常の人ではなく，いわばあるべき「**通常人**」です。つまり，あるべき「通常人」であればその状況下でどのような行為をし，またはしなかったかを想定し，行為者の現実の行為態様がそれに沿うものであったかどうかが問われます。また，ここにいう「通常人」は，「通常の」自動車運転者や「通常の」医師というように，職業や地位などに応じて類型化された「通常人」です。

たとえば，かりに医師の慣行として，輸血のための採血の際に詳（くわ）しい問診が行われていなかったとしても，理想的な「通常の」医師であれば，輸血による感染を防ぐため血を提供する人に詳しい問診をするので，採血の際に詳しい問診をすることが医師の行為義務となります（最判昭和36・2・16民集15巻2号244頁参照）。

（b） ハンドの定式とは

つぎに，どのような場合に行為者に行為義務が課されるかという問題ですが，この問題を考えるにあたり参考となるのが，**ハンドの定式**[用語]とよばれる考え方です。これは，一方の，①その行為から生じる結果発生の蓋然性（結果が発生する見込み），および②この行為により侵害されるであろう利益（被侵害利益）の重大さと，他方の，③行為義務を課すことにより犠牲にされる利益を比較することにより，行為義務があるかどうかを判断するものです。つまり，①×②>③のときに行為義務があるとします。具体例をみてみましょう。

CASE 8-5

自動車運転中にスマートフォンで動画を見ていたBは，前をよく見ていなかったため，青信号で横断歩道を歩行していたAをはね，Aは死亡しました。Aの死亡につきBに過失は認められるでしょうか。

CASE 8-6

感染すると死亡する可能性の高い感染症「甲」が流行し，ワクチン「α」が開発されました。しかし，「α」の接種を受けた人には一定の確率で（しかし，αで死亡する確率よりもはるかに低い確率で）副作用として重大な後遺症が発生することが，医学的に明らかになっています。医師Bがαを，Aの同意のもとにAに投与したところ，Aにはその後重大な後遺症が残りました。Aの後遺症の発生について，Bに過失は認められるでしょうか。

notes

[用語] ハンドの定式というよび方は，この考えを判決文のなかで述べたアメリカの裁判官ラーニッド・ハンドの名前に由来するものです。

CASE 8-5 では，①Bが前方不注視により通行人Aをはね，生命・身体を侵害する蓋然性は高く，②被侵害利益（通行人Aの生命・身体）は重大です。それに対し，③行為義務（Bが運転中に動画を見ない義務）を課すことにより犠牲にされる利益（Bが運転中動画を見ること）は小さいといえます（①×②>③）。この場合，Bには行為義務（運転中動画を見ない義務）が課されます。

CASE 8-6 では，①Bがαを投与することによって後遺症が発生する確率は一定程度存在し，②被侵害利益（Aの身体・健康）は重大なものと言えますが，③行為義務（αを投与してはならないとすること）を課すことによって犠牲にされる利益（αによって救われるであろうAの生命）はAに生じるかもしれない後遺症よりも大きいものといえます。この場合，Bの行為義務（αを投与しない義務）は否定されるものとみることができます（①×②<③）。

(c) ハンドの定式の限界

もっとも，ハンドの定式は，行為義務の有無を判断する際の1つの考え方にすぎず，あらゆる場面でこの定式だけで行為義務の有無を判断できるものではありません。学説からは，①・②・③の要素は必ずしも数値化に馴染(なじ)まず簡単には比較できないという指摘があります。とくに人の生命・身体の侵害が問題となる場合に，行為義務を課すことによる利益（これを損害回避費用といいます）が大きいことを理由として行為義務を否定することは，私たちの正義感覚に反するといった指摘がなされています。

加害行為による損害の発生が必要です——損害発生と因果関係

ここでは便宜(べんぎ)上，損害の発生，および加害行為と損害発生の間の因果関係という2つの要件を同時に取り上げて説明します。

(1)　損害が発生しないと賠償責任は生じません

行為者の故意または過失による権利または法律上保護される利益の侵害が認められる場合，行為者に損害賠償責任が課されるには，被害者に損害が発生したことが必要です。わが国では一般に，たとえば，懲罰的賠償（ちょうばつてきばいしょう）という形で，損害がないにもかかわらず賠償責任を課したり，発生した損害以上の賠償を命じることは認められません（最判平成 9・7・11 民集 51 巻 6 号 2573 頁参照）。その根底には，刑事責任が犯罪者の更生や犯罪抑止を目的とするのに対して，民事責任は損害の塡補を主な目的とするという考えがあります。→281頁

(2)　損害とは――利益状態の差か不利益な事実か

そもそも「損害」とはなにかという問題については，**差額説**とよばれる立場が，かつて学説では有力でした。

この差額説は，損害とは，「加害行為がなかったとしたらあるべき利益状態と，加害行為がなされた現在の利益状態の差」であるとする考えです。これに従うと，「損害」は，とくに「利益状態」＝「財産状態」とするとき，「金○○円」という形であらわされます。財産状態の差を損害とする差額説を前提として相当因果関係説（第 5 章Ⅲおよび次の (3) 参照）→168頁に従うと，損害である「金○○円」が加害行為と相当因果関係があるかどうかが直接問われることになります。そのため，相当因果関係があるかないかの判断のなかに，おのずと金銭評価の問題が含まれることになります。

他方，現在の学説では，被害者に生じた不利益な事実それ自体を「損害」とする考え（**損害事実説**）が有力です。そして，そのなかでも，不法行為がなければ本来あるはずの利益状態に戻すという考えから，ここにいう「不利益な事実」は，たとえば事故後に被害者の収入が実際に減少したといった，現実に生じた不利益に限らないとする立場が，

とくに有力だと言えます。

(3) 発生した損害がすべて賠償されるとはかぎりません

CASE 8-7

C会社の従業員Aは，取引先に向かう途中，Bの運転する自動車にひかれて負傷し，入院していたところ，Aの入院している病院に第三者Dが放火したことによりAは死亡しました。Bは，Aの死亡についても損害賠償責任を負わなければならないでしょうか。

(a) 相当因果関係説（そうとういんがかんけいせつ）

行為者に損害賠償責任が課されるには，加害行為と損害の間の**因果関係**，つまり加害行為が発生した損害の原因であるという関係も必要です。しかし他方，加害行為がなければ発生しなかった損害のすべてが賠償の対象となると，賠償の対象がかぎりなく広がります。CASE 8-7でBに，Aの死亡についてまで無条件に損害賠償責任を課すことは行きすぎです。そこで，加害行為から発生した損害のうち賠償の対象となるものを限定する必要があります[発展]。このため，裁判所は，「相当因果関係」という概念を用います（**相当因果関係説**）。

相当因果関係説とは，行為と因果関係のある損害のうち，「相当因果関係」のある損害のみを賠償の対象とすべきという立場です。そして，第5章Ⅲ（→168頁）でみた債務不履行（さいむふりこう）に関する416条を不法行為の場面でも類推適用し，同条が「相当因果関係」をあらわすとします。つまり，加害行為から通常生ずべき損害（通常損害。416条1項参照），および，加害者に予見可能な特別事情に基づく損害（同条2項参照）を，加害行為と「相当因果関係」のある損害として賠償の対象とします。

notes

[発展] この損害賠償の対象の限定の問題は，本来，不法行為の効果の問題ですが，便宜上ここで取り扱います。

(b) 学説からの批判

相当因果関係説は，学説から批判を受けていますが，判例は現在も相当因果関係という考え方を用いています。学説は，たとえば，416条が本来想定するような，事前の交渉を経て契約を結んだ者同士の間での債務不履行の場合と異なり，交通事故のように事前に面識のない者同士の間で生じうる不法行為では，加害者の予見可能性により賠償範囲を決めてしまうことはできないとします。また，相当因果関係説が，次の（c）で述べるように，性質の異なる，したがって判断の仕方や基準の異なる問題を，「相当因果関係」という概念のもとで区別せずに取り扱ってきたと批判します。

(c) 現在の学説

現在の学説では，従来「相当因果関係」の名のもとで扱われてきた問題を，①加害行為と損害発生の**事実的因果関係**（「あれなければこれなし」の関係の有無），②**保護範囲**（事実的因果関係ある損害のうちどこまで賠償させるか），③**損害の金銭評価**（賠償の対象とされた損害をどう金額に換算するか）の問題に区別すべきとする立場も有力です。→289頁損害事実説にたちつつこの考えに従うと，まず，加害行為と被害者に生じた不利益な事実の間に事実的因果関係があるかどうかが問われます。次に，事実的因果関係のある不利益な事実のうちどこまでが賠償の対象となるか（賠償範囲に含まれるか）が問題とされます。最後に，賠償範囲に含まれる不利益な事実が金銭に換算されます。

この区別は，①から③の各問題での判断の仕方や基準の相違を明らかにするのに役立ちます。とくに，裁判官の評価としての性質が前面に出る③では，裁判官が，より自由な判断を行うことが認められます。

コラム⑯　利得の吐き出しと不法行為・事務管理・不当利得

もっぱら損害の塡補を目的とする民事責任では，損害発生が成立要件とされます。したがって，たとえば，空き地として放置されていたAの所有地を，Bが，Aに無断でCに賃貸して通常の賃料を超える賃料を得た場合，AはBに，Bが得た賃料全部について不法行為を理由に損害賠償請求できるかどうかが問題となります。

①差額説により損害賠償請求するときの問題

差額説の立場からは，Bの不法行為（土地の賃貸）がなくてもAは空き地を放置していたので，Bの不法行為があった場合となかった場合とでAの財産状態に変わりはなく，Aに損害はないことになりそうです。

もっとも，実際の裁判例では，通常の賃料に相当する額の損害賠償の支払が，Bのような加害者に命じられています。このことは，Aの土地所有権が侵害されたことによる損害が，Aから（土地の使用収益が現実に奪われたことではなく）土地所有者としてもつ土地を使用収益する可能性が奪われたことにあるとみることによって，説明することができます（つまり，現実の裁判例は，ここでは差額説に従っていません）。

しかし，この場合にBが通常の賃料相当額を超える部分をそのまま保持できるとするのは不当であるとする立場からは，Bが自分の才能によって得た利益もいわば「吐き出させる」法律構成が必要になります。

②不当利得返還債務という考え方

そこで考えられるのは，第1に，**不当利得**（703条・704条）です。これは，「法律上の原因なく他人の財産又は労務によって利益を受け，そのために他人に損失を及ぼした者」は，「これを返還する義務を負う」（703条参照）とする制度です。冒頭の例でいえば，「法律上の原因」がないのにAの所有地（「他人の財産」）によって賃料を得たBに，この賃料全部についてAに返還する義務を負わせることができるかどうかが問題となります。しかし，不当利得の趣旨が，この場面では，財産的利益が本来帰属すべき者以外の者に帰属した状態を元に戻すことにあるとすると，侵害者の才能により取得した価値の返還を認めることはその趣旨にそぐわないといえます。

③（準）事務管理による受け取った金銭の引渡債務という考え方

そこで，第2に，**準事務管理**が考えられます。**事務管理**とは，「義務なく他人のために事務の管理を始めた者」は，「その事務の性質に従い，最も本人の利益に適合する方法によって，その事務の管理」をする（697条1項参照）とともに，「事務を処理するに当たって受け取った金銭」などを本人に引き渡さなければならない（701条による646条の準用）とする制度です。ただし，冒頭の例では，Bは，Aの所有地を賃貸すること（「事務の管理」）をA（「他人」）のためではなく，自分のためにはじめています。このように自分のために他人の事務を管理する場合にも，事務管理に関する規定を準用するのが準事務管理です。準事務管理を認める立場に従えば，AはBに，Bが得た賃料全部の引渡しを（通常の賃料相当額を超える部分を含めて）求めることができます。

もっとも，準事務管理という法律構成の必要性がどこまであるかは，検討が必要です。不法行為について損害事実説の立場からいえば，Aの土地所有権の侵害という事実を損害としてとらえ，その金銭評価において，Bの得た賃料全部に相当する額を，Aの土地所有権のあるべき価値とみることが考えられます。

責任を免れることもあります――責任能力，正当防衛

(1) 責任無能力者は責任を免れます

712条（責任能力）

未成年者は，他人に損害を加えた場合において，自己の行為の責任を弁識するに足りる知能を備えていなかったときは，その行為について賠償の責任を負わない。

713条

精神上の障害により自己の行為の責任を弁識する能力を欠く状態にある間に他人に損害を加えた者は，その賠償の責任を負わない。〔以下略〕

CASE 8-8

9歳のBは，親Cに買ってもらった空気銃で遊んでいる際に，ふざけて友だちAに銃口を向けたところ，誤って引き金を引いてしまい，弾がAの右目にあたったため，Aは右目を失明しました。BはAに，右目の失明について損害賠償責任を負うでしょうか。

不法行為の成立要件がすべてみたされても，行為者が免責される場合があります（免責については第4章Ⅳ→170頁を参照）。ここでは，2つの場合について説明します。第1に，行為者が，自分の行為の責任を弁識する能力（これを**責任能力**といいます）を欠く場合です（712条・713条本文）。CASE 8-8のBは，責任能力が認められないとき，損害賠償責任を負いません。このようなBを，**責任無能力者**といいます。責任能力の有無は個別の事例ごとに判断されます。未成年者に関する裁判例では，一般に，12歳から13歳が境界線とみられます。なお，CASE 8-8のBが責任無能力者として免責される場合，Ⅴ→303頁で説明する714条による親Cの責任が問題となります。

(2) 正当防衛が認められるとき不法行為は成立しません

720条（正当防衛及び緊急避難）

1 他人の不法行為に対し，自己又は第三者の権利又は法律上保護される利益を防衛するため，やむを得ず加害行為をした者は，損害賠償の責任を負わない。〔以下略〕

2 略

CASE 8-9

強盗Aに襲われたBが，凶器を手に殴りかかろうとするAを組み伏せたところ，Aは腕を骨折しました。AはBに，腕の骨折を理由として損害賠償請求できるでしょうか。

行為者が免責される場合として，第2に，行為者の**正当防衛**が認められる場合があります。被侵害利益（ひしんがいりえき）が，生命・身体のように，その性質から強い法的保護を必要とするとき，それらの利益を侵害した加害者には原則として不法行為が成立するといえます。しかし，CASE 8–9 のように，Aの不法行為に対して自分の権利や法律上保護される利益（CASE 8–9 ではBの生命・身体）を防衛するためやむを得ず加害したBは，例外的に，Aの身体の侵害につき責任を負いません（720条1項）。

III 不法行為の効果
——どのような責任を負うか

不法行為の成立要件がみたされたときに認められる法的効果である損害賠償は，名誉毀損（めいよきそん）での謝罪広告の掲載のように（723条参照），加害者に原状回復（げんじょうかいふく）を命じることにより行うことも考えられます。しかし，わが国では損害賠償は，原則として金銭の支払により行われます（722条1項による417条の準用）。

損害額算定は個別の項目の積上げです

CASE 8–10

Bの運転する自動車にはねられて負傷したAは，3か月間入院治療を受け，入院中付き添い看護が必要でした。退院後，Aは，脚（あし）に後遺症（こういしょう）が残ったため，自宅をバリアフリーに改装しました。BはAに，どのような内容の損害賠償責任を負うでしょうか。

CASE 8–10 のような場合，裁判例は，個々の損害項目を金額に換算して積み上げることにより賠償額の算定（計算）を行います。たとえば，入院治療費○円，付き添い看護費△円，入院中休業したことにより得（え）ることのできなかった収入（もう少し一般化していえば，加害行為がなければ得られたであろう利益。**逸失利益**（いっしつりえき）。第*5*章Ⅲ→174頁も参照）□円，自宅改装費●円……などの損害項目を足し算していくことにより算定します。この算定方式を**個別損害項目積算方式**といいます。この方式は，差額説→289頁のなかでも，個々の損害項目に対応する財産状態の差額を損害とする立場からは容易に説明できます。しかし，損害事実説を含めその他の立場からこの方式を採用することも考えられます。

コラム⑰　逸失利益の算定方法

不法行為がなければ被害者が将来得たであろう利益にあたる逸失利益の算定について，実務での処理の仕方は，以下のような算定式であらわすことができます。

①事故がなければ被害者が得ていたであろう年間収入×②稼働可能年数－③生活費－④中間利息

①は，被害者が負傷した事案では，事故前に被害者が得ていた年間収入と事故後に被害者が得る年間収入との差額になります。事故前に被害者が得ていた年間収入に，事故により失われた労働能力の割合を掛け合わせることにより算出されます。②は，事故がなければ被害者が事故前と同じような状況のもとで働くことのできたであろう期間のことです。これは，裁判実務では多くの場合67歳までの期間（67歳以上または67歳に近い者については，平均余命の半分）とされます。③は，被害者が死亡した場合の逸失利益の算定において差し引かれる（控除（こうじょ）される）ものです（損益相殺による生活費の控除については第*5*章Ⅲ→175頁を参照）。④は，実務で通常行われる一時金賠償（将来生じる損害についても現時点で一括して行われる賠償）において，本来であれば将来受け取るべき金銭を現時点で受け取ることにより被害者側が得る利益（中間利息）を，賠償金からあらか

じめ差し引いておくためのものです（722条1項による417条の2の準用。中間利息の控除については第5章Ⅲを参照）。→175頁

710条（財産以外の損害の賠償）
他人の身体，自由若しくは名誉を侵害した場合又は他人の財産権を侵害した場合のいずれであるかを問わず，前条の規定により損害賠償の責任を負う者は，財産以外の損害に対しても，その賠償をしなければならない。

裁判所は，原則として，被害を受けたまさにその被害者に現実に生じた減収などをもとに損害額を算定します。しかし，現実の減収などがない場合にも，被害者に金銭で評価することのできる損害があったものとして損害賠償を認めることもあります。たとえば，幼児は親の扶養を受けており，通常，幼児自身には働いて得ている収入はありません。しかし，事故によって幼児が死亡した場合，加害者は，幼児が将来働いて得たであろう収入を基に算定された逸失利益を賠償しなければなりません。

さらに，加害者は，被害者に生じた財産上の損失（**財産的損害**）とは別に，被害者の受けた精神的な損害についても賠償しなければなりません。たとえば，交通事故の被害者の精神的苦痛（**精神的損害**）それ自体は財産上の損失をともないませんが，加害者はその賠償（**慰謝料**）を支払わなければなりません（710条）。

死亡被害者の損害賠償請求権は相続されます

CASE 8-11

赤信号を無視して横断歩道を渡っていたAは，Bの運転するスピード違反の自動車にはねられて即死しました。Aには遺族として妻Cと子D，Aの父Eがいました。なお，EはAに扶養されていませんでした。だれ

がなにをBに損害賠償請求できるでしょうか。

Aは死亡と同時に権利能力（第2章Ⅰ →48頁）を失い，権利をもつことができなくなります。そのため，死亡してはじめて生じる損害の賠償請求権，たとえば，死亡による精神的苦痛を理由とする慰謝料請求権や，死亡による逸失利益を理由とする賠償請求権は，理論的にはAに帰属しません。なお，慰謝料については，死者は死の苦痛を感じない，などの問題もあります。

しかし，判例は，被害者の死亡を理由とする賠償請求権を被害者自身が取得し，それを相続人が相続するとします（**相続構成**。大判大正15・2・16民集5巻150頁など。死亡慰謝料については最判昭和45・4・21判時595号54頁も参照）。したがって，CASE 8-11では，まず，Aの法定相続人のCとD（887条1項・890条参照）が賠償請求権者となります。なお，EにはAの法定相続権はありません（887条・889条1項1号・890条参照）。

また，被害者が死亡した場合，遺族（いぞく）に，たとえば，被害者から受けていた扶養（ふよう）が失われたこと（扶養利益の侵害）を理由に，遺族自身の損害賠償請求権を認めるという考え方もあります。これを**扶養構成**といいます（相続を放棄（→364頁）した遺族の扶養構成による請求を認めたものとして，最判平成12・9・7判時1728号29頁参照）。そして，遺族の損害賠償請求権はすべて扶養構成によることとし，相続構成を認めないことも考えられます。それにもかかわらず判例が相続構成をとる背景として，相続構成では請求権者の範囲が比較的明確な点があります。扶養構成では被害者から扶養を受けていたのはだれかが問題となりますが，相続人の範囲は民法の規定に従って定まるからです。また，賠償額の算定が容易な点もあります。逸失利益の算定方法は，すでに実務である程度確立しているためです。

CASE 8−11では，EはAから扶養を受けていなかったため，扶養構成によるときでもEはBに財産的損害の賠償を求めることはできません。

父母，配偶者，子にはとくに慰謝料(いしゃりょう)請求権があります

711条（近親者に対する損害の賠償）
他人の生命を侵害した者は，被害者の父母，配偶者及び子に対しては，その財産権が侵害されなかった場合においても，損害の賠償をしなければならない。

CASE 8−11で，EはBに，財産的損害の賠償を請求できませんが，711条により，E自身の慰謝料請求権を行使できます。また，CとDも，Aから相続したAの慰謝料請求権と別に，711条による慰謝料請求権を取得し，CとDはそれぞれ2つの慰謝料請求権をもちます。ただし，裁判例では，2つの慰謝料請求権が併存する場合といずれか1つしかない場合とで，賠償額に差はないとされます。

賠償額が減ることもあります――過失相殺(かしつそうさい)・損益相殺(そんえきそうさい)

722条（損害賠償の方法，中間利息の控除及び過失相殺）
1　略
2　被害者に過失があったときは，裁判所は，これを考慮して，損害賠償の額を定めることができる。

(1)　過失相殺

賠償請求権者の範囲が確定され，賠償額が算定されても，被害者またはその遺族は，損害額全額をもらえるとはかぎりません。第1に，

722条2項は，被害者の「過失」が競合するとき，裁判所は，これを考慮して，賠償額を減額することができるとしています。これを**過失相殺**といい，過失相殺は割合的に行われます。たとえば，CASE 8–11で，赤信号を無視して，横断歩道を渡っていたAの「過失」とスピード違反のBの過失の割合が5：5とされると，Aは，算定された賠償額の5割しかBから得(え)ることができません。

判例は，過失相殺には被害者の**事理弁識能力**(じりべんしきのうりょく)が必要だとします（最大判昭和39・6・24民集18巻5号854頁）。これは，判例が過失相殺の根拠を，被害者の「過失」という不注意なふるまいに対する非難可能性に求めるためだといえます。被害者のふるまいを非難することができるのは，その被害者が，自らのふるまいが非難に値することを知ることができるときだけだからです。したがって，たとえば，2，3歳の幼児については過失相殺ができません 発展 。

(2) 損益相殺

賠償額が減額される場合として，第2に，債務不履行による損害賠償に関して第5章Ⅲ→175頁でみた**損益相殺**があります。つまり，不法行為の場面では，被害者が不法行為によって損害を受けるとともに利益も得ているとき，その利益の額を賠償額から差し引く（控除する）ことになります。たとえば，被害者の死亡によって支出する必要のなくなった被害者の生活費が，ここにいう利益にあたります。損益相殺は，被害者の財産状態の総体としての差額を損害としてとらえる差額説からみれば当然のことだともいえます。損益相殺の背景には，第5章Ⅲ→175頁でもみた，損害賠償は被害者の財産に生じたマイナスを埋め，不法行

notes

発展 ちなみに，加害者の「過失」と被害者の「過失」は性質が異なるとされます。非難可能性の前提として，責任能力ではなく事理弁識能力が要求されるのはそのためです。

為がなかったのと同じ状態におくことを目的とするとの考えがあります。

CASE 8-11では，CとDがAから相続する賠償請求権について，逸失利益に関する賠償額算定にあたり，Aの死亡によりその生活費の支出が不要になったことが利益とされ，生活費が賠償額から控除されます（**コラム⑰**→296頁）。

Ⅳ 消滅時効（しょうめつじこう）——請求できる期間にはかぎりがあります

724条（不法行為による損害賠償請求権の消滅時効）

不法行為による損害賠償の請求権は，次に掲（かか）げる場合には，時効によって消滅する。

一　被害者又はその法定代理人が損害及び加害者を知った時から3年間行使しないとき。

二　不法行為の時から20年間行使しないとき。

724条の2（人の生命又は身体を害する不法行為による損害賠償請求権の消滅時効）

人の生命又は身体を害する不法行為による損害賠償請求権の消滅時効についての前条第1号の規定の適用については，同号中「3年間」とあるのは，「5年間」とする。

3年で時効消滅します

損害賠償請求権は，原則に従えば，被害者などが権利を行使することができることを知った時から5年で時効消滅します→152頁（166条1項1号）。しかし，不法行為による損害賠償請求権は，724条1号により，

「損害及び加害者を知った時から３年」で時効消滅します。不法行為の場合に時効期間が短縮される理由を，判例は，加害者保護にあるとしています。つまり，不法行為は通常，未知の者の間の予期せぬ事故によって起こり，加害者は，賠償請求を受けるかどうか，どの程度賠償責任を負うか不明なため，不安定な立場にあるから，損害および加害者を知る被害者が相当期間内に権利行使しないときは加害者を保護するという理由です（最判昭和49・12・17民集28巻10号2059頁参照）。

生命または身体の侵害の場合は５年です

生命または身体を侵害された被害者またはその遺族の損害賠償請求権については，さらに，被害者保護のために消滅時効期間を長くする特則があります。724条の2は，不法行為による生命・身体侵害を理由とする損害賠償請求権は，「損害及び加害者を知った時から５年」で時効消滅するとしています。

どの時点で「知った時」になるか

被害者が「損害」または「加害者」を知らないままでいると，３年または５年の消滅時効期間はいつまでも進行しません。これは，時効期間短縮の理由と異なり，被害者の利益を考慮したものとされます。つまり，損害賠償請求権が発生したことを被害者が知らないうちに時効が進行して，請求権が消滅することのないようにするためです。判例は，被害者が不法行為の当時加害者の住所・氏名を正確に知らず，不法行為から約９年後にその名を，19年後に加害者の住所を突き止め，加害者本人に間違いないことを知った事案において，「加害者を知った時」とは，加害者に対する賠償請求が事実上可能な状況のもとに，その可能な程度に加害者を知った時を意味するとして，消滅時効の成立を否定しています（最判昭和48・11・16民集27巻10号1374頁）。

もっとも，724条1号または724条の2による3年または5年の消滅時効が成立しない場合でも，724条2号により，「不法行為の時」から20年で消滅時効が成立する可能性はあります（2017年改正前の除斥期間については第*4*章参照）。→156頁

V 特殊な不法行為
——行為者だけが責任を負うとはかぎりません

過失責任の原則は自己責任の原則です

714条以下には，加害行為を直接行った者以外の者が負う不法行為責任，または物から生じた損害についての不法行為責任に関する規定がおかれています。たとえば，被用者の加害行為について使用者が責任を負うとする715条や，建物の崩壊などについて占有者（せんゆうしゃ）などが責任を負うとする717条です。このうち，とくに715条のような他人の加害行為から生じた損害に関する不法行為責任を定める規定は，過失責任の原則に含まれる，「行為者は，自己の行為についてのみ責任を負う」という**自己責任の原則**からみると，その例外を定めた規定とみることもできます。

子の行為について親は責任を負います——監督者責任

714条（責任無能力者の監督義務者等の責任）
1　前2条の規定により責任無能力者がその責任を負わない場合において，

CHART 8-1 責任能力のない子とその親の責任

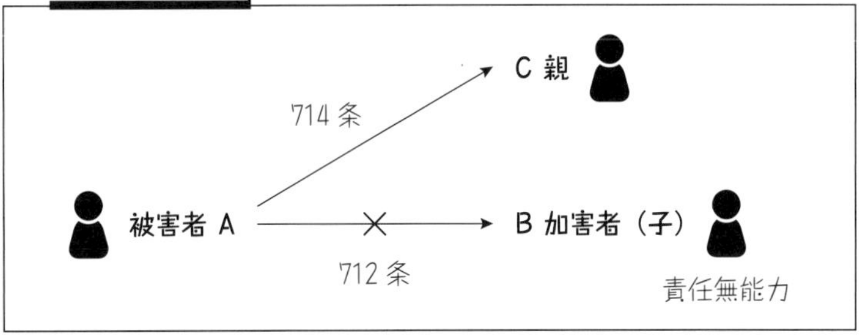

その責任無能力者を監督する法定の義務を負う者は，その責任無能力者が第三者に加えた損害を賠償する責任を負う。ただし，監督義務者がその義務を怠らなかったとき，又はその義務を怠らなくても損害が生ずべきであったときは，この限りでない。

2 略

加害者が不法行為責任を負うには，加害者に責任能力（→293頁）があることが必要です。したがって，CASE 8-8（→294頁）でBは，不法行為責任を負いません。しかし，この場合，714条1項により，Bの親や未成年後見人（みせいねんこうけんにん）のように（820条・857条参照），法律上Bを監督する義務を負（お）う者（**法定監督義務者**）Cが，Bの不法行為について責任を負います（714条1項本文。CHART 8-1参照）。ただし，Cは，自分がBの監督を怠（おこた）らなかったこと（または，きちんと監督していたとしてもBの加害行為が行われていたであろうこと）を証明したときは，責任を免れます（714条1項ただし書）。このように，加害者の故意・過失を被害者側が証明するのではなく，義務違反がなかったことを加害者側が証明しなければならない場合の責任を，ここでは**中間責任**とよんでおきます。

(1) 責任能力のない子の親はなぜ責任を負うか

714条によって親が子の行為について責任を負う根拠については，親は子どもという危険な存在を管理しているのだから，その危険が現

CHART 8-2 責任能力のある子とその親の責任

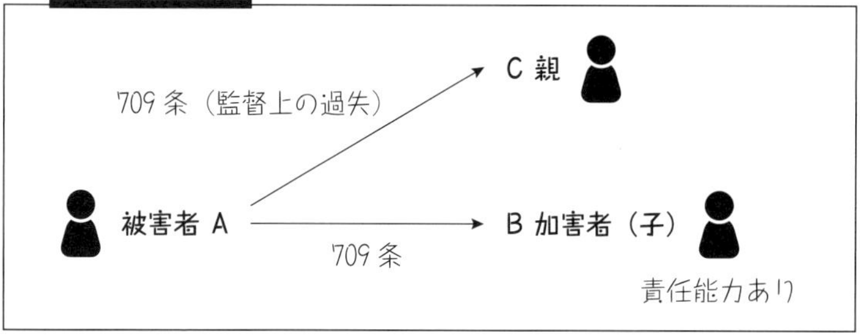

実のものとなった事故が起きたときは，親は責任を負わなければならないという学説がみられます（後に説明する危険責任の考え方です→307頁）。しかし，この学説に対しては，子を危険物と同視しているという批判があります。そこで，親が子の行為について負う責任を，監督義務者である親自身の過失に基づく責任とみることが考えられます。この考え方に従うと，714 条 1 項ただし書で監督義務違反がなかったことの証明があれば監督義務者が免責されることは，過失のない加害者は責任を負わないという過失責任の原則のあらわれであるとみることができます（ただし，ここで問題となる監督義務者の過失は，責任無能力者がしたまさにその加害行為を防止することに直接に向けられたものだけではなく，日ごろから子の監督を怠っていたことなども含むことに注意してください）。

(2) 責任能力のある子の親も責任を負います

714 条は，子 B などが責任無能力のため責任を負わないことを，親 C などの責任の要件としています。したがって，B に責任能力があり，B 自身が責任を負うとき，同条は適用されません。しかし，この場合，C の監督義務違反と B の不法行為により生じた結果の間に相当因果関係が認められるとき，監督義務者は 709 条の責任を負います（最判昭和 49・3・22 民集 28 巻 2 号 347 頁。CHART 8-2 参照)。

責任能力のある子 B とともにその親 C も（監督上の過失について）

709 条の責任を負う場合，両者はともに賠償額全額について賠償責任を負います。子 B の加害行為により 100 万円の損害が生じた被害者 A は，B と C いずれにも 100 万円の請求ができます。ただし，いずれかが賠償金を支払った場合，その限度で賠償請求権は消滅します。そのため，A が 100 万円を超えて受け取ることができるわけではありません。

被用者（ひようしゃ）の行為について使用者は責任を負います——使用者責任

715 条（使用者等の責任）

1　ある事業のために他人を使用する者は，被用者がその事業の執行について第三者に加えた損害を賠償する責任を負う。ただし，使用者が被用者の選任及びその事業の監督について相当の注意をしたとき，又は相当の注意をしても損害が生ずべきであったときは，この限りでない。

2　略

3　前 2 項の規定は，使用者……から被用者に対する求償権の行使を妨げない。

CASE 8-12

C 銀行の支店長 B は，A の作成する額面 300 万円の約束手形（手形を作成した者が，手形を所持する者に，手形に記載されている金額を支払うことを約束する証券）と引き換えにお金を貸してくれる相手を紹介するという名目で，A からその手形を受け取りました。しかし，B の行為は C 銀行の内部規則に反しており，職務外の行為でした。その後，B は，D に手形をだまし取られ，D から手形を得て所持する E が A に 300 万円の支払を求めたため，A は E に 300 万円を支払いました。A は，C 銀行に，貸付金を得られないまま E に 300 万円を支払ったことを理由として損害賠償請求できるでしょうか。

CASE 8-13

C会社の従業員Bは，会社の車を運転して取引先に向かう途中，過労から居眠り運転をしてAをはね，Aは負傷しました。AはC会社に，Bの運転する車によって負傷したことを理由として損害賠償請求できるでしょうか。

CASE 8-12 および CASE 8-13 では，Cは，715条1項により，BがAに加えた損害について賠償責任を負うことがあります。これを**使用者責任**といいます。使用者責任も中間責任→304頁です。

なぜ使用者が責任を負うのか

V→303頁の初めに述べたように715条を自己責任の原則の例外を定めた規定とみるとき，そのことは，715条が，ある者（使用者）が他人（被用者）の行為についてその他人にかわって責任を負うことを定めた規定だと理解することを意味します。このように，ある者が他人の行為についてその他人にかわって負う責任のことを，**代位責任**といいます。かりに715条が代位責任を定めた規定だとすると，ある者が他人にかわって責任を負うのはどうしてなのかが問題となります。つまり，ある者に責任を負わせるための根拠（責任根拠）の問題です。

代位責任の責任根拠としては，第1に**危険責任**が考えられます。「危険を創出・維持する者は，その危険の実現について（故意または過失がなくとも）責めを負わなければならない」という責任根拠です。第2に，**報償責任**（ほうしょうせきにん）も考えられます。「利益の帰するところに損失も帰する」という責任根拠です。たとえば，使用者は，他人を使用して活動範囲を広げることにより，危険をつくり出すほかに，利益を獲得しているとみることができます。

715条の使用者責任は，危険責任と報償責任という責任根拠に基づいて，使用者がいわば被用者の責任を肩代わりする代位責任だと考えることもできます。しかし，最近では，使用者責任は，本来被用者が負うべき責任を使用者が肩代わりするものではないという理解が有力です。つまり，使用者は，自ら危険を創出・維持し，また被用者を通じて利益を獲得したという，まさに使用者自身に帰せられる事情に基づいて責任を負うとする考え方です。

どのような場合に使用者は責任を負うのか

被用者の加害行為によって被害者に損害が発生したとしても，つねに使用者が責任を負うわけではありません。

(1) 「事業の執行につき」加害したのでなければなりません

使用者が危険責任や報償責任に基づいて責任を負うとみるとき，被用者の行為が使用者の創り出した危険の実現とみることができ，または，使用者が利益を獲得する活動との関連で行われたことが必要です。そのため，使用者の「事業」と無関係な局面で行われた加害行為についてまで使用者が責任を負う必要はありません。そこで，715条1項は，被用者の加害行為が「事業の執行について」行われたこと（**事業執行性**（じぎょうしっこうせい））を要求します。

(a) 取引的不法行為の場合

被用者の行為が「事業の執行について」行われたかどうかについて，判例は，とりわけ CASE 8-12 のような，取引における被用者の内部規則違反や権限濫用（らんよう）などによる不法行為（**取引的不法行為**）では，行為の外形から客観的に判断します（**外形標準説**（がいけいひょうじゅんせつ）。最判昭和42・11・2民集21巻9号2278頁など）。これは，取引行為において被用者の行為の外形に対する第三者の信頼（たとえば，手形による貸付けの相手を紹介することはBの職務権限の範囲に属するとのAの信頼）を保護するものです。この考えに従えば，CASE 8−12のBの行為は，銀行の業務の範囲内に属する行為として，事業執行性をみたすともいえそうです。ただし，判例は，外形標準説の趣旨が第三者の信頼の保護にあることから，保護に値する信頼の欠ける者，たとえば，Bの行為がその職務権限内において適法に行われたものでないことを知るか，または知らないことにつき重大な過失のあるAとの関係では，事業執行性はみたされないとしています（前掲最判昭和42・11・2）。

(b) 事実的不法行為の場合

第三者の取引の安全が要請される取引的不法行為では，被用者の行為の外形に対する第三者の信頼を問題にすることに合理性があります。しかし，たとえば，会社の従業員が業務時間外に会社の自動車を無断使用し，交通事故を起こした場合のような，いわゆる**事実的不法行為**では，外形標準説によって第三者の信頼を保護する必要があるかどうか検討が必要です。判例には，一方で，会社の所有する自動車を従業員が私用で運転中に起こした交通事故につき，外形標準説をとるとみられるものがあります（最判昭和39・2・4民集18巻2号252頁）。しかし，他方で，工事現場での作業道具の受渡方法に関する口論をきっかけとする作業員の暴行事件につき，「会社の事業の執行行為を契機とし，これと密接な関連を有すると認められる行為」であるとして事業執行性を肯定するものもあります（最判昭和44・11・18民集23巻11号2079頁）。

(2) 使用者が免責されることはほとんどありません

被用者のした加害行為が以上の要件をみたすとき，その加害行為によって生じた損害について，使用者は責任を負います。もっとも，民法は，「使用者が被用者の選任及びその事業の監督について相当の注意をしたとき，又は相当の注意をしても損害が生ずべきであったとき」は，使用者が責任を負わなくてよいとしています（715条1項ただし書）。しかし，裁判例では，被用者の選任および監督について相当の注意を尽くしていたことの証明による使用者の免責は，ほとんど認められていません。

(3) 賠償した使用者は被用者に求償できます

被用者自身は709条により責任を負うため，被用者と使用者はともに賠償額全額について賠償責任を負います。しかし，たとえば，CASE 8-13でCがAに賠償した場合，使用者責任を代位責任（だいいせきにん）とみるとき，本来責任を負うべき者はBであるため，Cは，支払った賠償金をBに対して請求することができます（求償権。715条3項。CHART 8-3参照）。

ただし，使用者は，被用者の活動から利益を得るとともに，加害行為の原因（Bの過労）を作り出している側面があることから，使用者の無条件の求償を認めることは不当ともいえます。判例にも，使用者の求償権を，さまざまな事情に照らし「信義則（しんぎそく）上相当と認められる限度」に制限しています（最判昭和51・7・8民集30巻7号689頁）。

また，使用者は，自ら危険を創出・維持するといった，まさに使用者自身に帰せられる事情に基づいて責任を負うとする最近の有力な立場に立つと，本来責任を負うべき者は被用者B（だけ）ではなく使用者Cで（も）あるということになります。このような立場に従うと，たとえば被害者Aから損害賠償請求を受けたBが自ら賠償金をAに支払った場合，条文にはありませんが，BからCに対して支払った賠償金（の一部）を求償することが考えられます（これを**逆求償**といいます）。判例は，被用者から使用者に対する逆求償を，さまざまな事情に照らし「相当と認められる額」について認めています（最判令和

CHART 8-3 使用者から被用者への求償

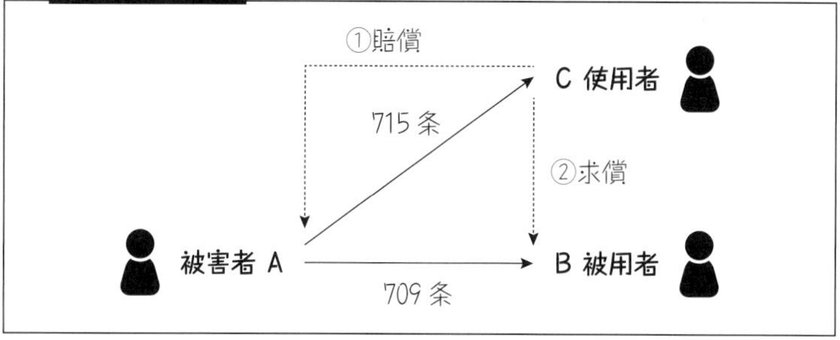

2・2・28 民集 74 巻 2 号 106 頁)。

建物の倒壊などにより他人に損害を与えた場合には借主や所有者は責任を負います——工作物責任(こうさくぶつせきにん)

717 条（土地の工作物等の占有者及び所有者の責任）
1　土地の工作物の設置又は保存に瑕疵(かし)があることによって他人に損害を生じたときは，その工作物の占有者は，被害者に対してその損害を賠償する責任を負う。ただし，占有者が損害の発生を防止するのに必要な注意をしたときは，所有者がその損害を賠償しなければならない。
2・3　略

CASE 8-14

Cが所有する建物の借主Bは，建物の外壁の一部がはがれ落ちそうになっているのを発見しました。Bはただちに業者に修理を依頼しましたが，業者の到着前に一部がはがれ落ち，通行人Aが負傷しました。Aは，BまたはCに損害賠償請求できるでしょうか。

(1)　まず占有者が責任を負います

CASE 8-14 で，Bの借りている建物に「**瑕疵**(かし)」があり，これによりAに損害が生じた場合，まず，建物の占有者Bが賠償責任を負います（717条1項本文）。ただし，占有者は，損害の発生防止に必要な注意をしていたことを証明すれば免責されるため（同項ただし書参照），占有者の責任は中間責任→304頁です。つぎにBが，必要な注意をしていたこと（たとえば，毎日建物に異常がないかどうか見回り，外壁がはがれたのちすぐにこれを発見し，ただちに業者に修理を依頼したこと）を証明して免責されるときは，所有者Cが責任を負います（同項ただし書）。所有者は，損害の発生防止に必要な注意をしていたことを証明しても免責されません。この所有者の責任は，所有者に過失がなくても負わされる無過失責任です。

(2) 「瑕疵」とはなにか

「瑕疵」とは，工作物がその用途・用法に照らし通常備えているべき安全性を欠くことをいいます。その発生が占有者または所有者の故意または過失に基づくことを，必要としません（その意味で瑕疵の有無は客観的に判定されます）。瑕疵についてのこのような理解は，通常備えているべき安全性を欠く工作物という危険を，占有者または所有者が創出・維持すること（危険責任）に責任根拠を求める立場を背景とします（危険責任や報償責任という責任根拠は，使用者責任だけでなく工作物責任や後述の動物占有者の責任→313頁でも妥当します）。

ただし，瑕疵が認められるのは，たとえば，建物が倒壊するおそれがあるときのように，現に存在する工作物それ自体に積極的な危険性がある場合だけではありません。工作物が「通常備えているべき安全性を欠く」状態というのは，その工作物が周囲の者にとって危険な物として作用することです。したがって，瑕疵があるかどうかは，その工作物が周囲の者にどのように作用するかということを考慮して判断することになります。たとえば，見通しの悪い場所にある踏切に警報機などの設備が設置されていない場合，その踏切で歩行者が鉄道と接触して事故が起きたとき，警報機などの設置のないことがその踏切の瑕疵とされます（最判昭和46・4・23民集25巻3号351頁）。

動物について飼い主は責任を負います――動物占有者の責任

718条（動物の占有者等の責任）
1 動物の占有者は，その動物が他人に加えた損害を賠償する責任を負う。ただし，動物の種類及び性質に従い相当の注意をもってその管理をしたときは，この限りでない。
2 略

Bの飼い犬が，Aに噛みついて負傷させた場合，Aの負傷についてBは賠償責任を負います（718条1項）。Bの責任は中間責任です。

加害者が数人いるときは――共同不法行為

719条（共同不法行為者の責任）
1 数人が共同の不法行為によって他人に損害を加えたときは，各自が連帯してその損害を賠償する責任を負う。共同行為者のうちいずれの者がその損害を加えたかを知ることができないときも，同様とする。
2 行為者を教唆（きょうさ）した者及び幇助（ほうじょ）した者は，共同行為者とみなして，前項の規定を適用する。

CASE 8-15

① Bがわき見運転する自転車と，Cがわき見運転する自転車が，曲がり角で出会い頭に激しく衝突し，そばを歩いていたAを巻き込んで負傷させました。BCはAに，どのような内容の損害賠償責任を負うでしょうか。

② 同じコンビナート内にあり，Bの製造する原料を利用してCが他

の製品を製造する関係にある工場ＢとＣは，ともに同じ有害物質を含むばい煙を放出し，付近の住民Ａがこの物質によって肺の病気にかかりました。ＢＣはＡに，どのような内容の損害賠償責任を負うでしょうか。

③　Ａを殴ろうと示し合わせて，いっしょにＡの家へ行ったＢＣのうち，ＣのみがＡを殴り，Ａが負傷しました。ＢＣはＡに，どのような内容の損害賠償責任を負うでしょうか。

(1)　複数の加害者が関係するときは

CASE 8-15 ①では，BC はともに，過失ある行為によってＡの損害を引き起こしています。そして，BC それぞれの行為と，Ａの損害の間には相当因果関係もあるといえます。したがって，BC はそれぞれ，Ａに生じた損害の全部について，709 条に基づいて損害賠償責任を負います。このような場合には，Ｂの不法行為とＣの不法行為がたまたま競合して，Ａに損害を発生させたにすぎません。この場合の BC の不法行為を，**競合的不法行為**といいます。

(2)　共同不法行為とは

以上のようないわば原則に従えば，CASE 8-15 ②でも，Ａに生じた損害が BC それぞれの加害行為と相当因果関係があるときは，BC はそれぞれ，Ａに生じた損害の全部について損害賠償責任を負います。もっとも，このことは，裏返して言えば，Ａに生じた損害が BC それぞれの加害行為と事実的因果関係や相当因果関係がない場合には，BC はＡに生じた損害について責任を負わないことも意味します。

しかし，BC が互いに，他人に損害を加えないように相手方と協力すべき関係にあると認めることができる場合には，Ｂ（またはＣ）の過失によるばい煙の排出からＡに損害が生じたとき，Ｃ（またはＢ）もまた，たとえＣ（またはＢ）のばい煙の排出とＡの損害の間に事実的因果関係や相当因果関係がなかったとしても，Aの損害について損害賠償責任を負うと考えることができます。719条1項前段は，このことを，BCが「共同の不法行為によって」他人（A）に損害を加えたとき，BCが連帯して損害賠償責任を負うとして明らかにしているといえます。このようなBCの不法行為を，**共同不法行為**といいます。

(3) 客観的関連共同と主観的関連共同

BCの不法行為が共同不法行為であるというために備えているべき「共同」性のことを，関連共同性といいます。そして，関連共同性は，自らの加害行為と事実的因果関係や相当因果関係のない損害についても共同不法行為者が責任を負う根拠だといえます。学説には，この関連共同性として，共同不法行為者の間に共同の意思という主観的要素（主観的関連共同。たとえば，CASE 8-15 ③のBとCのように示し合わせていること）のあることが必要だとする考え方もあります。このような考え方を，**主観的共同説**といいます。これに対して，先ほど述べた，共同行為者間に，他人に損害を加えないように相手方と協力すべき関係などがあれば足り，主観的要素を要求しない（客観的関連共同で足りるとする）考え方を，**客観的共同説**といいます。

(4) 判例の立場

判例は，交通事故による負傷とその後搬送された病院での医療過誤による死亡という，行為者間に意思のつながりがなく，競合する行為の性質もまったく異なる事案で，交通事故と医療過誤の共同不法行為を認めています（最判平成13・3・13民集55巻2号328頁。ただし，この判例は，「客観的関連共同」という言葉を用いていません）。

なお，下級裁判所（→20頁）の判決や学説では，**寄与度減責**（きよどげんせき）という考え方がみられます。たとえば，ある裁判例は，複数の企業などが排出した物質による大気汚染の事案で，共同行為者間に共謀（共同でたくらむこと）などが存在する場合のように「強い関連共同」が存在するとき，共同行為者は損害全部について責任を負うとします。しかし，そのような主観的なつながりがないかまたは薄く，結果への寄与（貢献）の程度などを総合判断し，連帯して賠償責任を負わせることが妥当でない「弱い関連共同」しかないときは，各行為者はそれぞれの寄与度（貢献度）に従った責任の軽減や免責を主張できるとします（大阪地判平成3・3・29判時1383号22頁）。

(5) 加害者不明などの場合も連帯して賠償責任を負います

BCDが示し合わせてAの家に向かって投げた石のうちの1つがAの家の窓ガラスを割ったが，だれの石が割ったかわからないような場合，719条1項前段が適用され，BCDはAの割れた窓ガラスについて連帯して賠償責任を負います。これに対して，BCDが，示し合わせることなくたまたまAの家に向かって投げた石のうちの1つがAの家の窓ガラスを割ったが，だれの石が割ったかわからないような場合には，BCDは，719条1項後段によって，Aの割れた窓ガラスについて連帯して賠償責任を負います。ただし，BCDのうち，自分の行為と損害との間に因果関係がないこと（自分の石がガラスを割ったのではないこと）を証明した者は，責任を免れます。また，行為者Bの加害行為をそそのかし，または援助した者は，被害者Aに対してBとともに共同不法行為者として連帯して賠償責任を負います（719条2項）。

第3部

家族法を学ぶ

これまでみてきた財産法は，所有権や担保物権を規律する物権法と，売買・賃貸借・不法行為などから生じる債権を規律する債権法からなっていました。これに対し，**家族法**（大学の講義や教科書では「親族・相続法」ということもあります）は，夫婦・親子・兄弟姉妹などの身分関係を規律する**親族法**と，人の死をきっかけとする財産の承継を規律する**相続法**からなります。

家庭内や親族間での争いである家族法に関する事件（家事事件）は，関係者の人間関係の調整であるとか，プライバシーの配慮など，通常の財産関係の紛争を解決する民事訴訟手続とは異なる要請があります。そこで，家事事件の紛争解決のしくみとして，**家庭裁判所**が**家事事件手続法**（以下，条文は「家事○条」と書きます）に基づいて非公開で行う（家事33条）**家事審判**と**家事調停**，さらに，**人事訴訟法**（以下，条文は「人訴○条」と書きます）に基づいて行われる，婚姻（結婚のことです）の無効・取消しの訴えや離婚の訴えなどの「身分関係の形成又は存否の確認」を目的とする（人訴2条柱書）**人事訴訟**があります（第1審は家庭裁判所の管轄とされています〔人訴4条〕）。

第 9 章

法律からみた家族関係

親族法

I　親族法の構成
——親族法の全体像を把握（はあく）しましょう

民法第4編の親族は，**CHART 9–1** のように，第1章が総則，各則が第2章の婚姻（こんいん）から第7章の扶養（ふよう）まであり，全部で7章から構成されています。規律の対象は，夫婦，親子，制限行為能力者（せいげんこういのうりょくしゃ）の保護者など（第1編の総則では制限行為能力者となる要件や制限行為能力者の法律行為の効力を規定しています〔4条以下〕），親族一般または一定範囲の親族です。

以下では，親族法を理解するうえで必要な基本的制度についてみていきましょう。

II　総　　則
——夫婦・親子関係に基づく親族関係

どこまでが親族か——親族の範囲

725条（親族の範囲）
次に掲（かか）げる者は，親族とする。
一　6親等（しんとう）内の血族（けつぞく）
二　配偶者
三　3親等内の姻族（いんぞく）

親族の範囲は，自分を起点として，①6親等内の血族，②配偶者，③3親等内の姻族です（725条）。ここに**血族**とは，血統のつながりのある者同士の関係をいい，血縁のある**自然血族関係**（しぜんけつぞくかんけい）（親子や兄弟姉妹な

CHART 9-1　親族法の構成

第４編　親族		規律の対象
①総則	②婚姻	夫婦
	③親子	親子
	④親権	
	⑤後見	制限行為能力者の保護者，その監督者
	⑥保佐および補助	
	⑦扶養	一定範囲の親族

ど）と血縁のない**法定血族関係**（養子と養親）があります。これに対し，**姻族**とは配偶者の一方（たとえば，夫）と他方配偶者（妻）の血族との関係をいいます。したがって，自分（夫）と配偶者（妻）の３親等内の血族（妻の父母，祖父母，曽祖父母，兄弟姉妹，おじ・おば，おい・めい，妻と他の男性との子，その子・孫），および，自分の３親等内の血族（自分の子・孫・ひ孫，兄弟姉妹，おじ・おば，おい・めい）の配偶者は３親等内の姻族ですので，自分の親族となります（CHART 9-2 参照）。

このほかに，直系，傍系，尊属，卑属という概念もあります。**直系**とは，親子関係で続く系統（自分を起点とすると，祖父母，父母，子，孫など）をいい，**傍系**とは直系から分かれた系統（自分を起点とすると，兄弟姉妹，おじ・おば，おい・めいなど）をいいます。この概念を用いて，たとえば，「直系血族又は３親等内の傍系血族の間では，婚姻をすることができない。」（734 条１項本文）として近親婚を禁止しています。

尊属とは，自分を起点とすると，父母・祖父母など自分（および配偶者）より上の世代の親族のことであり，**卑属**とは子・孫のように自分（および配偶者）より下の世代の親族のことです。ここで，「および配偶者」をかっこでくくったのは，793 条が「尊属又は年長者は，これを養子とすることができない。」と規定していることとの関係で，

CHART 9-2 親族・親等図

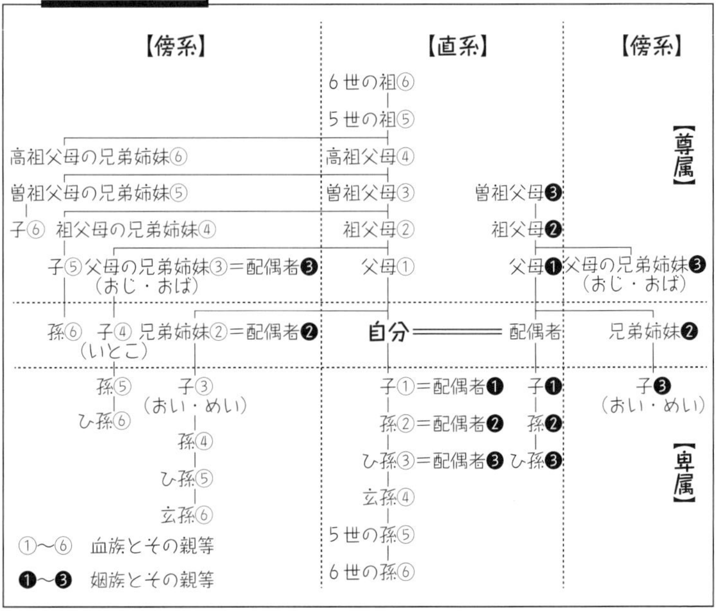

尊属は血族にかぎって用いられる概念であるかどうか（たとえば，妻のおじ・おばは姻族なので自分よりも年下ならば自分の養子にできるか）について議論があり，学説がわかれているからです。この尊属・卑属の概念を用いた条文には，ほかにも，「養子若しくはその配偶者又は養子の直系卑属若しくはその配偶者と養親又はその直系尊属との間では，……親族関係が終了した後でも，婚姻をすることができない。」（736条）というものなどがあります。

いとこは何親等か――親等の計算

726条（親等の計算）
1　親等は，親族間の世代数を数えて，これを定める。
2　傍系親族の親等を定めるには，その1人又はその配偶者から同一の祖先にさかのぼり，その祖先から他の1人に下るまでの世代数による。

親等とは，親族関係の遠近を示す単位です。親等の計算は，直系血族間では，1つの親子関係（世代）を1単位として，その世代数を数えてなされます（726条1項）。親と子は1親等，祖父母と孫は2親等，曽祖父母とひ孫は3親等となります。傍系血族間では，その1人から同一の祖先にさかのぼり，その同一の祖先からほかの1人に下るまでの世代数によります（同条2項）。したがって，自分を起点として，おじ・おば，おい・めいは3親等，いとこは4親等となります。姻族間では，配偶者を基準として，血族と同様の計算方法によります。なお，配偶者には親等はありませんので，夫と妻は1親等であるというような言い方はありません（親等の計算については，CHART 9–2 も参照してください）。

結婚・離婚などで親族関係はどうなるか――親族関係の発生と消滅

自然血族関係は，親子間の血縁を基礎としますので，出生によって発生し，死亡によって消滅します。

法定血族関係は，養親子（ようしんし）関係を基礎としますので，養子縁組（ようしえんぐみ）の成立によって発生し（727条），当事者の死亡（ただし，生存当事者が**離縁** 用語

notes

用語　民法は日常用語と異なり**離縁**と**離婚**を区別しています。離縁とは，養子縁組による親子関係を解消することだけをさし（811条〔協議上の離縁等〕・814条〔裁判上の離縁〕↗

するときは家庭裁判所の許可が必要です〔811条6項〕)，離縁（729条）および縁組の取消し（803条以下）によって消滅します。

親族となる姻族関係は，自分または3親等内の血族の婚姻（結婚）により発生し（725条3号），離婚（728条1項），夫婦の一方が死亡した場合における生存配偶者の姻族関係終了の意思表示（同条2項），離縁（729条）によって消滅します。婚姻の取消しの場合については規定はありませんが，婚姻の取消しの効力は遡及しません（748条1項）ので，離縁の場合と同じく，婚姻の取消しの効力が生じた日から姻族関係は消滅すると解されています。

親族であることにどのような法的意味があるか
――親族の民法上の効果

みなさんは，結婚式や法事で顔をあわせる親戚に親族というイメージを重ねあわせながらも，法的にどのような関係があるのかまではあまり考えたことはないという方も少なくないかと思います。

しかし，親族という法的概念は，さまざまな法的規律と結びついています。すなわち，親族間には，一定の権利や義務があり，認められない身分行為があります。これには，大きくわけて，①請求の資格，②禁止，③義務，④相続に関するものがあり，それぞれ対象となる親族の範囲が異なります（CHART 9-3 参照)。

その内容は条文を読むとだいたいわかると思いますが，まぎらわしいのは，①直系血族および同居の親族の扶け合いの義務（730条），②夫婦の扶助義務（752条），そして，③直系血族および兄弟姉妹の扶養義務（877条1項・2項）です。どこが違うのでしょうか。

notes

↘参照)，夫婦が別れる離婚（763条〔協議上の離婚〕・770条〔裁判上の離婚〕参照）を含みません。

CHART 9-3 民法上の効果

内容	対象	民法上の効果
請求の資格	4親等内の親族	後見・保佐・補助（第2章Ⅲ 53頁以下）開始の審判の請求および同審判取消しの請求可（7条・10条・11条・14条1項・15条1項・18条1項）
	親　族	不適法な婚姻・縁組の取消し請求可（744条・805条・806条1項・807条），遺産の管理について必要な処分の請求可（895条1項）
	養子の親族	養子の離縁後の未成年後見人選任請求可（811条5項）
	子の親族	親権者の変更請求可（819条6項），第三者が無償で子に与えた財産の管理者の選任請求可（830条2項），親権の喪失請求可（834条），親権を行う父または母の管理権喪失請求可（835条）
	本人の親族	親権または管理権の喪失の宣告の取消し請求可（836条）
	（未成年・成年）被後見人の親族	（未成年・成年）後見人・後見監督人の選任（840条1項・2項，843条1項・2項，849条）・解任（846条・852条）請求可，（未成年・成年）後見の事務について必要な処分の請求可（863条2項）
	被保佐人の親族	保佐監督人の選任請求可（876条の3第1項）
	被補助人の親族	補助監督人の選任請求可（876条の8第1項）
禁止	直系血族または3親等内の傍系血族の間	婚姻禁止（734条1項）
	直系姻族の間	婚姻禁止（735条）
	養子もしくはその配偶者または	婚姻禁止（736条）

	養子の直系卑属もしくはその配偶者と，養親またはその直系尊属との間	
	尊　属	尊属養子の禁止（793条）
義務	直系血族および同居の親族	扶け合いの義務（730条）
	夫　婦	同居，協力および扶助の義務（752条）
	直系血族間，兄弟姉妹間，3親等内の親族間	扶養義務（877条1項・2項）
相続	直系血族，兄弟姉妹，配偶者	相続権（887条・889条・890条）

まず，①は倫理的な性格のものであるといわれています。これに対し，②と③は法的な義務ですが，②はいわゆる生活保持義務（茶碗一杯のご飯しかなくても分け与える義務）であると考えられています。③については考え方は一致していませんが，親と**未成熟子**（みせいじゅくし）発展（経済的に自立できない状況にある子。未成年者は，通常，未成熟子にあたる）との間ではいわゆる**生活保持義務**であり，親と未成熟子以外の子の間および兄弟姉妹の間ではいわゆる**生活扶助義務**（自分が食べたあとに残ったご飯があれば分け与える義務）であるとの説が有力です（752条の「扶助」義務のほうを生活保持義務とよんでいるので，まぎらわしいのですが）。

notes

発展　かつては，未成熟子は（ほぼ）未成年者でした。しかし，高校卒業後の進学率の増加と，2022年4月1日から成人年齢が20歳から18歳に引き下げられたことから，成人後も親の経済的援助を必要とする未成熟子にあたる人が増えました。

CHART 9-4 婚姻の要件

実質的要件	婚姻の意思があること	
	婚姻に無効・取消しの原因となるような障害（**婚姻障害**）のないこと	婚姻適齢にあること（731条）
		重婚（配偶者がいるのに，さらに別の人と結婚すること）でないこと（732条）
		近親者間，直系姻族間，養親子間などの婚姻でないこと（734条〜736条）
形式的要件	婚姻の届出（739条1項）	

III 婚　姻 ——どうすれば夫婦になるか・夫婦になるとどうなるか

1 夫婦になるのはいつからか——婚姻の成立

(1) 法律上の夫婦になるにはどうすればよいか

婚姻（法律上の夫婦になること）発展が成立するには，実質的要件と形式的要件が必要とされています（CHART 9-4 参照）。

(a) 婚姻の意思

婚姻の意思については，大きくわけると，社会生活上夫婦と認められる関係を作ろうとする意思（実質的意思）が必要であるという考え方と，婚姻届を提出しようとする意思（形式的意思）があればよいと

notes

発展 憲法24条1項は，「婚姻は，両性の合意のみに基いて成立」するとしています。この表現にも示されているように，婚姻は男女間の結びつきと考えられてきました。しかし，家族の多様性が認められるに従い，**同性婚**を認める国や地域が増えてきました。日本でも，同性婚を認めないのは憲法14条（法の下の平等）などに反するとして訴訟が起こされ，憲法違反であることを認める判決もでています。

いう考え方があります。判例は,「社会観念上夫婦であると認められる関係の設定を欲する効果意思」であるとして,子に嫡出子→348頁としての地位を得させるための便法(手段)としてなされた婚姻の届出にはこの意思がなく無効であるとしました(最判昭和44・10・31民集23巻10号1894頁)。死期の迫った者がする婚姻(いわゆる臨終婚)を有効としたものもありますので(最判昭和44・4・3民集23巻4号709頁,最判昭和45・4・21判時596号43頁),判例のいうこの「社会観念上夫婦であると認められる関係の設定を欲する効果意思」は,実際に夫婦共同生活を営む意思までは含んでいないといえるでしょう。

(b) 婚姻適齢

婚姻適齢とは,婚姻をすることができる最低年齢のことです。以前は,男性は18歳,女性は16歳でした。しかし,男女間で差を設ける合理的な理由はないとして,2018年の改正で,成年年齢を20歳から18歳に引き下げた際に,婚姻適齢も男女ともに18歳にしました(731条)。

(c) 再婚禁止期間の廃止

772条2項は,婚姻の成立から200日経過後に生まれた子は婚姻中の夫の子,「**婚姻の解消**」(夫婦の一方が死亡した場合,失踪宣告〔31条〕を受けた場合,離婚〔後述Ⅳ参照→337頁〕の場合があります)または「取消し」(つぎの **(2)** 参照)の日から300日以内に生まれた子は婚姻の解消または取消し前の夫の子と推定しています(嫡出推定といいます→347頁)。そこで,父性(父親が誰であるか)の推定の重複(生まれた子が前の夫の子か後の夫の子かわからない事態)を避け,父子関係をめぐる紛争の発生を未然に防ぐために,旧733条1項は,女性は「前婚の解消」または「取消し」の日から100日をすぎるまで再婚することができないとしていました(それ以前は,この**再婚禁止期間**は6か月とされていましたが,2015年に最高裁判所が100日を超えて再婚を禁止するのは父性の推定の重複

CHART 9-5 婚姻の無効・取消事由

	事由		効果
婚姻の無効	①人違いその他の事由によって当事者間に婚姻をする意思がないとき（742条1号） ②当事者が婚姻の届出をしないとき（同条2号本文）		無効
婚姻の取消し	公益的取消し（744条）	不適齢婚（731条），重婚（732条），近親者間（734条）・直系姻族間（735条）・養親子等の間（736条）の婚姻	取消しは家庭裁判所への請求による（744条1項，747条1項）。遡及効はない（748条1項）
	私益的取消し（747条）	詐欺または強迫による取消し	

を回避するために必要な期間とはいえず憲法14条1項〔法の下の平等〕・24条2項〔両性の平等〕に反する旨を判示したため〔最大判平成27・12・16民集69巻8号2427頁〕，2016年の改正で100日に短縮されました）。

しかし，現実には，結婚生活が破綻していても離婚の成立までに時間がかかり，再婚禁止期間内に夫以外の男性との間に子が生まれることもあります。その場合，その子が夫の子と扱われることを避けるために母親が出生届をせず，無戸籍者になってしまうということもでてきました。そこで，2022年の改正で，再婚禁止期間を規定していた733条を削除し，離婚等の日から300日以内に生まれた子であっても，その間に母が再婚したときは，再婚後の夫の子と推定することにしました（772条3項）。

(2) 婚姻が無効となる，あるいは取り消されるのはどのような場合か

婚姻の無効・取消事由はCHART 9-5のとおりです。

無効事由は，婚姻の成立要件のうちの実質的要件の１つである婚姻意思の不存在と（742 条 1 号），形式的要件である届出がないことです（同条 2 号本文）。

取消事由には，公益的な理由によるものと（744 条），私益的な理由によるもの（747 条）があります。

夫婦であることにどのような法的意味があるか――婚姻の効力

婚姻により，CHART 9–6 にあるような，さまざまな効力が生じます。

まず，婚姻の主な一般的効力として，夫婦は互いに配偶者となり親族となる（725 条柱書・2 号）と同時に，配偶者の一方と他方配偶者の 3 親等内の血族との間に姻族関係が発生します（同条 3 号）。そして，夫婦は，婚姻の際に定めた夫または妻の氏を称することになります（750 条）。これを**夫婦同氏の原則**といいます。この原則を定める民法 750 条は，憲法 13 条（個人の尊重など）・14 条 1 項（法の下の平等―性別により差別されない）・24 条（家族生活における個人の尊厳と両性の平等）などに違反しているとして国に対して損害賠償を求める訴訟がありましたが，最高裁は大法廷で合憲としました（最大判平成 27・12・16 民集 69 巻 8 号 2586 頁。裁判官 15 名のうち 10 名が合憲，5 名が違憲〔憲法 24 条違反〕としました）。また，民法 750 条を受けて夫婦が称する氏を婚姻届の必要的記載事項と定めている戸籍法 74 条 1 号の規定も憲法 24 条に違反するものではないとしました（最大決令和 3・6・23 判タ 1488 号 94 頁。3 名の裁判官は違憲としました）が，夫婦別氏を希望する者にはそれを認める**選択的夫婦別氏制度**（法務省は，「べつうじ」と読んでいます）の導入を求める声も多くなってきています。

つぎに，夫婦間の権利義務として，夫婦は同居し，互いに協力し扶

CHART 9-6 婚姻の効力

一般的効力	夫婦同氏の原則（750条）
	親族関係の発生（725条2号・3号）
夫婦間の権利義務	同居・協力・扶助義務（752条）
	婚姻費用の分担（760条）
	貞操義務（不貞行為を離婚原因とする〔770条1項1号〕ことで間接的に示している）
	夫婦間の契約の取消権（754条）

→333頁
助しなければならないとされています（752条）。婚姻費用は分担します（760条）。また，夫婦は互いに貞操（ていそう）を守る（浮気をしない）義務がありますが，民法はこれを直接的には表現せず，不貞（ふてい）行為を離婚原因とする（770条1項1号）ことによって間接的に示しています。貞操義務は法律上の夫婦だけでなく，婚約関係や内縁（ないえん）関係の当事者にも認められると考えられています。さらに，夫婦間でした契約は，婚姻中，いつでも，夫婦の一方からこれを取り消すことができます（754条本文）。夫婦間の契約は，他人と契約するほどの心がまえなしにすることも少なくないでしょうし，愛情あるいは夫婦間の力関係からなされることもあり，他人間の契約と同一視することは難しいからです。なお，婚姻が実質的に破綻している場合には，夫婦間の契約を取り消すことは許されないとされています（最判昭和42・2・2民集21巻1号88頁）。

結婚すると自分の財産はどうなるか――夫婦財産制（ふうふざいさんせい）

夫婦財産制とは，夫婦間の財産関係を規律する法制度のことです。これには，**夫婦財産契約**（ふうふざいさんけいやく）（756条～759条）と，**法定夫婦財産制**（ほうていふうふざいさんせい）（760条～762条）があります。たとえば，夫婦の収入も家庭の支出もすべて

CHART 9-7 夫婦財産契約

内容・方式	制限はないが，強行法規（同居・協力・扶助義務を定める752条など）や公序良俗（90条）に反するものは無効である 方式については，公正証書によるというような制限はないが，婚姻の届出前にしなければならない（755条）
対抗要件	婚姻の届出までに夫婦財産契約登記簿に登記をしなければ，これを夫婦の承継人（相続人，包括受遺者）および第三者に対抗することができない（756条）
変更など	原則として変更できない（758条1項。例外は同条2項，759条）。婚姻後は，夫婦間の取消権（754条）も認められない

折半（割勘にすること，2つにわけることです）するというような夫婦財産契約を婚姻前にしておくと，その契約が適用されます。このような契約を結んでいないときは，民法の定める法定財産制によることとなります。

(1) 夫婦財産契約を結ぶこともできます

夫婦財産契約とは，夫婦の財産の帰属，管理の方法，婚姻費用の分担などを定める夫婦間の契約をいいます。その方式などは CHART 9-7 のとおりです。夫婦の事情に応じた財産関係が柔軟に形成できるという利点がありますが，この制度は日本の慣習にはありませんでした。また，変更を認めないなど厳格な規制があるため，夫婦財産契約が結ばれる例は少なく，ほとんどの夫婦の財産は法定財産制によって規律されています。

では，つぎのような場合には，その法律関係はどうなるでしょう。

CASE 9-1

ABは，婚姻中に取得した財産はすべて持分平等の共有（きょうゆう）とする旨の夫婦財産契約を結び登記（とうき）したのち，結婚しました。AはBとの婚姻中に1億円を貯蓄し，すべて自分名義の口座に預金していましたが，Bと前婚の子Cを残して亡くなりました。BとCはいくら相続するでしょうか。

この夫婦財産契約がなければ，BとCは法定相続分（900条1号により各2分の1）に従ってそれぞれ5,000万円相続します。しかし，夫婦財産契約によりBに5,000万円帰属していますから，これを差し引いた残りの5,000万円をBとCが各2分の1（2,500万円）相続することとなります。Bは，このことをCに対して主張することができます（756条）。つまりこのCASE 9-1の場合Bは7,500万円取得でき，Cは2,500万円相続します。

(2) 夫婦財産契約を結んでいなければ法定夫婦財産制が適用されます

民法は，夫婦財産契約がなかった場合のために，法定夫婦財産制として，CHART 9-8のような3か条を設けています。

(a) 婚姻費用の分担義務

婚姻費用とは，夫婦の衣食住・教養娯楽・子の養育にかかる費用など，夫婦が家庭生活を営むうえで必要な費用のことです。婚姻費用は，夫婦の「資産，収入その他一切の事情を考慮して」分担する義務があります（760条）。

(b) 日常家事債務（にちじょうかじさいむ）の連帯責任（れんたいせきにん）

CASE 9-2

① 夫Aの出張中に，妻Bは洗濯機を買い換えました。後日，売主である電器店CがAに代金10万円の支払を求めてきました。Aは自分が買ったのではないことを理由に，Cへの支払を拒（こば）むことができるでしょ

CHART 9-8 法定夫婦財産制

婚姻費用の分担	夫婦は，その資産，収入その他一切の事情を考慮して，婚姻から生ずる費用を分担する（760条）
日常の家事に関する債務の連帯責任	夫婦の一方が日常の家事に関して第三者と法律行為をしたときは，他の一方は，これによって生じた債務について，連帯してその責任を負う。ただし，第三者に対し責任を負わない旨を予告した場合は，このかぎりでない（761条）
夫婦間における財産の帰属	①夫婦の一方が婚姻前から有する財産および婚姻中自己の名で得た財産は，その特有財産（夫婦の一方が単独で有する財産をいう）とする（762条1項） ②夫婦のいずれに属するか明らかでない財産は，その共有に属するものと推定する（同条2項）

うか。

② ①でAの出張中にBが買ったのが，高級外車であった場合はどうでしょうか。

夫婦は，**日常家事債務**，つまり日常の家事に関する法律行為（契約など，意思表示によって法律関係を形成する行為のことです）により生じた債務については，連帯（れんたい）して（いっしょに）責任を負（お）います（761条）。この日常の家事に関する法律行為とは，その夫婦が共同生活を営むうえにおいて通常必要な法律行為をさします。そして，761条は，夫婦の一方と取引する第三者の保護を目的とする規定ですので，「単にその法律行為をした夫婦の共同生活の内部的な事情やその行為の個別的な目的のみを重視して判断すべきではなく，さらに客観的に，その法律行為の種類，性質等をも充分に考慮して判断すべきである」とされています（最判昭和44・12・18民集23巻12号2476頁）。

そうすると，CASE 9–2 の①では，洗濯機の代金債務(だいきんさいむ)はAB夫婦が共同生活を営むうえで通常必要な法律行為により生じた債務，つまり日常家事債務ですので，Aにも支払う責任があります。これに対し，②では，たとえば，Aが普通の給与取得者であれば，高級外車の代金債務は日常家事債務にはならず，Aに支払う責任はないということになるでしょう。

(c)　夫婦間における財産の帰属

夫婦（AB）の一方（A）が婚姻前から有する財産や，婚姻中に自分（A）の名で得た財産は，**特有財産**(とくゆうざいさん)（夫婦の一方〔A〕が単独で有する財産）になります（762条1項）。夫婦のいずれに属するか明らかでない財産は，夫婦（AB）の**共有**（→277頁）に属すると推定されます（同条2項）。婚姻中に自分（A）の名で得た財産とは，婚姻後，自分（A）が相続によって得た財産や，労働によって得た収入，実質的に代金を支払うなどして得た財産などを意味します。所有名義が夫婦のどちらになっているかは決め手になりません（最判昭和34・7・14民集13巻7号1023頁）。たとえば，夫（A）が自分のお金で土地を買って登記簿（→256頁）上の所有者を妻（B）の名前にしていても，妻に譲渡（売買や贈与によって所有権を移転）したのでなければ，夫（A）の財産となります。

内縁(ないえん)の夫婦であることにどのような法的意味があるか
――内縁の法律関係

共同生活をして社会的には夫婦の実体がありながら，婚姻の届出がないため，法律上の夫婦とはいえない関係を**内縁**といいます。この内縁には婚姻に準じた一定の法的効果が認められています。その要件と主な効果をまとめるとCHART 9–9のようになります。

内縁の夫婦には，婚姻の規定のうち共同生活を前提とする規定は類推適用(るいすいてきよう)されるので，婚姻の届出をした法律上の夫婦と同様に扱われる

CHART 9-9 内縁の成立要件と効果

<table>
<tr><td colspan="3">成立要件</td><td>①婚姻の意思（社会通念上の夫婦になる意思で足りる）
②共同生活の実体（法律婚夫婦の生活スタイルも多様になっているので，必ずしも継続的な同居はしていなくてもよい）</td></tr>
<tr><td rowspan="5">効果</td><td colspan="2">内縁関係存続中（法律上の夫婦の規定の類推適用）</td><td>①同居・協力・扶助義務（752条），②婚姻費用の分担義務（760条），③日常家事債務の連帯責任（761条），④夫婦財産の共有推定（762条2項），⑤貞操義務（770条1項1号参照）の類推適用</td></tr>
<tr><td rowspan="4">内縁解消時</td><td>離別</td><td>①不当破棄による損害賠償請求権発生
②財産分与（768条）の類推適用を認める裁判例があり，学説もこれを支持している</td></tr>
<tr><td rowspan="3">死別</td><td>①相続権はないが，相続人がいない場合は特別縁故者として相続財産を受けることができる（958条の2）</td></tr>
<tr><td>②被相続人は，内縁配偶者を祭祀（祖先を祭ること）主宰者に指定することができる（897条1項ただし書）</td></tr>
<tr><td>③社会保障関係の法規では，内縁関係にある者にも法律婚と同様の保障をしている（健康保険法3条7項，労働者災害補償保険法16条の2第1項柱書・1号，厚生年金保険法3条2項）</td></tr>
</table>

ものも少なくありません。法律上の夫婦との重要な違いは，内縁の夫婦間では一方が死亡しても相続（896条）は認められないことです。判例は，内縁の夫婦の一方が死亡した場合には，財産分与の規定（768条）の類推→22頁適用も否定しています（最判平成12・3・10民集54巻3号1040頁）。財産分与の制度は離婚の際の制度なので，内縁関係が一

方の死亡により解消した場合には類推適用もできないというわけです。

また，内縁の夫婦には戸籍がないので，戸籍に結びつく夫婦同氏（750条）の規定も類推適用されず，→321頁姻族関係も生じません。

Ⅳ　離　婚 ——夫婦関係の解消

離婚するにはどうすればよいか——離婚手続の流れ

離婚とは，生存中の夫婦が婚姻関係（法律上夫婦である関係）を将来に向かって解消することです。離婚には，CHART 9–10 のように，大きくわけて，**協議離婚**と**裁判離婚**があります。離婚したくても相手方が合意してくれないときは，まず調停の申立てをする必要があり，これを**調停前置主義**（ちょうていぜんちしゅぎ）といいます。いきなり，裁判所に離婚を求めて訴えを提起できるわけではありません。

話し合いでも離婚できます——協議離婚

協議離婚の実質的な要件は離婚意思の合致（がっち）（一致することです）であり，形式的要件は離婚の届出（764条による739条の準用（じゅんよう））です。ここでいう離婚意思の意味については，実質的にも夫婦関係を解消する意思か，離婚の届出に向けられた意思でよいかなど，考え方はわかれています。判例には，生活保護の受給のための方便（方法）として提出された離婚届は，法律上の婚姻関係を解消する意思の合致に基づいてされたものであって，離婚を無効とすることはできないとしたものがあります（最判昭和57・3・26判時1041号66頁）。

CHART 9-10 離婚手続の流れ

離婚合意 ──→ **協議離婚**（763条）

離婚不合意 ──→ **家庭裁判所に調停の申立て**
（調停前置主義，家事257条1項）

└→ **調停成立**（調停離婚，家事268条1項）

└→ **調停不成立** ─→ **調停にかわる審判**
（審判離婚，家事284条1項）

└→ **離婚の訴え**（770条）─→ **和解離婚，認諾離婚**
（人訴37条1項），
裁判離婚

なお，本人の意思に反して離婚の届出がされることを防止するために，不受理申出制度があります（戸籍法27条の2）。これには，夫婦の一方が知らない間に離婚届が提出されるのを防止する「予防的不受理」と，たとえば，妻が離婚届に署名押印しその届出書を夫に渡したあとで，妻の離婚する決意が変わり不受理の申し出をする「翻意の不受理」があります。また，この制度は離婚だけでなく，婚姻・縁組・離縁などにも認められています。

話がつかなければ最後は裁判です――裁判離婚

770条（裁判上の離婚）

1　夫婦の一方は，次に掲げる場合に限り，離婚の訴えを提起することができる。

　一　配偶者に不貞な行為があったとき。

　二　配偶者から悪意で遺棄されたとき。

　三　配偶者の生死が3年以上明らかでないとき。

　四　配偶者が強度の精神病にかかり，回復の見込みがないとき。

　五　その他婚姻を継続し難い重大な事由があるとき。

2　裁判所は，前項第1号から第4号までに掲げる事由がある場合であっても，一切の事情を考慮して婚姻の継続を相当と認めるときは，離婚の請求を棄却(ききゃく)することができる。

(1)　なにが離婚原因となるか

夫婦の一方は，民法の定める離婚原因があるときは，離婚の訴えを提起することができます（770条，人訴(じんそ)2条1号）。これを裁判離婚といいます。

770条1項に定める離婚原因としては，不貞行為（1号），悪意（民法での通常の「知っていること」という意味とは異なり，倫理的な非難の意味をもっています）の遺棄（2号），3年以上の生死不明（3号），回復の見込みのない強度の精神病（4号），および婚姻を継続しがたい重大な事由（5号）があり，1号から4号までの事由を**具体的離婚原因**，5号の事由を**抽象的離婚原因**といいます。

裁判所は具体的離婚原因を認定しても，一切の事情を考慮して離婚請求を棄却(ききゃく)する（請求を認めないことです）ことができます（770条2項。これを**裁量(さいりょう)棄却**といいます）。

(2)　裁判離婚が認められる根拠はなにか

夫婦の一方が婚姻の継続を望んでも裁判で離婚できることの根拠としては，**有責主義**(ゆうせきしゅぎ)と**破綻主義**(はたんしゅぎ)という2つの考え方があります。

有責主義とは，一方に有責行為（婚姻破綻の原因を作った行為）がある場合には他方からの請求に基づく離婚が許されるという考え方です。これに対し，破綻主義は，婚姻が破綻している場合には離婚が許されるという考え方ですので，一方に有責行為がなくても破綻していれば他方からの請求に基づく離婚が認められることになります。

各国の離婚法制においては，有責主義から破綻主義へと移行してきており，日本の民法も，770条1項5号が「その他婚姻を継続し難い重大な事由」としていることから，破綻主義をとるものと理解されています。

(3) 有責配偶者からの離婚請求も認められるか

CASE 9-3

A男は，B女との婚姻届を提出してから3年後，二人の間に生まれた子どもがまだ1歳にならないうちに，C女と親密な関係になりました。それを知ったBは，Cとの関係を絶つように求めました。しかし，Aはこれを拒(こば)んで家を出てCと同居し，まもなくCは男児を出産しました。そこで，Aは離婚を求めてBを訴えました。Aの請求は認められるでしょうか。

では，CASE 9-3の愛人ができた夫のような，破綻の原因を作った配偶者（**有責配偶者**）からの離婚請求も認められるでしょうか。770条1項5号は「婚姻を継続し難い重大な事由」としか書いていないため，この問題が議論されてきました。

有責配偶者からの離婚請求も認めてよいという考え方を**積極的破綻主義**，そこまでは認められないという考え方を**消極的破綻主義**とよんでいます。判例は，当初，消極的破綻主義の立場をとってきましたが，積極的破綻主義に向かいつつあるといってよいでしょう。これから，少し詳(くわ)しくみていきましょう。

(a) 消極的破綻主義の採用

消極的破綻主義の判例としては，有名な「踏んだり蹴ったり判決」（最判昭和27・2・19民集6巻2号110頁）があります。CASE 9-3の場合と同じように，外に愛人を作った有責な（ただし，妻との間に子どものいない）夫からの離婚の訴えに対して，裁判所は，夫が愛人との関係を解消し，よき夫として妻のもとに帰ってくるなら，いつでも夫婦関係は円満に継続できるはずであるから，本件は770条1項5号の

「婚姻を継続し難い重大な事由」にはあたらず，もしこのような離婚請求が認められるなら，妻は俗にいう，踏んだり蹴ったりであり，法は，このような不徳義勝手気ままを許すものではない，と述べました。

（b）　消極的破綻主義の緩和

学説は，倫理的観点を重視する考え方などをとるものはこの判決を支持しましたが，消極的破綻主義によれば多くの重婚的内縁関係→335頁を発生させかねないことなどから，反対するものもありました。

婚姻の破綻にいたる原因は夫婦双方にある場合も少なくないので，その後の判例は，当事者の有責性を比較し，離婚を請求する側に有責性があっても相手方の有責性がはるかに大きければ離婚を認め（最判昭和30・11・24民集9巻12号1837頁），この考え方を端的に，「婚姻関係が破綻した場合においても，その破綻につきもっぱら又は主として原因を与えた当事者は，自ら離婚の請求をなしえないと解するのを相当とする」と述べるようになりました（最判昭和38・6・7判時338号3頁。判決や教科書では，「考える」の意味で「解する」ということが多いです）。

（c）　条件付き積極的破綻主義の採用

そして，ついに，最高裁判所は大法廷→20頁で，有責配偶者からされた離婚請求であっても，①夫婦の別居が両当事者の年齢および同居期間と対比して相当の長期間に及び，②その間に未成熟子→326頁がいない場合には，③相手方配偶者が離婚により精神的・社会的・経済的にきわめて苛酷な状態におかれるなど離婚請求を認容することが著しく社会正義に反するといえるような特段の事情が認められないかぎり，有責配偶者からの請求であるというだけで許されないとすることはできないとし，前述の最判昭和27・2・19を変更しました（最大判昭和62・9・2民集41巻6号1423頁）。ここに，条件付きながら，積極的破綻主義が採用されたのです。

この最高裁昭和62年大法廷判決の示した③の要件を中心に，その後，裁判例が積み重ねられています。

(d) まとめ

これまでの判例をまとめますと，①の要件については，別居期間が10年にみたない事案のなかにはこの要件をみたさないとされたものもありますが，10年を超える事案では，ほとんどがこの要件をみたすとされています。

②の要件については，未成熟子が高校生以上である場合には，これまでの監護(かんご)状況や今後の監護体勢などをふまえて離婚請求が認められている事案もありますので，絶対的要件とはなっていません。

③は，相手方配偶者にとって生活の基盤にかかわることですので，離婚後の経済的な状態がどうなるかは重要な考慮要素となっています。

以上をふまえてCASE 9-3をみてみますと，Aは有責配偶者であり，別居期間は短く，AB間の子どもは幼く，離婚後のBと幼い子の経済的な状態は不安を残す状態ですので，Aの請求は認められません。

離婚するとどうなるか――離婚の効果

離婚の主な効果をまとめると，CHART 9-11のようになります。

まず，身分上の効果として，婚姻の解消により夫婦ではなくなりますから，各自，自由に再婚できます。姻族関係も終了しますが（728条1項），かつて姻族関係があったということによる**婚姻障害**（736条。CHART 9-4 →327頁 参照）は存続します。したがって，たとえば，離婚した妻が前夫の父と婚姻したり，離婚した夫が前妻の連れ子と婚姻したりすることはできません。離婚すると氏(うじ)も婚姻前の氏に戻ります。たとえば，婚姻により小泉花子から大泉花子に氏をあらためた花子さんが離婚すると，小泉花子に戻ります（767条1項）。これを復氏(ふくし)といいま

CHART 9-11 離婚の効果

身分上の効果	①婚姻の解消。再婚の自由。姻族関係の終了（728条1項），ただし婚姻障害は存続（735条） ②離婚による復氏（767条1項） ③婚氏続称（767条2項）
子に対する効果	①親権者の決定（819条） ②子の監護に関する事項の定め（766条・771条） ③子の氏には影響なし。子の出生前に父母が離婚したときは，父母の離婚の際の氏を称する（790条1項ただし書）
財産上の効果	財産分与請求権の発生（768条・771条）

す。ただし，離婚の日から3か月以内に市区町村役場の戸籍係に届け出ることによって，婚姻中の大泉という氏を称することができます（同条2項）。これを**婚氏続称**（こんしぞくしょう）といいます。

子に対する効果としては，子が未成年の場合には，親権者を定めなければなりません（819条）。これまでは，父と母のどちらか一方が**親権**（単独親権）をもつことになっていましたが，父と母の双方が親権（共同親権）をもつこともできるという改正法が2024年5月に成立し，2年以内に施行されることになりました。そこでは，父母の話し合いで単独親権か共同親権かを選択でき，どちらにするか合意できなければ家庭裁判所が判断することになります。

離婚の際には，子の監護に関する事項を定めることができます（766条・771条）。子の氏は，親が離婚しても当然には変わりません。しかし，たとえば，大泉夫婦の子である大泉太郎が，離婚して大泉花子から旧姓の小泉花子に戻った母親の小泉の氏を称したいときは，家庭裁判所の許可を得て，小泉の氏に変更することができます（791条1項）。なお，太郎が生まれる前に父母が離婚したときは，父母の離婚の際の氏（つまり，大泉）を称することになります（790条1項ただし書（がき））。

財産上の効果としては，財産分与請求権が発生します（768条・771条）。財産分与の具体的な内容は，協議離婚において協議が調(ととの)わないため当事者が家庭裁判所に申し立てたときは審判によって（768条2項），裁判離婚では当事者の申立てにより裁判で決めます（768条・771条，人訴32条1項）。民法は，「当事者双方がその協力によって得た財産の額その他一切の事情を考慮して，分与をさせるべきかどうか並びに分与の額及び方法を定める。」（768条3項・771条）としており，そこでは，夫婦財産の清算，離婚後の援助，損害賠償などが総合的に考慮されることになります。

V 親　子
――法律上の親子関係が成立するには

772条（嫡出(ちゃくしゅつ)の推定）

1　妻が婚姻中に懐胎した子は，当該婚姻における夫の子と推定する。女が婚姻前に懐胎した子であって，婚姻が成立した後に生まれたものも，同様とする。

2　前項の場合において，婚姻の成立の日から200日以内に生まれた子は，婚姻前に懐胎したものと推定し，婚姻の成立から200日を経過した後又は婚姻の解消若しくは取消しの日から300日以内に生まれた子は，婚姻中に懐胎したものと推定する。

3　第1項の場合において，女が子を懐胎した時から子の出生の時までの間に2以上の婚姻をしていたときは，その子は，その出生の直近の婚姻における夫の子と推定する。

4　略

774条（嫡出の否認）

1　第772条の規定により子の父が定められる場合において，父又は子は，子が嫡出であることを否認することができる。

2　前項の規定による子の否認権は，親権を行う母，親権を行う養親又は未成年後見人が，子のために行使することができる。
3　第1項に規定する場合において，母は，子が嫡出であることを否認することができる。ただし，その否認権の行使が子の利益を害することが明らかなときは，この限りでない。
4・5　略
775条（嫡出否認の訴え）
1　次の各号に掲げる否認権は，それぞれ当該各号に定める者に対する嫡出否認の訴えによって行う。
一　父の否認権　子又は親権を行う母
二　子の否認権　父
三　母の否認権　父
四　前父の否認権　父及び子又は親権を行う母
2　前項第1号又は第4号に掲げる否認権を親権を行う母に対し行使しようとする場合において，親権を行う母がないときは，家庭裁判所は，特別代理人を選任しなければならない。
776条（嫡出の承認）
父又は母は，子の出生後において，その嫡出であることを承認したときは，それぞれその否認権を失う。
777条（嫡出否認の訴えの出訴期間）
次の各号に掲げる否認権の行使に係る嫡出否認の訴えは，それぞれ当該各号に定める時から3年以内に提起しなければならない。
一　父の否認権　父が子の出生を知った時
二　子の否認権　その出生の時
三　母の否認権　子の出生の時
四　前夫の否認権　前夫が子の出生を知った時
779条（認知）
嫡出でない子は，その父又は母がこれを認知することができる。

CHART 9-12 親子関係の分類

種類			成立
実親子関係	母子関係		分べんの事実（解釈）
	父子関係	嫡出子	嫡出推定（772条）
		嫡出でない子	認知（779条）
養親子関係	普通養子		届出（799条による739条の準用）
	特別養子		審判（817条の2，家事39条・家事別表第1の63の項）

法律上の親子を確定することにはどのような意味があるか

法律上の親子になると，互いに相続人になりえますし（887条1項。後述第*10*章のⅠのCHART 10-2→355頁参照），親は子の監護および教育（身上監護）と財産管理を行う**親権**をもちます（818条以下）。これまで，親権者には監護および教育に必要な範囲内でその子を懲戒する権利（懲戒権）が認められていましたが（旧822条），児童虐待の口実に使われることがあるため，2022年の改正でこの規定を削除しました。

また，親子は血族になり，一定の範囲の人たちと親族関係が生まれますから，親族関係に結びついた法律関係が発生します（前述ⅡのCHART 9-3→325頁参照）。

血のつながりがなくても親子になることがあります

法律上の親子関係には，CHART 9-12のように，実親子関係と養親子関係があります。この養親子関係や生殖補助医療により子が生まれた場合→351頁のように，血のつながりがなくても，つまり，生物学上は親子ではなくても，法律上は親子になる場合があります。

養子は，縁組の日から，後述（→348頁）の嫡出子（ちゃくしゅつし）となり（809条），独身者でも養親になることができます（796条参照）。この養子縁組も婚姻と同様，届出によって成立します（799条による739条の準用）。養子縁組が成立しても養子と実親との関係は引き続き継続しますが，実方（じつかた）用語との親族関係を断絶し，戸籍上も養親の実子として取り扱う**特別養子制度**というものもあります（817条の2）。

血のつながりがなくても法律上の親子になる場合としては，ほかにも，つぎに述べる嫡出否認の訴えの出訴期間（777条）がすぎた場合があります。

以上とは逆に，生物学上は親子でも，後述（→350頁）するように，嫡出でない子を父親が**認知**用語（779条）していない場合には，法律上は親子になりません。

子の父と母はどのように決まるか

(1) 嫡出推定（ちゃくしゅつすいてい）と嫡出否認の訴え

実親子の母子（ぼし）関係は分べん（出産）の事実で決まるとされています（最判昭和37・4・27民集16巻7号1247頁）。これに対し，父子関係は妻（子の母）が懐胎（妊娠）した時期や出産した時期との関係でだれが父であるかを推定しています。すなわち，772条1項は妻が婚姻中に懐胎した子および婚姻前に懐胎し婚姻成立後に生まれた子（生まれた時までにその婚姻が離婚等により終了していた場合も含まれます）の父は夫で

notes

用語　実方とは，養子側の親族（養子が縁組をする前の親族）のことです。養親側の親族のことは，養方（ようかた）といいます。

用語　認知とは，親子であることを認めることです。認知は，戸籍法の定める届出によって行います（781条）。

あると推定しています。これを**嫡出推定**といい，法律上婚姻関係にある男女から生まれた子を**嫡出子**（789条・809条）または嫡出である子（790条・795条・817条の3），そうでない子を**嫡出でない子**（779条・790条）または非嫡出子（ひちゃくしゅつし）用語といいます。

774条・775条は，この推定を破って妻が婚姻中に懐胎した子を，たとえば夫が自分の子ではない（774条1項・775条1項1号），妻が夫の子ではない（774条3項・775条1項3号），あるいは子が父の子ではない（774条1項・775条1項2号）というためには，**嫡出否認の訴え**によらなければならないとしています（嫡出否認の訴えはこれまで夫にのみ認めていましたが，2022年の改正で，子および母などにも認めました〔774条〕）。

嫡出否認の訴えには，比較的短い出訴期間（かつては1年でしたが，2022年の改正で3年に伸長されました）を設けるなどして（776条・777条），父子関係の案定を図っていますが，夫が長く行方不明である間に妻が懐胎した子など，生物学的血縁に反する父子関係を確定することを避けるために**嫡出推定の及ばない子**という考え方があります。

(2) 嫡出推定の及ばない子と親子関係不存在確認の訴え

嫡出推定の及ばない子に対しては，嫡出否認の訴えの出訴期間（777条）経過により嫡出親子関係が確定することはなく，子やその法定代理人などが生物学上の父に対して認知の訴え（787条）を提起することができることになります。そこで，判例は，つぎのような事案でこの考え方を認めました。妻Aが夫Bと離婚するまで2年半以上も事実上離婚状態にある間にCと関係をもち，Bと正式に離婚後に

notes

用語 「嫡」には正統という意味があるので，嫡出子・非嫡出子などの用語は子について一定の価値観を示すことになり妥当でないとして，婚内子・婚外子と呼ぶ人もいます。

Dを出産しました。12年後，AとCの関係がこじれるなかで，AがDを代理してCに対して認知の訴えを提起したというものです。最高裁判所は，Dは実質的には「民法772条の推定を受けない嫡出子」であるから，父のいない子としてCに対して認知の請求をすることができるとしました（最判昭和44・5・29民集23巻6号1064頁）。

さらに，嫡出推定の及ばない子に関しては，嫡出否認の訴えによらず，**親子関係不存在確認の訴え**（実親子関係存否確認の訴え〔人訴2条2号〕）が認められます。親子関係不存在確認の訴えは，出訴期間や出訴権者の制限に関する規定がないので，確認の利益（法律関係の存否を判決で確定してもらうことの法的利益）がある利害関係人であればだれでも，また，いつでも提起することができます。

もっとも，どのような事案にまで嫡出推定の及ばない子として扱うべきかについては，真実に基づく親子関係と，父子関係を早期に安定させ家庭の平和を守ることのどちらを重視するかで，考え方はわかれています。判例は，婚姻中に懐胎した子について，離婚後，子の出生から4年後（したがって，嫡出否認の訴えの提訴期間〔777条〕経過後）に，母（元妻）から自分の子ではないと知らされた父（元夫）が，親子関係不存在確認の訴えを提起した事案で，「夫と妻との婚姻関係が終了してその家庭が崩壊しているとの事情があっても，子の身分関係の法的安定を保持する必要が当然になくなるものではない」として，親子関係不存在確認の訴えを提起することはできないとしました（最判平成12・3・14判時1708号106頁）。また，DNA鑑定の結果父子関係はあり得ないとされた事案でも，「夫と子との間に生物学上の父子関係が認められないことが科学的証拠により明らかであり，かつ，夫と妻がすでに離婚して別居し，子が親権者である妻の下で監護されているという事情があっても，子の身分関係の法的安定を保持する必要が当然になくなるものではない」として，親子関係不存在確認の訴えを認めませんでした（最判平成26・7・17民集68巻6号547頁〔賛成3対反対2のきわどい判決でした〕）。

嫡出でない子の父はどのようにして決まるか

嫡出でない子の父子関係は**認知**によって生じます（779条）。779条は，母子関係も認知によって生じるとしていますが，前に述べました→347頁ように，母子関係は分べん（出産）の事実で決まるというのが判例です。

嫡出でない子は，父が認知したのちに母親と婚姻した場合は婚姻の時から（789条1項），婚姻中に父が認知した場合は認知の時から（789条2項），嫡出子となります。これを，**準正**といいます。

かつては，相続人に嫡出子と嫡出でない子がいるときは，嫡出でない子の相続分は嫡出子の相続分の2分の1とされていました（900条旧4号）。しかし，最高裁は，判例を変更し，このような扱いは憲法14条1項（法のもとの平等）に反し違憲であるとしました（最大決平成25・9・4民集67巻6号1320頁）。これに従い民法も改正され，嫡出子と嫡出でない子の相続分の区別はなくなりました（900条4号参照）発展。

なお，父でない者がした認知（不実認知（ふじつにんち））は，子またはその法定代理人，認知した者，子の母が認知の無効の訴えを提起することができますが，出訴期間などの制限があります（786条参照）。

notes

発展　嫡出でない子は嫡出子と異なり，認知により法律上の父子関係が認められますが，その父が子の親権者になれるのは父母の協議により父を親権者と定めたときなどに限られます（819条4項以下）。また，認知された子が父の氏に改めるには家庭裁判所の許可を得なければなりません（791条1項参照）。

生殖補助医療により生まれた子（人工生殖子）の親

①女性が自分以外の卵子を用いた**生殖補助医療**（人工授精・体外受精・体外受精胚移植を用いた医療）により子を懐胎し出産したときは，卵子の提供者ではなく，出産した女性が母となります。また，②妻が夫の同意を得て，夫以外の精子を用いた生殖補助医療により懐胎した子については，夫はその子が嫡出であることを否認できません（2020年に制定された生殖補助医療特例法〔生殖補助医療の提供等及びこれにより出生した子の親子関係に関する民法の特例に関する法律〕9条・10条）。

①で出産した女性が妻であるときは，生まれた子については，夫の嫡出子と推定されます（772条参照)。なお，①で出産した女性がいわゆる代理母[用語]であるときは，代理母が法律上の親になりますので，依頼者夫婦がその子を法律上の子とするためには養子縁組をする必要があります。

notes

[用語] 不妊の夫婦の妻の代わりに，その夫婦の精子と卵子を体外授精させ自分の体内に着床させて出産する女性のことです。

第 10 章

家族間での財産の引継ぎ

相続法

CHART 10-1 相続法の構成

第5編　相続		内容
①総則	②相続人	相続人がいる場合の規律
	③相続の効力	
	④相続の承認および放棄	
	⑤財産分離	
	⑥相続人の不存在	相続人がいない場合の規律
	⑦遺言	遺言がある場合の規律
	⑧配偶者の居住の権利	配偶者の居住権の規律
	⑨遺留分	相続分を確保する規律
	⑩特別の寄与	相続人以外の親族の寄与料

人が亡くなり，その人の生前の法律関係が配偶者や子などに承継（しょうけい）されるのが相続です。遺言（いごん）は，相続人以外の者への**遺贈**[用語] →350頁や認知などのように，必ずしも相続に関するものだけにかぎられませんが，相続人の法定相続分（CHART 10–4 参照 →359頁）を変更するために遺言がなされることが少なくありません。そのため，民法第5編相続は，CHART 10–1 のように，全部で10章から構成されていますが，遺言についても1章を設けて規定しています。

I 相続人
——相続するのはだれか

相続制度には，あらかじめ法律で定めた相続人に相続させる**法定相**

notes

[用語] 遺贈とは，遺言によって自分の財産を贈与することです。

CHART 10-2 相続人の範囲と相続の順位

相続人の範囲			順位
相続人	配偶者相続人（890条）		つねに相続人になる（890条）
	血族相続人	①子（887条1項。代襲相続の場合は887条2項・3項により孫以下の直系卑属）	第1順位
		②親等の近いほうの直系尊属（889条1項1号）	第2順位
		③兄弟姉妹（889条1項2号。代襲相続の場合は889条2項により，おい・めいまで）	第3順位

続と，被相続人（相続される人，つまり亡くなった人のことです）が遺言で指定した相続人に相続させる**遺言相続**があります。民法は，遺言を優先させ，遺言がない場合に法定相続としています。ただし，遺言も全面的に法定相続に優先するわけではなく，法定相続人のうちの一定の範囲の者には，最低限相続できる相続分（これを**遺留分**→368頁といいます）が残されています。

法定相続の相続人には，配偶者相続人と血族相続人があります（CHART 10-2 参照）。配偶者はつねに相続人になり，血族相続人は順位が決まっています。最優先順位者として存在する相続人，すなわち「相続が開始した場合に相続人となるべき者」（892条かっこ書）を，**推定相続人**といいます。たとえば，被相続人Aに両親と妻Bおよび子Cがいますと，BとCが推定相続人になります。

親を死亡させた子でも相続できるか

CASE 10–1

Cはとんでもない不良で，お金に困って資産家の父親Aを殺しました。Cは A を相続できるでしょうか。

CASE 10–2

夫Aは，妻Bから虐待を受けたため自分が亡くなっても財産を相続させたくないと考えています。なにか方法はあるでしょうか。

CASE 10–1 におけるCは被相続人Aの子ですから，推定相続人です（887条1項）。しかし，重大な非行・不正は相続制度の基盤を破壊するものであり，倫理的にも許されるものではありません。そこで，このような場合は，被相続人Aの意思にかかわりなく，Cは相続資格を奪われます。これを**相続欠格**といいます（891条）。

また，CASE 10–2 のような場合には，Aの意思でBの推定相続人の資格を奪う推定相続人の**廃除**という制度もあります（892条～895条）。これは，推定相続人に法律上当然に相続権を奪うほどの重大な事由ではなくても，被相続人との信頼関係が破壊された場合に被相続人の意思を尊重する制度です。廃除の対象者は遺留分を有する推定相続人にかぎられます。兄弟姉妹など遺留分を有しない相続人に相続させたくない場合には，遺言により相続分をゼロにしたり全遺産を他人に与えるという方法があるためです。この遺留分については遺言のところで説明します→361頁。推定相続人の廃除は，被相続人や遺言執行者（遺言者による指定などで選ばれ〔1006条1項〕，遺言の執行に必要な一切の行為をする権利義務を有します〔1012条〕）が家庭裁判所に申し立て，廃除の審判により効果が生じます（892条・893条）。

CHART 10-3 代襲原因と代襲相続人

代襲原因（887条2項）	①被相続人の子が，相続の開始以前に死亡したこと
	②被相続人の子が，891条の相続欠格事由に該当したこと
	③被相続人の子が，廃除されたこと
代襲相続人になれる者	①被相続人Aの子Bの直系卑属の子C（887条2項ただし書） →相続人の養子縁組前の子は，養親である被相続人の直系卑属ではないので，代襲相続権がない ②Cの直系卑属も代襲できる（再代襲。887条3項）
	③被相続人Aの兄弟姉妹Bの子C（889条2項による887条2項の準用）。相続人の数が増えすぎるので再代襲は認められない

子よりあとに親が亡くなった場合に孫は相続できるか

たとえば，被相続人Aの子Bが，Aと同時またはそれ以前に死亡した場合など，相続できない一定の事由（代襲（だいしゅう）原因）があると，Bの子Cが相続します（887条2項）。これを**代襲相続**といいます（CHART 10-3参照）。さらに，Aが死亡すると同時またはそれ以前にCについても代襲原因が生じますと，Cの子Dが代襲相続します（これを，**再代襲**といいます。同条3項）。このように，被相続人の直系卑属（ひぞく）については代襲相続の繰り返しが認められますが，兄弟姉妹には1回しか代襲相続は認められません（889条2項は，代襲相続を認める887条2項だけを準用（じゅんよう）し，再代襲を認める同条3項は準用していません）。

II 相続の効力
――相続するとはどういうことか

882条（相続開始の原因）
　相続は，死亡によって開始する。
896条（相続の一般的効力）
　相続人は，相続開始の時から，被相続人の財産に属した一切の権利義務を承継（しょうけい）する。ただし，被相続人の一身に専属したものは，この限りでない。

人が亡くなると相続が開始し（882条），原則として，そのときから被相続人の財産に属した一切の権利義務が相続人に承継（しょうけい）（うけつぐこと）されます（896条本文）。

画家の父が知人から頼まれた肖像画を描（か）く債務も相続するか

しかし，これには例外があります。たとえば画家の父を相続した子に，父の請け負（お）った仕事を完成させる債務を承継させるのは妥当ではありません。通常は，注文者の意思に反するでしょうし，相続人にも無理を強（し）いることになるからです。したがって，このような債務や年金受給権は，相続されません（896条ただし書）。このように，被相続人にだけ帰属（きぞく）する権利義務を，**一身専属権**（いっしんせんぞくけん）といいます。

相続人が数人あるときの相続の割合はどうなるか

相続人が数人ある共同相続の場合，各共同相続人は，その相続分に応じて被相続人の権利義務を承継します（899条）。ここでいう**相続分**とは，共同相続において各相続人が相続すべき権利義務の割合をいい

CHART 10-4 法定相続分（900条）

配偶者と共同相続する者の組み合わせ	配偶者	血族相続人
第1順位の血族相続人（子またはその〔再〕代襲相続人）（1号）	1/2	1/2
第2順位の血族相続人（父母など）（2号）	2/3	1/3
第3順位の血族相続人（兄弟姉妹またはその代襲相続人）（3号）	3/4	1/4
血族相続人が数人いるときは，各自等しい割合で相続する（4号本文）		

ます。

たとえば，父親が遺言で相続分の指定をすることなく亡くなったときは，民法の定める**法定相続分**の規定が適用されます。内容はCHART 10-4のとおりです（900条参照）。

共同相続した財産はどのようにして各共同相続人にわけるか

共同相続の場合，相続財産は，共同相続人の共同所有になります（898条）。この共同所有の状態は，最終的には**遺産分割**（906条以下）により解消されます。遺産分割とは，たとえば，Aの相続人が妻Bと2人の子CDで，Aの遺産が住宅と別荘，預貯金1,000万円であるとき，Bには住宅，Cには別荘，Dには預貯金1,000万円を分配するというように，共同相続人の間で遺産をわけることです。

遺産分割の方法には，上記の例のように現物をそのまま配分する方法（現物分割）のほかにも，遺産のなかの財産を売却し，その代金を配分する方法（換価（かんか）分割），現物を特定の者が取得し，取得者は他の相続人にその具体的な相続分に応じた金銭を支払う方法（代償分割）があります。

遺産分割の手続としては，①当事者の**協議による分割**（907条1項）と，②協議が調（ととの）わないとき，または，協議をすることができないときのための，家庭裁判所の**審判による分割**（907条2項）があります。また，③遺産分割事件について**調停前置主義**（ちょうていぜんちしゅぎ）→337頁（家事244条・257条1項）はとられていませんが，審判の前に調停を申し立てることもできるので，**調停による分割**（家事244条・別表第2の12）もあります。当事者が家庭裁判所に遺産分割の審判の申立てをして係属（裁判所で審理中の状態にあることです）した場合でも，家庭裁判所は職権で調停に付（ふ）すことができ（家事274条1項），通常は調停を先行させています。なお，④被相続人が分割の方法を指定しているとき，つまり，現物分割でやるようにとか，さらに，具体的に，だれが住宅を取得し，だれが預金を取得するというように遺産分割の実行を指定しているときは，これによらなければなりません（908条）。

配偶者を保護する制度があります

(1) 配偶者居住権があります

CASE 10-3

夫Aが亡くなり，妻Bと長男Cが相続しました。遺産は，ABが住んでいた建物と敷地（時価2,000万円），預貯金が3,000万円です。Bは引き続きこの建物に居住したいと考えていますが，同時に，BとCは民法の定めるとおりに遺産をわけたいと考えています。どのような遺産のわけ方があるでしょうか。

民法は，残された配偶者の居住を保護するため，2018年の改正で，**配偶者居住権**（1028条～1036条）と**配偶者短期居住権**（1037条～1041条）を設けました。

CHART 10-5 | CASE 10-3 で配偶者居住権を取得した場合

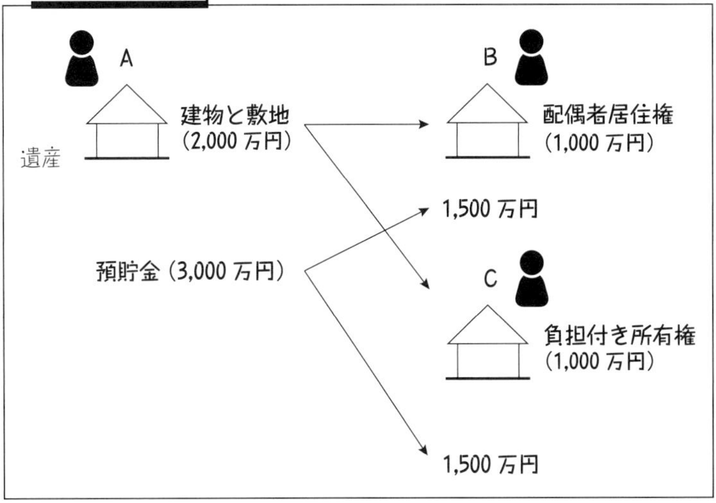

配偶者居住権は，配偶者が相続開始の時に居住していた被相続人の建物を，終身または一定期間，無償で使用収益できる権利です（配偶者は，その使用収益に必要な限度で敷地を利用することができます）。配偶者は，遺産をわける際に，他の共同相続人との合意または家庭裁判所の審判により，あるいは，被相続人が配偶者居住権を遺贈(いぞう)→354頁しているときは，配偶者居住権を取得することができます。

BC が民法の定めるとおり（900 条 1 号）にわけようとすると，BC の相続分は 1：1（遺産を金額に換算すると，B も C も 2,500 万円）です。したがって，B がこの建物を取得するときは，預貯金は 500 万円しか取得できません。しかし，たとえば，B の配偶者居住権が 1,000 万円相当であるとされると，B はこの配偶者居住権と預貯金 1,500 万円を取得し，C は，B の配偶者居住権という不動産の負担付き所有権（1,000 万円）と預貯金 1,500 万円を取得するというわけ方ができるようになります（CHART 10-5 参照）。

(2) 配偶者短期居住権があります

これに対し，**配偶者短期居住権**は，被相続人の建物に無償で居住していた配偶者が，相続開始後の短期間，それまでの居住環境で生活することができる権利です。したがって，Bが無償でAの建物に居住していたのであれば，Bは，配偶者居住権の取得を望まない場合でも，配偶者短期居住権がありますので，この建物をBとCのいずれが取得するか確定するまでの間（ただし，短期に確定しても，最低，6か月間は保障されます），無償で居住建物を使用することができます。

配偶者への生前贈与（せいぜんぞうよ）・遺贈は優遇されます

CASE 10-4

結婚21年後に，夫Aが亡くなり，妻Bと長男Cが相続しました。遺産は，ABが住んでいた建物と敷地（建物と敷地全体の評価額2,000万円）のほか，預貯金が3,000万円あります。Aは，遺言書（いごんしょ）にこの建物と敷地をBに遺贈すると書いていました。BとCは民法の定めるとおりに遺産をわけたいと考えています。遺産はどのようにわけることになるでしょうか。

共同相続人のなかで，被相続人から贈与や遺贈を受けた者は，原則として遺産の先渡し（さきわたし）（相続前の分配。これを**特別受益**（じゅえき）といいます）を受けたものとして取り扱われるため，相続する財産の額は，結果的に贈与などがなかったと同じに扱われます（903条1項）。これをCASE 10-4にあてはめると，BとCの相続分は1：1（これを金額に換算すると，BもCも2,500万円）となるので（900条1号），Bは預貯金から500万円しか取得できません。

しかし，配偶者に対する遺贈や贈与は，配偶者の長年にわたる貢献に報（むく）いるとともに，老後の生活保障の趣旨で行われるのが一般的です。

そこで，2018年の改正で，婚姻（こんいん）期間が20年以上である配偶者の一方が他方に対し，その居住の用に供する建物またはその敷地（居住用不動産）を遺贈または贈与した場合については，原則として，計算上遺産の先渡し（特別受益）を受けたものとして取り扱わなくてよいこととしました（903条4項）。したがって，BとCは預貯金を半分（1,500万円）ずつにわければよいことになります。

相続人ではない親族が貢献した場合（特別の寄与）も考慮されます

CASE 10-5

妻に先立たれたAには3人の子（長男B，長女C，次男D）がいます。Aよりも先にBが亡くなりましたが，引き続きBの妻EがAの介護をしてきました。Aが亡くなったとき，EはAの遺産の分配を受けることができるでしょうか。

以前は，長男の妻（E）などは，どんなに被相続人の介護に尽くしても，相続人ではないため，被相続人（A）の死亡に際し，相続財産の分配を受けることができませんでした。

そこで，2018年の改正で，Eのような被相続人の親族（→320頁）（725条）ではあるが相続人（CHART 10-2参照 →355頁）ではない者が，被相続人の生前に無償で療養看護等を行ったことにより被相続人の財産の維持または増加について特別の寄与をした場合には，相続人に対して金銭の支払を請求することができるようになりました（1050条）。

III 相続の承認と放棄（ほうき）——相続するもしないも自由です

親が多額の借金を残して亡くなったときどうしたらよいか

CASE 10-6

Aが亡くなり，ひとり息子のBが相続しました。Aは住宅を所有し，銀行に預金していたようですが，かなり借金もあったようです。相続につき，Bとしてとりうる方法にはどのようなものがあるでしょうか。

相続人は，実際に相続するかどうか選択することができます。具体的には，**単純承認**，**限定承認**，**相続放棄**の3つの方法があります。

単純承認とは，相続人が，被相続人の一身専属的な権利を除いて（896条ただし書），「無限に被相続人の権利義務を承継」することです（920条）。したがって，CASE 10-6で単純承認すると，被相続人Aのプラス財産（住宅や預金）だけでなくマイナス財産（借金）もすべて相続することになります。この単純承認をするには，限定承認や相続放棄のような家庭裁判所への申述（しんじゅつ）用語という方式は必要ありません。相続人が，①「相続財産の全部又は一部を処分したとき」（921条1号），②限定承認も相続放棄もしないまま915条1項の**熟慮期間**（じゅくりょ）（「自己のために相続の開始があったことを知った時から3箇月」の期間）が経過したとき（921条2号），③限定承認または相続放棄をしたあとであっても背信的（はいしんてき）行為をしたとき，つまり，「相続財産の全部若（も）しくは一部

notes

用語　申述とは，申し述べることです。限定承認や相続放棄では申述書の提出が必要です（家事201条5項）。

を隠匿し，私にこれを消費し，又は悪意でこれを相続財産の目録中に記載しなかったとき」（同条3号）は，単純承認をしたものとみなされます（同条柱書）。

これに対し，限定承認とは，「相続によって得た財産の限度においてのみ被相続人の債務及び遺贈を弁済すべきことを留保【用語】して，相続の承認をする」ものです（922条）。したがって，CASE 10-6 で限定承認すると，被相続人Aのプラス財産の限度でマイナス財産を弁済すればよいということになります。限定承認は，共同相続人がいるときは全員が共同してしなければなりません（923条）。また，熟慮期間内に相続財産の目録を作成して家庭裁判所に提出し，限定承認する旨を申述しなければなりません（924条）。弁済するために相続財産（プラス財産）を売却する必要があるときは，競売にかけなければなりませんが（932条本文），相続財産を他人に渡したくないときは，家庭裁判所が選任した鑑定人の評価に従い，相続財産の全部または一部の価額を弁済して競売を免れることができます（932条ただし書）。

相続の放棄は，その旨を熟慮期間内に家庭裁判所に申述すると（915条・938条），「初めから相続人とならなかったもの」とみなされます（939条）。

したがって，CASE 10-6 では，Bには3つの選択肢がありますが，Aの借金のほうが大きいときに単純承認するとBに不利益となります。Aの借金のほうが小さいときに相続放棄をするのも，Bに不利益となります。Bにとって安全なのは限定承認ですが，熟慮期間内に相続財産目録を作らなければなりません。そこで，相続人Bは，熟慮期間の間は，銀行に被相続人Aの預金額や借入金額などを問い合わせるなどの相続財産の調査ができることになっています（915条2項）。

notes

【用語】 留保とは，自分の権利として残しておくことです。

また，熟慮期間が3か月で足りなければ利害関係人または検察官の請求によって，家庭裁判所において伸長（延長）することができます（915条1項ただし書）ので，Bとしては熟慮期間の伸長を請求するということも考えられます。

Ⅳ 遺　言
――最後の望みは書面でしっかりと

最後に，遺言についてみていきましょう。遺言は，遺言者の意思（いし）表示（ひょうじ）に法的効果を付与する相手方のない単独行為です。遺言者が亡くなったあとで真意を確かめることはできませんので，遺言者の真意を確保し紛争を予防するため，民法は，遺言の作成に厳格な方式を要求しています。

15歳で書いた遺言も有効か

遺言は，15歳に達していればすることができます（961条）。意思（いし）能力（のうりょく）→53頁は必要ですが遺言者の意思を尊重して，制限行為能力者（せいげんこういのうりょくしゃ）→55頁についての規定は適用されません（962条）。

普通方式の遺言には3つの種類があります

遺言には，普通方式と特別方式があります。普通方式の遺言には，①**自筆証書遺言**（968条），②**公正証書遺言**（969条），③**秘密証書遺言**（970条）の3種類があります（CHART 10-6参照）。また，特別方式の遺言には，①**危急時遺言**（疾病その他の事由によって死亡の危急（ききゅう）に迫っ

CHART 10-6 各種の普通方式の遺言の異同

	作成者	証人	署名を行う者	検認＊	遺言内容の秘密	偽造・変造・滅失のおそれ
自筆証書遺言	遺言者	不要	遺言者	必要	保持できる	あり
公正証書遺言	公証人	2人以上	遺言者・証人・公証人	不要	保持できない	なし
秘密証書遺言	他人に書いてもらってもよい	同上	同上(封書に)・遺言者(証書に)	必要	保持できる	滅失のおそれあり

＊遺言書の検認とは，遺言書の偽造・変造を防ぎ，確実に保存するための手続です。公証人が作成する公正証書については，公証人役場に原本が保管されるので，そのようなおそれがないため検認は不要とされています。なお，検認は遺言書の内容や効力を確定するものではありません。

た者の死亡危急時遺言〔976条〕と，遭難した船舶中で死亡の危急に迫った者の遭難時遺言〔979条〕)，②**隔絶地遺言**(かくぜつち)（伝染病のため行政処分によって交通を断たれた場所に在る者の伝染病隔絶地遺言〔977条〕と，船舶中に在る者の船舶隔絶地遺言〔978条〕）があります。

公的機関（法務局）における自筆証書遺言の保管制度があります

以前は，自筆証書遺言（968条）の遺言書は自分で保管しなければなりませんでした。しかし，紛失や他人が勝手に書き換えたりすることを防止するため，この遺言書を法務局において保管する制度が2018年に新設されました（「法務局における遺言書の保管等に関する法律」〔遺言書保管法〕)。法務局で保管されている遺言については，家庭裁判所の検認（1004条1項。CHART 10-6参照）は不要です。

妻と不仲の夫が全財産を子に相続させるとの遺言を残したときはどうなるか

CASE 10-7

Aは高齢になるに従い，妻Bからじゃま者扱いをされるようになりました。そこで，自分が亡くなったあと，妻が遺産でのうのうと暮らすのは許せないと考えたAは，全財産をBと折り合いの悪いひとり息子Cに相続させるとの遺言書を作成して，亡くなりました。Bは，自分も相続できるとCに主張できるでしょうか。

被相続人の財産を処分する自由と相続人の保護という要請の調和を図る制度として，相続財産の一定割合を一定の範囲の相続人に留保する，**遺留分**という制度があります。

(1) 兄弟姉妹以外の法定相続人には遺留分があります

この遺留分をもつのは，兄弟姉妹以外の法定相続人，つまり，配偶者・子・直系尊属です。→321頁直系尊属だけが相続人である場合は被相続人の財産の3分の1，それ以外の場合は2分の1が遺留分権利者全体の遺留分（総体的遺留分）となります（1042条1項）。これに，各自の法定相続分をかけたものが各自の遺留分（個別的遺留分）になりますので，CASE 10-7のように，夫が遺産のすべてを子に相続させるとの遺言を残しても，妻には夫の遺産の

2分の1（総体的遺留分）×2分の1（法定相続分。900条1号）＝4分の1を相続できる権利（個別的遺留分）があります。

(2) 遺留分は相続開始前に放棄することができます

なお，法定相続人は，相続開始前に相続の放棄をすることはできま

せん（915条1項）。これに対し，遺留分権利者は，相続開始前に，家庭裁判所の許可を得て遺留分を放棄することができます（1049条1項）。この遺留分の放棄によって他の相続人の遺留分が増加することはありませんので（同条2項），被相続人の財産処分の自由が広がることになります。たとえば，妻が子に夫の全財産を相続させようとして遺留分（夫の財産の4分の1）を放棄しても，子の遺留分（父の財産の4分の1）はもとのままですので，夫は財産の4分の3を第三者に贈与したり遺贈することができます。

この遺留分を主張できる権利には，遺留分権利者が，相続の開始と被相続人が遺留分を侵害する贈与などを行ったことの両方を知った時から1年，相続開始の時から10年の期間制限があります（1048条）。

第 4 部

ま と め

私たちの生活は，法律関係，つまり，権利と義務の関係の上に成り立っており，この権利義務の発生原因は，契約と法律の規定です。

本書は，これまで，この法律関係（権利義務関係）の基本的なしくみを説明してきました。そのしめくくりとして，以下では，本書のまとめと，みなさんがおさえておくとよいポイントを示し，さらに勉強を深めたい方へのアドバイスを述べたいと思います。

I　この本のまとめ

第１部（ようこそ民法の世界へ）のまとめ

第１部（Ⅰ～Ⅲ）では，以下のように，契約と法律の規定により，どのようにして権利義務関係が決まっていくか，それに民法がどのようにかかわっているかを中心に述べました。

Ⅰ「民法とはなにか」では，民法を学ぶことは，私たちをとりまく法律関係のしくみを知り紛争を予防することになるので，私たちが安心して生活を送るためにも大いに有益であると述べました。そして，法は**公法**（こうほう）と**私法**（しほう）に大きくわけられ，原則として，公法は，国や自治体と人の間を権力とそれへの服従の関係として規律する法律であるのに対し，私法は，人と人の間を自由平等な関係として規律する法律であり，民法はこの私法に位置することを説明しました。

Ⅱ「私法上の法律関係はどのようにして決まるか」では，民法は私法の**一般法**であること，したがって，**特別法**があればそちらが優先して適用されることを説明しました。私たちは，自分の私法上の法律関係を自分の自由な意思に基づいて形成することができ，これを**私的自**（してきじ）

治の原則，契約自由の原則ということ，また，法律の条文には，契約よりも優先する強行規定と，契約のほうが優先する任意規定があることにも触れました。そして，この条文の解釈方法には，文理解釈，体系解釈，目的解釈があり，これらの解釈の方法は，反対解釈，拡張解釈，縮小解釈，類推解釈という解釈の手法と結びつくことが少なくないことを説明しました。ここでは，法律と法律の適用の順序，法律と契約の適用の順序，法律の解釈の基本をおさえておきましょう。

なお，法解釈は，同様の事案には同様の結論が導かれるという**法的安定性**とともに，結論の**具体的妥当性**を重要視します。したがって，契約や法律によりある人に権利が生じても，つねにその行使が認められるわけではありません。1条はそのことを規定していますが（1項から3項までの内容を，**公共福祉適合の原則**，**信義誠実の原則**，**権利濫用禁止の原則**ということがあります），その要件や効果は抽象度の高い一般的な表現となっているため，**一般条項**とよばれることにも触れました。

Ⅲ「財産法と家族法」では，民法典全体の構成を眺め，民法は財産法と家族法からなること，財産法は財産権を規律するものであり，この財産権には**物権**と**債権**があること，広い意味で物権というときは債権の実現を確実にするための担保物権も含むこと，家族法は，夫婦・親子に関する親族法と，相続に関する相続法からなることをみました。

第2部（財産法を学ぶ）のまとめ

第2部では，財産法の世界をみていきました。さきほど，財産権には物権と債権があるといいましたが，この物権については，その代表格である所有権の効力とその取得方法を中心に取り上げました。債権については，まず，契約により発生する債権について，その契約が有効に成立するための要件や，契約が守られなかった場合に債権者はどのような主張ができるか，さらに，債権の回収を確実にするための**人的担保**と**物的担保**の説明をしました。また，法律により発生する債権（法定債権）については，その代表格である不法行為を取り上げました。これを各章についていうと，つぎのとおりです。

(1) 第1章（広大な財産法の世界への旅）の内容とポイント

第*1*章では，**第2部**の財産法の話をどのように進めていくかを説明しました。

Ⅰ「第2部の話の順序について」では，本書がなぜ民法の編別や条文の順序とは異なる順序で話を進めるのかを説明しました。実際に起こるトラブルの解決を考えるにあたって，民法は，その解決を考える順序で条文や制度を規定しているわけではありません。また，ある問題の解決に関する条文や制度が，民法のあちらこちらに散らばっていることも少なくありません。ですから，実際に起こったトラブルの解決を考えるためには，単に民法の条文の意味や制度を理解するだけでなく，条文や制度の関係を意識した学習も必要になります。

Ⅱ「財産法の話の順序」では，**第2部**の各章において，どのような問題を取り扱うかを簡単に説明しました。

(2) 第2章（あなたが主人公です）の内容とポイント

第*2*章では，権利義務の主体の問題を取り上げました。

Ⅰ「権利能力」では，自然人（生身の人間）はだれでも権利義務の主体となりうること，つまり**権利能力**を有していること，そして場合によっては出生前の胎児も権利義務の主体となりうることを説明しました。

Ⅱ「意思能力」では，判断能力の不十分な者はその者がした契約に拘束されるべきではないことから，契約により権利義務を生じさせるには**意思能力**が必要であることを説明しました。

Ⅲ「行為能力」では，判断能力が不十分な者の保護をより確かなものにするとともに，その者と取引をする相手方が不利益を受けることを防ぐため，民法は**行為能力**という制度を定めていることについても説明しました。ここでは，この制度のもとで保護を受ける**制限行為能力者**として，**未成年者**・**成年被後見人**・**被保佐人**・**被補助人**という4つの類型があること，保護者である**親権者**・**（未）成年後見人**・**保佐人**・**補助人**は，制限行為能力者が保護者の同意を得ずにした契約を取り消すことのできる**取消権**と，制限行為能力者のためにこの者にかわって契約を結ぶ権限である**代理権**という2つの権限により，制限行為能力者の保護を図っていることが重要です。ただし，より具体的に，どのような保護者がどのような場面で取消権や代理権をもつかは，類型ごとに異なるため，これらの違いをおさえておく必要があります。

また，ここでは，制限行為能力者のした契約が取り消された場合，とくに契約がすでに履行されていたとき**原状回復義務**が生じること，もっとも，制限行為能力者を保護するため，制限行為能力者は，現に利益を受けている限度でのみ返還義務を負うことも説明しました。他方，保護者や，成人したり，成年後見開始の審判を取り消されるなどした（元）制限行為能力者は，**追認**により，契約の効果を確定させることもできることを述べました。なお，追認による契約の効果の確定は，制限行為能力者側がこれを望んだことによるものですが，これと異なり，制限行為能力者と取引をした相手方の不安定な立場を解消するため，相手方からの**催告**により契約の効果が確定することもあります。さらに，制限行為能力者が，自分は制限行為能力者ではないなどと相手方をだますこと（**詐術**）により制限行為能力者側の取消権が失われる結果，契約の効果が確定することもあることに留意してください。

Ⅳ「法人」では，自然人とならぶ権利義務の主体である**法人**を取り上げました。法人は，理事または代表理事を介して対外的取引を行うことを説明しましたが，ここでは，包括的代理権を有する理事または代表理事のした取引の効果が，例外的に法人に生じない場合があることを知ることが重要です。それらの場合のうち，とくに，理事または代表理事が法人の**目的の範囲**外の取引をした場合，定款における理事または代表理事の代理権の制限のような内部的制限に反して取引をした場合，そして**利益相反取引**について説明しました。ただし，内部的制限に反する取引を理事または代表理事がする場面では，その制限を知らない相手方の取引の安全を図る必要もある点に注意してください。

さらに，理事などの代表者がその「**職務を行うについて**」第三者に加えた損害につき，法人も責任を負うことを確認しておきましょう。

(3) 第３章（契約が有効に成立するには）の内容とポイント

第3章では，契約が有効に成立するための要件を説明しました。

Ⅰ「契約の成立」では，契約は，原則として**申込み**と**承諾**の合致で成立する**諾成契約**であると述べました。

Ⅱ「契約が有効であるには」では，その後のⅢとⅣの導入として，契約が有効であるためには，契約内容が確定でき，適法であり，かつ公序良俗に反しないという**客観的有効要件**と，申込みや承諾に対応する意思が存在すること，契約が取り消されないためには申込みや承諾の過程で錯誤や詐欺・強迫がなかったという**主観的有効要件**の双方をみたしていなければならないことを説明しました。

Ⅲ「客観的有効要件」では，内容を確定できない契約や，**強行規定**や**公序良俗**に反する契約が無効であることを説明しました。

Ⅳ「主観的有効要件」では，**心裡留保**，**虚偽表示**に基づく契約は無効であること，**錯誤**，**詐欺**または**強迫**に基づく契約は取り消すことができることを説明しました。心裡留保や虚偽表示では，**表意者**の**効果意思**と**表示行為**の間に不一致があるのに対し，錯誤では，効果意思と表示行為の間に不一致のある**意思不存在の錯誤**と，その不一致のない**基礎事情の錯誤**という2つのタイプの錯誤があることを述べました。心裡留保や錯誤（とくに基礎事情の錯誤）では，表意者の無効や取消しにより利益を害されるおそれのある相手方の**取引の安全**の保護も問題となるため，どのような場合に無効や取消しの主張が制限されるかを知ることが重要です。さらに詐欺や強迫では，表意者の効果意思と表示行為の間に不一致はありませんが，表意者の意思形成過程が相手方によりゆがめられていることから，表意者は契約を取り消すことができることを述べました。

以上の，契約が心裡留保や虚偽表示により無効であるか，または錯誤や詐欺により取り消された場面では，その契約について利害関係をもつにいたった第三者の取引の安全の保護も問題となります。ここでは，契約が無効であるか，または取り消すことができるものであることを知らずに利害関係をもつにいたった**善意の第三者**（93条2項・94条2項），または**善意無過失の第三者**（95条4項・96条3項）が保護されます。これらの，無効や取消しの主張が制限される場面をおさえておくことが重要です。これに関連して，とくに詐欺取消しの関係で，判例が，96条3項は取消しの遡及効から第三者を保護する規定であるとの理解から，同項を**取消し後の第三者**に適用しない点に注意しましょう。

Ⅴ「消費者契約法」では，ⅢおよびⅣで説明した規定に対して特別法の関係にたつ**消費者契約法**が，錯誤・詐欺・強迫の要件を緩和しているほか，不当な条項を無効とすることにより消費者の保護を図っていることについて述べました。とくに同法10条は，他の規定では保護されない消費者を守るために，重要な意義をもつ規定です。

Ⅵ「代理」では，自分にかわって他人に契約を結んでもらうなどするための制度である**代理**について説明しました。代理権の発生原因による違い（**法定代理**と**任意代理**）や，代理行為の効果が本人と相手方の間に**効果帰属**するための要件である**顕名**の意義をおさえておきましょう。また，代理権のない者が，それにもかかわらず代理人としてした行為である，**無権代理**についても説明しました。ここでは，本人が**追認**しないにもかかわらず本人・相手方間に効果帰属する，**表見代理**も重要です。表見代理の３つの類型について，要件をしっかりとおさえておきましょう。

Ⅶ「条件・期限」では，契約の効果の発生に関する取決めである，**条件**と**期限**について説明しました。両者の違いを知るとともに，**解除条件**と**停止条件**，**始期**と**終期**の意味を理解しておきましょう。

(4)　第４章（契約はどのように実現されるか）の内容とポイント

第４章では，有効に成立した契約がどのように実現されるかという観点から，契約が有効に成立しても契約の内容が実現されない場合があること，また，契約や債権の内容が実現されなくても，債権が消滅する場合があるので，債権がどのような場合に消滅するかを説明しました。

Ⅰ「債権の主たる発生原因としての契約」では，契約はどのように分類され，また，そのような分類はなぜ必要なのかを説明しました。そこでは，法律が規定している契約を**典型契約**（**有名契約**），そうでない契約を**非典型契約**（**無名契約**）といい，契約当事者が互いに対価的な意義をもつ債務を負担する契約を**双務契約**，そうでない契約を**片務契約**ということ，また，契約当事者が互いに対価的な意義をもつ給付をする契約を**有償契約**，そうでない契約を**無償契約**ということを説明しました。このような分類は，それぞれの特質をつかんで全体をよりよく理解するために行いますが，分類は一定の特質と結びついているため，有償契約には売買契約に関する規定を準用する（559条）というように，1つの条文で，すますことができるという立法技術上の実益につながることもあります。

Ⅱ「履行不能」では，債務の履行ができない場合，債権者は，債務の履行を請求できないことを説明しました。なお，債務は履行不能になっても，債権者が契約を解除するまでは消滅しません（542条1項1号参照）。

Ⅲ「同時履行の抗弁権」では**同時履行の抗弁権**および**不安の抗弁権**について説明しました。双務契約においては，契約当事者の一方は，相手方が自分の債務の履行をしないで履行の請求をした場合，自己の債務の履行を拒むことができます（533条）。この同時履行の抗弁権については，それが認められる場合の効果や**債務不履行**に関する債権者の救済手段（それについては，→159頁第*5*章参照）との関係でいかなる意義をもつかをおさえておきましょう。

Ⅳ「債権の消滅」では，債権がどのような場合に消滅するかを説明しました。民法は，さまざまな債権の消滅原因を規定しています。ただし，それらは，民法典のさまざまな場所に規定されているので，債権の消滅原因をまとめて理解しておく必要があります。**弁済**については，どのような者がどのような場合に弁済できるのか，弁済を受領する権限のない者にした弁済の効果がどうなるか，そして，弁済の提供の方法をきちんと理解しておきましょう。また，**相殺**については，どのような場合に相殺が認められるか，逆に，どのような場合に相殺が制限されるかを理解しておく必要があります。**消滅時効**では，時効の期間がいつからカウントされるのか，どのような場合に**時効の完成猶予**，**更新**が認められるかを理解しておきましょう。

(5) 第5章（契約トラブル解決アラカルト）の内容とポイント

第5章では，債務者が債務の本旨に従った履行をしない場合や履行ができない場合に，債権者にどのような救済手段が与えられるかを説明しました。債権者が，債務者に対して，債務の履行を請求できるとしても，債務者が債務の履行をしてくれるという保障はありません。また，債務者が債務の履行をしたくても履行ができないという場合もあります。さらに，引き渡された目的物が契約の内容に適合したものでなかったという場合も出てきます。それぞれの状況において，債権者にどのような救済手段が与えられるかを把握しておきましょう。

Ⅰ「債務不履行に対する救済手段」では，債務者が債務の本旨に従った履行をしない場合や履行ができない場合に，債権者にどのような救済手段が与えられるかの全体像を説明しました。債務者の**債務不履行**の事案において，債権者にどのような救済手段があるかを知っておくことはもちろんですが，それらの救済手段がそれぞれどのような関係にあるかをきちんと理解しておくことが重要です。

Ⅱ「強制履行」では，債権の内容を強制的に実現する方法について説明しました。債務者が債務の履行をしない場合，債権者は，裁判所の助けを借りて，債権の履行を強制することができます。ここでは，どのような債務について，どのような強制手段をとることができるかをおさえておきましょう。

Ⅲ「債務不履行による損害賠償請求権」では，債務不履行によって損害が発生した場合の賠償請求について説明しました。債務不履行があると，債権者に損害が発生することがあります。また，強制執行によって債務の履行がなされたとしても，債権者に損害が発生することがあります。このような場合に，債権者がどのような要件のもとで，債務者に対して，債務不履行による損害賠償を請求することができるかを理解しておく必要があります。また，債務不履行によって発生した損害全額がつねに賠償されるわけではありません。一定の場合には，賠償されるべき損害額が減額されることがあります。そこで，どのような場合に損害賠償額が減額されるかを理解しておきましょう。

Ⅳ「契約の解除」では，契約関係の解消について説明しました。債務者が債務の履行をしなかったり，履行ができない場合，債権者は，契約を解除することができます。契約の解除では，債権者が，どのような要件のもとで，契約を解除することができるかを理解しておく必要があります。また，契約が解除された場合に，なされた給付の後始末はどうなるかも理解しておく必要があります。

Ⅴ「契約不適合給付における買主の救済手段」では，売買契約において，売主が契約の内容に適合しない目的物を引き渡した場合に，買主にどのような救済手段が与えられるかを説明しました。ここでは，**契約不適合給付**における買主の救済手段の関係および，それらの救済手段と債務不履行に対する一般的な救済手段がどのような関係にあるかを理解しておくことが必要です。

Ⅵ「受領遅滞」では，債務者が債務の本旨に従って履行の提供をしたにもかかわらず，債権者がそれを受領しない場合に，債権者がどのような責任を負うかを説明しました。ここでは，**受領遅滞**の効果として，債権者がどのような責任や不利益を負うかをおさえておきましょう。

Ⅶ「危険負担」では，双務契約において，当事者双方の責めに帰すことのできない事由によって債務の履行ができなくなった場合に，他方の債務はどうなるか，という**危険負担**の問題を説明しました。民法は，他方の債務が存続することを前提として，債権者に反対給付の履行拒絶権（履行を拒む権利）を認めています（536条1項）。危険負担については，536条1項の「債権者」がどちらの当事者をさすか混乱することが多いので，「債権者」とは，いずれの当事者をさすかをきちんと理解しておきましょう。

(6) 第６章（しっかり債権回収）の内容とポイント

第６章では，金銭の支払債務を負う債務者がその支払をしないとき，金銭債権の債権者がどのように債権の回収を図るかを説明しました。また，金銭債権の債権者が他の債権者よりも先に自己の債権を回収したいと考える場合に，どのような手段があるかを説明しました。

Ⅰ「強制執行による債権回収」では，**強制執行**について説明しました。金銭債権の債権者は，債務者が金銭の支払をしない場合，債務者の財産に強制執行をして債権の回収を図ります。ですから，金銭債権の回収という問題を考える場合には，強制執行の手続について理解しておくことが必要となります。

Ⅱ「責任財産の保全」では，債務者の責任財産を保全するための制度として，**債権者代位権**と**詐害行為取消権**について説明しました。金銭債権の債権者は，債務者が金銭の支払をしない場合は，債務者の財産に強制執行をして債権の回収を図ります。ですから，債権者は，強制執行に備えて，債務者の財産が債務者による財産処分などによって減少しないようにする必要があります。そこで，民法は，強制執行に備えて債務者の財産を保全するため，債権者代位権（423条）および詐害行為取消権（424条）を認めています。債権者は，どのような要件のもとで債権者代位権や詐害行為取消権を行使できるかを理解しておきましょう。

Ⅲ「債権担保」では，担保とはなにか，また，担保には**人的担保**と**物的担保**があることを説明しました。ここでは，人的担保，物的担保について，それぞれの利点，問題点を理解しておくことが必要です。

Ⅳ「人的担保」では，**保証**について説明しました。保証については，とくに，保証人がどのような責任を負うかを理解しておく必要があります。また，Ⅳでは，**債権譲渡**についても説明しました。金銭債権の債権者は，債務者（債権の譲渡人）が第三者（第三債務者）に対してもっている債権を譲り受け，その第三債務者から弁済を受けることによって債権の回収を図ることもできます。とくに，債権譲渡では，債権の譲渡人と債務者の合意によって債権の譲渡が制限されているにもかかわらず債権が譲渡されたときに，その債権譲渡の効果がどうなるかを理解しておきましょう（466条2項・3項）。さらに，債権の譲受人は，どのような場合に第三債務者やその他の第三者に債権譲渡を主張することができるかを理解しておいてください。

Ⅴ「物的担保」では，物的担保にはどういう担保手段があるか，また，物的担保に共通する性質について説明しました。ここでは，物的担保をもつ債権者がそれをもたない債権者と比べてなぜ有利なのかを理解しておくことが必要です。

Ⅵ「典型担保」では，法律が規定している担保手段である**典型担保**について説明しました。典型担保にどのようなものがあるかを知っておきましょう。また，典型担保のうち，とくに重要となるのは**抵当権**ですが，抵当権者が抵当権によって金銭債権を回収しようとする場合に，どのような回収方法があるかを理解しておきましょう。

Ⅶ「非典型担保」では，**非典型担保**がなぜ必要か，また，非典型担保のなかで重要な担保手段である**譲渡担保権**および所有権留保について説明しました。法律が規定していない担保手段が非典型担保です。非典型担保については，まず，なぜ非典型担保が必要なのかを理解しておく必要があります。とくに，典型担保による債権回収の問題点を理解しましょう。また，譲渡担保権および所有権留保については，それぞれどのような担保手段であるか，そして，どのようにして債権を回収することができるかを理解しておきましょう。

(7) 第7章（所有権を守るには）の内容とポイント

第7章では，所有権について説明しました。

Ⅰ「物権的請求権」では，物権を実効性あるものとするため，その効力として認められる物権的請求権について，その種類（**返還請求権**，**妨害排除請求権**，**妨害予防請求権**）と内容について説明しました。

Ⅱ「占有」では，とくに**占有訴権**と**権利推定**について説明しました。ここでは，占有の機能には，一方で物の支配の保護という機能（占有訴権がこれをはたす），他方で占有の背後にある所有権などの権利を保護する機能（権利推定がこれをはたす）という二面性があることに注意が必要です。

Ⅲ「物権変動」では，所有権の取得を例として，物権の**承継取得**について説明しました。ここでは，まず，所有権の移転を含む**物権変動**について，わが国では，それが法律行為に基づくとき，当事者間の意思表示のみによってその効力を生じる**意思主義**の立場がとられていること，しかし，第三者が予測できない損害を受けることがないようにするため，物権変動は外界から認識できるシンボルを用いて公に知らしめること（**公示**）を必要とし，公示がなければ所有権取得といった物権変動を第三者に主張（**対抗**）できないという**公示の原則**がとられていることを述べました。さらに，不動産の物権変動については，**登記**が公示とされ（177条），登記により所有権取得などが第三者に対抗することのできるものとなることから，登記が**対抗要件**とよばれることも述べました。ただし，たとえば，不動産の買主が所有権の取得という物権変動を対抗するために，当事者（売主）以外の者すべての者との関係で登記が必要であるとはかぎらず，不法占拠者や**背信的悪意者**との関係では，買主は登記がなくとも所有権の取得を対抗することができることも重要な点です。

また，動産の譲渡については，**引渡し**が対抗要件とされますが，ここにいう引渡しには，**占有改定**のように譲渡人が物を所持したまま行われるものも含まれるため，引渡しを受けた譲受人が複数存在する場面も生じることがあります。そのような場面では，原則として，先に引渡しを受けたほうが，自己の所有権を確保することになることも説明しました。

Ⅳ「即時取得」では，物権の原始取得の１つである**即時取得**について説明しました。ここでは，動産では通常，占有者が所有者であるとの推測がはたらくため，相手方が無権利であることについて善意無過失で取引した者は，一定の要件のもとでその動産の所有権を取得すること（192 条），これは，公示を信頼した者は，その公示が実質的権利をともなわない場合にも，その信頼を保護され権利を取得することができるという，**公信の原則**のあらわれであることを述べました。即時取得は動産についてしか認められないこと，判例は，即時取得成立のために必要とされる即時取得者の占有開始として，**占有改定**では足りないとしていることも重要です。

Ⅴ「取得時効」では，原始取得のもう１つの例である**取得時効**について説明しました。取得時効が成立するには，他人の物を 20 年以上**自主占有**しなければならないこと，しかし，占有者が占有開始時に善意無過失であった場合は 10 年以上の自主占有で足りること，途中で占有を失うと，**中断**により，それまで経過した期間が無意味となり再進行しないこと（その意味で，取得時効の成立には占有の継続が必要なこと）を説明しました。また，時効の総則規定（144 条〜161 条）が適用されるため，消滅時効と同様に，完成猶予，更新，遡及効が認められ，援用が必要なことにも注意が必要です。

Ⅵ「相隣関係と共有」では，隣り合う土地の所有者どうしの権利義務関係と，１つの物を複数の人が共同で所有するときの法律関係について説明しました。

(8) 第8章（事件・事故の後始末は）の内容とポイント

第8章では，不法行為について説明しました。

Ⅰ「不法行為責任が認められる場面」では，犯罪者の更生や犯罪抑止を主な目的とする刑事責任と，**損害の塡補**を主な目的とする民事責任の違いについて，また，債権債務関係という特別な結びつきが存在する場合の民事責任である**債務不履行責任**と，そのような結びつきがない場合にも生じる**不法行為責任**の違いについて説明しました。

Ⅱ「不法行為の成立要件」では，不法行為の成立要件である，①他人の権利または法律上保護される利益の侵害，②加害者の故意または過失，③損害の発生，④加害行為と損害発生の間の因果関係について説明しました。①については，他人に損失を与えてもただちに不法行為責任を負うとはかぎらないこと，侵害された利益が**法律上保護される利益**かどうかの判断にあたっては，対立する利益を考慮する必要があることを述べました。②については，**故意**および**過失**の意味と，民法が，行為者の行動自由の確保のため，**過失責任主義**の立場をとっていることを説明しました。とくに過失については，それが行為義務違反であること，この行為義務は，類型化された，あるべき「通常人」であればその状況下でどのような行為をすべきであり，またはすべきでなかったかを基に設定されることが重要です。③については，「損害」とはなにかについて，伝統的な考え方である**差額説**に対して，最近では，不利益な事実それ自体を「損害」とする**損害事実説**も有力に唱えられていることを述べました。④については，伝統的な考え方や判例は**相当因果関係説**をとり416条を不法行為にも類推適用するのに対し，現在の有力な学説は，（損害事実説をとるとともに）加害行為と損害の**事実的因果関係**，**保護範囲**，**損害の金銭評価**の問題を区別することを説明しました。

また，以上の成立要件をみたす（ようにみえる）場合でも，加害者に**責任能力**がない場合，加害者の行為が**正当防衛**であるようなときは，加害者は責任を免れることも忘れないでください。

Ⅲ「不法行為の効果」では，損害賠償は原則として金銭の支払で行われること，裁判所は，この損害額の算定を，**逸失利益**や被害者が損害を回復するために支出した損害などの項目を加算して算定する**個別損害項目積算方式**により行うこと，被害者に実際に収入の減少が生じていない場合にも損害賠償が認められる場合があること，また，**財産的損害**だけでなく**精神的損害**も賠償されることを説明しました。さらに，被害者が死亡した場合，判例は，死亡を理由とする被害者の損害賠償請求権を遺族が相続するとする**相続構成**をとること，一定の遺族については，（被害者から相続した損害賠償請求権とは別に）固有の慰謝料請求権が認められることが重要です。最後に，上記の算定方式により算出された賠償額が，**過失相殺**や**損益相殺**により減額される場合があることにも注意が必要です。

Ⅳ「消滅時効」では，不法行為による損害賠償債権の消滅時効については，一般の債権の消滅時効に対して特則が設けられていることを説明しました。原則と特則の関係を，おさえておいてください。

Ⅴ「特殊な不法行為」では，714 条から 719 条に定められている①**監督者責任**，②**使用者責任**，③**工作物責任**，④**動物占有者の責任**，⑤**共同不法行為**について説明しました。①については，責任能力ある未成年者が加害行為をしたときでも，判例は，法定監督義務者が 709 条により責任を負う場合があるとしていることを知っておいてください。②については，被用者の加害行為によって生じた損害について使用者が責任を負う根拠として**危険責任**と**報償責任**が考えられること，成立要件として被用者の行為の**事業執行性**が要求されること，判例はこの事業執行性を，とくに**取引的不法行為**において，**外形標準説**により判断していることが重要です。③については，工作物の**瑕疵**を要件として第１次的に占有者が，第２次的に所有者が責任を負うこと，瑕疵とは，工作物が通常備えているべき性状や設備・機能を欠くことであること（**客観説**）をおさえておきましょう。⑤については，複数の加害者の加害行為が１つの損害を発生させた場合（**競合的不法行為**），それぞれの加害者は，709条によって自分の加害行為と（伝統的な考えに従えば）相当因果関係のある損害について責任を負うこと，719条１項の適用を受ける**共同不法行為**の場面では，共同不法行為者は自分の加害行為と事実的因果関係や相当因果関係がない損害についても責任を負うこと，共同が成立するために必要とされる関連共同性については，**主観的関連共同**を必要とする考え方と**客観的関連共同**があれば足りるとする考え方があることを知っておいてください。

第３部（家族法を学ぶ）のまとめ

第３部では，親族法と相続法からなる家族法の世界をみました。夫婦親子の関係を規律する親族法と，近親者が亡くなった場合の相続や死亡後の法律関係を書面に残す遺言を規律する相続法は，私たちの身近に起こりうる問題を扱っていますので，興味をもちやすいところだったのではないかと思います。

(1)　第９章（法律からみた家族関係）の内容とポイント

Ⅰ「親族法の構成」では，親族の法律関係を定める民法第４編の構成をみました。

Ⅱ「総則」では，親族の範囲，親等の計算方法，親族関係はどのような場合に発生し消滅するか，親族間にはどのような民法上の効果があるかを説明しました。親族間の民法上の効果は，たとえば，「直系血族又は３親等内の傍系血族の間では，婚姻をすることができない。」

（734条1項本文）とか，「直系姻族の間では，婚姻をすることができない。」（735条前段）と書かれています。したがって，親族の法律関係を理解するには，**直系・傍系**，**血族・姻族**の意味を知り，**親等**の計算ができることが必要です。

Ⅲ「婚姻」では，婚姻（夫婦になること）の成立要件，婚姻の無効・取消事由，夫婦になるとどのような法的効果があるかを説明しました。ここでは，とくに，**日常家事債務の連帯責任**（761条）と**内縁**の法律関係が重要です。

Ⅳ「離婚」では，離婚には**協議離婚**と**裁判離婚**があること，裁判離婚が認められるための要件と離婚の効果を説明しました。また，裁判離婚が認められる根拠については，**有責主義**と**破綻主義**という2つの考え方があり，有責配偶者からの離婚請求が認められるかという問題については，**消極的破綻主義**と**積極的破綻主義**という考え方があることを説明しました。ここでは，判例は**消極的破綻主義**から，条件付きで**積極的破綻主義**を採用するようになったことが重要です。

Ⅴ「親子」では，法律上の親子には，実の親子と養子縁組による親子があり，後者には，戸籍上も養親の実子として取り扱う**特別養子制度**があることを説明しました。ここでは，実親子の母子関係は分べん（出産）の事実で決まるとされていること，父子関係を否定するための**嫡出否認の訴え**と**親子関係不存在確認の訴え**はどこが異なるかを知ることが重要です。

(2) 第10章（家族間での財産の引継ぎ）の内容とポイント

Ⅰ「相続」では，相続制度には，あらかじめ法律で定めた相続人に相続させる**法定相続**と，被相続人が遺言で指定した相続人に相続させる**遺言相続**があること，法定相続ではだれが相続人になるかを説明しました。また，遺言がない場合に法定相続によること，しかし，遺言も全面的に法定相続に優先するわけではなく，法定相続人のうちの一定の範囲の者には，**遺留分**（最低限相続できる相続分）があることも説明しました。

Ⅱ「相続の効力」では，相続人は，被相続人の**一身専属権**を除き，被相続人の財産に属した一切の権利義務を承継すること，相続人が複数であるときの**法定相続分**と**遺産分割**の方法を説明しました。また，配偶者を保護する制度である，配偶者居住権と配偶者短期居住権，配偶者への生前贈与・遺贈の優遇制度，相続人以外の者の貢献（特別の寄与）を考慮する制度について説明しました。

Ⅲ「相続の放棄と承認」では，相続人は，実際に相続するかどうか選択することができ，それには，**単純承認**，**限定承認**，**相続放棄**の3つの方法があることを述べました。限定承認も相続放棄もしないまま915条の**熟慮期間**（「自己のために相続の開始があったことを知った時から3箇月」の期間）が経過したとき（921条2号）は，単純承認をしたものとみなされること（921条柱書）に注意しましょう。

Ⅳ「遺言」では，15歳以上であれば遺言できること，遺言には，**普通方式**と**特別方式**があることをおさえておきましょう。また，公的機関（法務局）における自筆証書遺言の保管制度ができたことを確認してください。

Ⅱ　権利の実現方法

これまでは，民法の定める権利はどのように発生し，その権利の内容はどのようなものかを学んできました。しかし，権利があるといっても，それだけでは，絵に描いた餅です。大事なのは，この餅を口に入れること，つまり，権利を実現することです。したがって，権利の実現方法を知ることで，法律関係の全体像のイメージをよりよくつかむことができるでしょう。権利の実現方法については，すでに主要部分の説明をしましたが（第5章Ⅱ→162頁・第6章Ⅰ→202頁参照），ここで，権利の実現方法全体の概要を示しておきましょう。

自力救済の禁止——自分で取り立ててはいけません

民法は，どのような事実（要件）があれば，どのような法的効力（効果）が生ずるかを定めた規範です。このような，権利の発生・変更・消滅に関する法的な要件と効果を定めた法律を**実体法**といいます。しかし，私たちは，この実体法に基づいて権利をもっていても，その権利を自力で実現すること（**自力救済**）は原則として許されていません。たとえば，ＡがＢに500万円の売買代金債権を有しており，Ｂが弁済期に支払ってくれないからといって，Ｂのところに行って金目の品を強引に持ち帰るということは，かえってＢの所有権を侵害する不法行為となり，あるいは，犯罪となります。

権利行使の２段階——第１段階は訴訟，第２段階は強制執行です

権利があるといっても，それだけでは，絵に描いた餅です。この権利を実際に実現するためには，上の例でいえば，まず，ＡはＢに500万円の支払を求めて**訴訟**を提起し勝訴判決をもらう必要があります。勝訴判決が確定すると，この**確定判決**に基づいて裁判所に**強制執行**を求めることができます。また，強制執行する前に債務者が財産を処分しないようにしたりするための**民事保全**という手続も用意されています。このような，訴訟手続や執行手続などを定めているのが**手続法**と

いわれるものです。この訴訟手続は民事訴訟法が，執行手続は民事執行法が，民事保全は民事保全法が定めています。また，Bの債権者がAのほかにもいて，Bの財産では返済しきれないというときには，破産法による破産手続をとおしてBの財産を清算（せいさん）することになります。さらに，民事再生法による債権者の多数の同意を得て，経済的に破綻（はたん）した債務者を再生させる民事再生という制度もあります。したがって，実体法である民法に加えて，これらの手続法も視野に収めて勉強されるなら，権利の発生から権利が実現して消滅するまでの全体像を把握することができるでしょう。

訴訟によらない解決——和解，あっせん，調停，仲裁（ちゅうさい）があります

私たちには，訴訟によらないで紛争を解決するための制度も用意されています。

まず，紛争当事者は，話し合いにより互いに譲（ゆず）り合って解決することができます。当事者が合意すれば解決するのはあたりまえのようにも思われますが，民法はこれを**和解**という契約として規定し（695条），契約としての拘束力を認めています。

もっとも，交通事故などでは，**示談**（じだん）という言葉がよく使われます。示談も当事者の合意で紛争を解決することです。示談は，「互いに譲歩」（695条）することを必要としないという点で和解と区別できそうですが，実際の示談には和解と異ならないものが多いと思われます。なお，訴訟になっても，裁判官が和解を試みることは少なくありません（民事訴訟法89条参照）。それによって裁判上で和解が成立すると，確定判決と同一の効力をもちます（同法267条）。

また，行政機関が紛争当事者の解決を促進するためにかかわるものとして，**あっせん**があります。あっせんとは，あっせん員あるいはあ

っせん委員が紛争当事者双方の間に立って双方の主張を調整し，紛争の解決を援助する手続です。労働委員会が行う労使間の紛争についてのあっせん（労働関係調整法10条以下），国の公害等調整委員会や都道府県の公害審査会で行う公害紛争のあっせん（公害紛争処理法3条・14条1号）などがあります。

このあっせんを一歩すすめたものが，**調停**です。調停とは裁判所やその他の機関が紛争当事者の間に立って，当事者がお互い譲り合うことにより紛争を解決することです。裁判所の調停は，民事であれば，原則として簡易裁判所の管轄となります（民事調停法3条1項）。民事についてはいきなり訴えを提起することもできますが，家事事件（かじじけん）のうち家庭裁判所が調停をすることができる事件（家事事件手続法244条）については，まず家庭裁判所に調停の申立てをしなければなりません（**調停前置主義**（ちょうていぜんちしゅぎ）。家事事件手続法257条1項）。民事の調停が成立し，当事者の合意内容が調書に記載されると，それは，裁判上の和解と同じ効力をもちますので（民事調停法16条），確定判決と同一の効力をもちます（民事訴訟法267条）。家事事件の調停が成立した場合も，同じく，確定判決と同一の効力をもちます（家事事件手続法268条1項）。この調停は，多くの行政機関でも行われています（労使紛争につき労働関係調整法17条以下，公害紛争につき公害紛争処理法31条以下，建設工事紛争につき建設業法25条の13以下など）。

さらに，裁判によらない紛争解決制度として，**仲裁**があります。仲裁とは，紛争当事者が争いの解決のため仲裁人（ちゅうさいにん）を選び，その判断に服（ふく）することを書面で約束することによって，争いを解決するものです（その手続を定めたのが仲裁法です）。各種の行政機関でも，前述のあっせんや調停のほか，仲裁の制度を設けています（労働関係調整法29条以下，公害紛争処理法39条以下，建設業法25条の18以下など参照）。

III より深く民法を学ぶには

判例の重要性——判例は第２の条文です

以上の，本書で扱った内容は，民法全体の主要な制度をほぼ網羅（もうら）しています。民法は，周到かつ綿密に（抜けのないよう詳しく）私たちの法律関係を定めていますが，すべての紛争に備えて細かく規定することはできません。どうしても，ある程度は抽象的な表現にならざるを得ないのです。そこで，条文の意味を具体化した判例や，条文の具体的な事案への適用例として参考となる判例が多数でてきます。とくに最高裁判所（さいこうさいばんしょ）の判例は，その後の裁判の基準になりますので，事実上，条文に近いはたらきをします。また，民法や民法に関連する特別法（利息制限法，借地借家法（しゃくちしゃくやほう），消費者契約法など）の制度には，外国の法制度を参考にしたものや，経済や社会の状況をふまえて作られたものが少なくありません。したがって，重要判例や制度の沿革を学ぶことで，民法の理解はより深まるでしょう。

解釈の具体例——解釈の違いには理由があります

法律問題の解釈は，同じく法律家であっても人により異なることが少なくありません。そして，解釈が人により異なることには，それなりの理由があります。

(1) 消滅時効完成後の債務の承認

たとえば，**第２部**第*4*章（→152頁）で，債権の消滅原因の１つとして消滅時効について説明しましたが，この消滅時効に関する設例で，解釈の違いがどこから生じるかをみてみましょう。

CASE

Aは B に対して 500 万円の債権を有しています。A が B に対して，この債権の消滅時効が完成したあとで 500 万円の支払を請求したところ，B は消滅時効が完成していることを知らないで，「400 万円にまけてくれるなら４回にわけて支払います」と回答をしました。しかし，A は，これを受け入れず，500 万円を一括して支払うよう求めて B を訴えました。その後，消滅時効が完成していることを知った B は，消滅時効を援用して「A の B に対する 500 万円の債権は消滅したので支払わない！」といいました。B の主張は認められるでしょうか。

債務者が債権者に対して，消滅時効の完成前に上記のような債務減額のお願いや支払の猶予（ゆうよ）を求めたり，一部弁済をするなど，債務者が債権の存在を前提とする行為をすると，それが債権者の権利の「承認」にあたるとされ，時効はあらたに進行を開始します（152 条 1 項）。したがって，あらたに進行を開始した時効が完成するまでは，債務者は消滅時効を援用できなくなります。これに対し，上の CASE のように，消滅時効完成後に債務者が債権の存在を前提とした行為をした場合については，いわゆる「消滅時効完成後の債務の承認」の問題として議論になっています。

(2) 時効制度の存在理由・時効観――推定説と権利変動説（権利得喪（とくそう）説）

この問題は，時効制度の存在理由と関連していますが，時効制度の存在理由については，その見方，つまり時効観がわかれています。

1つは，時効により保護されるべき者は，所有権を取得したがその証拠（売買契約書（ばいばいけいやくしょ）や代金を受け取った売主の領収書）が手元にない真の所有者や，すでに債務を弁済したがその証拠（領収書）が手元にない弁（べん）

済者（さいしゃ）であるという考え方です。これは，時間の経過により時効が完成すると，所有権は占有者が取得しており（所有権の取得時効の場合），債権は債務者の弁済などにより消滅している（債権の消滅時効の場合）と推定される（ある事実がはっきりしない場合に，その事実がある〔または，ない〕ものと，一応判断することをいいます）と考えるものですので，「推定説」とよばれることがあります。現在の民法の前身である，フランスの民法学者ボアソナードが起草した旧民法では，このような考え方から，時効の効果は所有権の取得や債務の消滅の「法律上の推定」であるとしていました（旧民法証拠編 89 条）。推定説を支えているのは，他人の物は他人に返還すべきであり，借金があれば返済すべきであるという考え方です。この考え方にたてば，CASE では B の主張は認められないことになります。

もう 1 つは，時効は，権利変動（権利の取得・消滅），つまり，所有権を取得していない占有者でも所有権の取得を認め，未弁済者（みべんさいしゃ）でも債務の消滅を認める制度であるという考え方です（権利変動説）。これは，取得時効の場合は時効により占有者が権利を取得し，消滅時効の場合は権利を喪失（そうしつ）する（失う）と考えるものですので，「権利得喪説」とよばれることがあります（学説には，162 条 1 項の 20 年の取得時効については推定説をとり，同条 2 項の取得時効については権利変動説〔権利取得説〕をとるなど，個々の時効制度ごとに時効観の異なるものもあります）。権利得喪説を支えているのは，権利といえどもその上に長く眠っている（長い間主張しない）ならば，義務者を義務（占有物（せんゆうぶつ）の返還義務，借金を返済する債務）から解放してよいという考え方です。この考え方にたてば，CASE では B の主張は認められることになります。

民法は，旧民法と異なり，所有権を「取得する」（162 条），債権は「消滅する」（166 条 1 項・2 項）と書いていますので，文理（→15頁）から離れる推定説をとることは難しくなりました。しかし，時効による権利の取得・消滅は認めつつも，所有者でない者や未弁済者にはできるだけ時効の援用を認めるべきではないという考え方にも根強いものがあります。

(3) 時効制度の存在理由・時効観とのつながり

上記のCASEは，推定説からは，債務の存在が明らかになったのだから，Bは消滅時効を援用できないとしてよいということになります。これに対し，権利得喪説では，債務の存在が明らかになったというだけでは，Bは消滅時効を援用する権利は失わないということになります。

この消滅時効完成後の債務の承認の問題について，判例はどういっているでしょうか。判例（最大判昭和41・4・20民集20巻4号702頁）は，「時効の完成後，債務者が債務の承認をすることは，時効による債務消滅の主張と相容れない行為であり，相手方においても債務者はもはや時効の援用をしない趣旨であると考えるであろうから，その後においては債務者に時効の援用を認めないものと解(かい)するのが，**信義則**(しんぎそく) 用語 に照らし，相当である」とし，このように解しても，「永続(えいぞく)した社会秩序の維持を目的とする時効制度の存在理由に反するものでもない。」と述べています。つまり，CASEではBの主張は認められないということになります。

判例のように，信義則に反する場合に時効の援用を否定するというのであれば，たとえば，債権者（A）が請求してきたときに債務者（B）が債務の存在は認めるが消滅時効を援用するといった場合には，債権者（A）は，「債務者（B）はもはや時効の援用をしない」と考え

notes

用語 信義則とは，1条2項にかかげられている原則（「権利の行使及び義務の履行は，信義に従い誠実に行わなければならない。」）で，信義誠実の原則ともいいます（113頁参照）。

ることはないはずです。支払を猶予してくれるなら消滅時効は援用しないが，猶予しないなら時効の援用も考えるというように，債務者（B）が時効援用権を留保（りゅうほ）しつつ支払の猶予や債務の減額を願い出た場合も，同じようにいうことができるでしょう。

では，債務者（B）が時効援用権を明示的（相手にわかるよう）に留保しないで支払の猶予を申し出たり一部弁済をした場合はどうでしょう。債務者（B）がこのような対応をするのは，通常は，時効の完成を知らないからであるとすると，一部弁済を受けた債権者（A）も，通常は，債務者（B）がこのような対応をするのは時効の完成を知らないからであり，あとで時効の完成を知ったら，時効を援用して支払を拒絶（きょぜつ）してくるだろうと考えるのではないでしょうか。そうであれば，このような場合も，債権者（A）は，通常，判例がいうように「債務者（B）はもはや時効の援用をしない趣旨であると考える」ことはない，という見方もありうるように思われます。

したがって，権利得喪説の立場からは，判例がいうように債権者（A）が「債務者（B）はもはや時効の援用をしない趣旨であると考える」ことを理由に債務者（B）の消滅時効の援用を否定できる事案は，かなり限定されるという考え方もあり得ます。

(4) 解釈が異なる背景

時効制度の存在理由についても，消滅時効期間がたとえば30年とかなり長期間であれば，推定説が妥当であると考える人も権利得喪説に妥協しやすくなるでしょう。逆にいうと，時効期間が短すぎると思われると，権利得喪説はとりにくくなるでしょう。なぜなら，推定説が妥当であると考える人でも，時効期間が長くなるほど権利の上に眠っている権利者を保護する必要性は小さくなると考えるようになるでしょうし，権利得喪説が妥当であると考える人でも，時効期間が短くなるほど権利の上に眠っているとはいえないので簡単に権利の得喪（→16頁）を認めるべきではないと考えるようになると思われるからです。

したがって，時効の起算点と時効期間の全体を見わたしたうえで，時効により権利の取得・消滅を認めてよいと考えられるかどうかも解釈に影響しそうです。また，消滅時効が完成したあとに権利を主張してくる債権者，弁済を求められる債務者にどのようなイメージを抱くかということにもかかわってきます。長く権利の上に眠っていて（つまり，消滅時効期間が経過したあとで），あわてて裁判所に訴えてきた債権者をイメージするならば，もはや裁判所の助力を得て債権を回収することができなくても仕方がないと考えやすいかもしれません。これに対し，なかなか債務者に強く弁済を求めることができず，ときおり催告を繰り返す程度であった気弱な債権者をイメージするなら，未弁済者が消滅時効を援用するのは許せない気持ちになりやすいかもしれません。

このように，法律問題の解釈は一様（いちよう）ではありません。論理的にすべてが決まるわけではなく，結論の妥当性に対する評価の違いによっても異なってきます。唯一（ゆいいつ）の正しい解釈があるとはかぎらない，解釈は相対的なものであるというのが，法解釈の１つの特質であり妙味（みょうみ）（何ともいえない味わい。醍醐味（だいごみ）のこと）であるともいえるでしょう。大事なのは，判例と学説，学説と学説が対立しているところでは，その考え方の分かれ目がどこにあるかを把握することです。

広く，深く，遠くから

法律問題を分析するには，できるだけ多面的（ためんてき）に光をあてて検討することが望まれます。そのような取組みをするには，その問題を大きな視野からとらえるために，広く，深く，遠くから，眺めることが求められます。それは，法律問題にかぎらず，私たちが生きていくなかで解決を迫られる問題に取り組むときにも通じることです。そして，そのような力は，民法を深く学ぶことによって養（やしな）われるでしょう。

より深く民法を学ぶには，条文の意味を理解したうえで，さらに，最高裁判所の判例のなかの多数意見と少数意見を読み比べ，学者の論文を読んで学説の対立点はどこに起因（きいん）する（どこから生まれる）のかを考え，比較法の授業をきいて外国法との比較をし，法制史の本をひもとくとよいでしょう。そうすることによって，法の世界は，自然科学のような唯一の真理を探究するものではなく，社会の紛争解決のために私たちが考えた智恵（ちえ）の結晶であり，その結晶には異なるものがありうることを学ぶことができるでしょう。それは，いわば，物事を相対的に見る目を養うということであり，自分の考えが唯一正しいという思い込みを遠ざけ，私たちが他人を理解しようとすることで，私たちが住みよい社会をつくっていくことの出発点ともなるものです。民法は，そのような奥深さをもって，私たちの前にあるのです。

◉事項索引◉

た　行

な　行

は　行

ま　行

や　行

ら・わ　行

オリエンテーション民法〔第3版〕

Guidance for Civil Law, 3rd ed.

2018年12月20日 初　版第1刷発行
2022年 4 月20日 第2版第1刷発行
2024年10月30日 第3版第1刷発行

著　者　松久三四彦（まつひさみよひこ）　遠山純弘（とおやまじゅんこう）　林誠司（はやしせいじ）

発行者　江草貞治

発行所　株式会社有斐閣（ゆうひかく）

〒101-0051 東京都千代田区神田神保町 2-17

https://www.yuhikaku.co.jp/

装　丁　与儀勝美

印　刷　株式会社理想社

製　本　大口製本印刷株式会社

装丁印刷　株式会社亨有堂印刷所

落丁・乱丁本はお取替えいたします。定価はカバーに表示してあります。

Printed in Japan ISBN 978-4-641-23338-6